BEIHEFTE
ZUR
ZEITSCHRIFT FÜR ROMANISCHE PHILOLOGIE
HERAUSGEGEBEN VON DR. GUSTAV GRÖBER
PROFESSOR AN DER UNIVERSITÄT STRASSBURG

10. HEFT

# LA CRÉATION MÉTAPHORIQUE EN FRANÇAIS ET EN ROMAN

PAR

LAZARE SAINÉAN
DOCTEUR ÈS-LETTRES, LAURÉAT DE L'INSTITUT

---

IMAGES TIRÉES DU MONDE DES ANIMAUX DOMESTIQUES

## LE CHIEN ET LE PORC

AVEC DES APPENDICES SUR LE LOUP, LE RENARD ET LES BATRACIENS

HALLE A. S.
VERLAG VON MAX NIEMEYER
1907

Die Beihefte zur Zeitschrift für Romanische Philologie erscheinen nach Bedarf in zwanglosen Heften.

Abonnementspreis M. 4,40; Einzelpreis M. 5,50.

# BEIHEFTE

ZUR

## ZEITSCHRIFT

FÜR

# ROMANISCHE PHILOLOGIE

HERAUSGEGEBEN

VON

DR. GUSTAV GRÖBER

PROFESSOR AN DER UNIVERSITÄT STRASSBURG I. E.

X. HEFT

L. SAINÉAN, LA CRÉATION MÉTAPHORIQUE EN FRANÇAIS ET EN ROMAN. LE CHIEN ET LE PORC

HALLE A. S.
VERLAG VON MAX NIEMEYER
1907

# LA CRÉATION MÉTAPHORIQUE
## EN FRANÇAIS ET EN ROMAN

PAR

LAZARE SAINÉAN
DOCTEUR ÈS-LETTRES, LAURÉAT DE L'INSTITUT

---

IMAGES TIRÉES DU MONDE DES ANIMAUX DOMESTIQUES

## LE CHIEN ET LE PORC

AVEC DES APPENDICES SUR LE LOUP, LE RENARD ET LES BATRACIENS

---

HALLE A. S.
VERLAG VON MAX NIEMEYER
1907

# Table des matières.

Page
Avant-propos . . . . . . . . . . . . . . . . . . . . . VII

## Le Chien.

### Première Partie: Noms et cris du chien.

I. Héritage latin. . . . . . . . . . . . . . . . . . . 2—3
II. Création romane. . . . . . . . . . . . . . . . . . 3—7
III. Cris d'appel et de chasse . . . . . . . . . . . . . 7—9
IV. Noms hypocoristiques (9 à 11); Noms argotiques (11); Origine des noms hypocoristiques (11 à 13).
V. Variétés de chiens (14 à 18); Appellations indigènes (14 à 16); Termes empruntés (16 à 17); Noms d'origine inconnue (17).

### Deuxième Partie: Sens des noms du chien.

I. Sens romans de *canis*. . . . . . . . . . . . . . . 19—24
II. Sens des dérivés de *canis* . . . . . . . . . . . . 24—36
III. Sens des composés de *canis* (36 à 40); Composés proprement dits (36 à 39); Composés synonymiques (39); Composés latents (39 à 40).
IV. Sens des noms hypocoristiques . . . . . . . . . . . 40—50

### Troisième Partie: Métaphores usées.

I. Vie physique (indolence, voracité) . . . . . . . . . 52—53
II. Vie morale (adulation, cynisme) . . . . . . . . . . 53—55
III. Superstitions . . . . . . . . . . . . . . . . . . 55—57
IV. Ironie populaire . . . . . . . . . . . . . . . . . 57
Conclusion . . . . . . . . . . . . . . . . . . . . . 57—58

### Appendice.

A. Le Loup . . . . . . . . . . . . . . . . . . . . . 59—71
B. Le Renard . . . . . . . . . . . . . . . . . . . . 72—76

## Le Porc.

### Première Partie: Noms et cris du porc.

I. Héritage latin . . . . . . . . . . . . . . . . . . 78—79
II. Cris d'appel et de chasse . . . . . . . . . . . . . 80—81

Page

III. Le grognement et ses inflexions . . . . . . . . . . . 81—84
IV. Noms hypocoristiques (84 à 93); Noms argotiques (93); Noms empruntés et obscurs (93 à 94); Origine des noms hypocoristiques (94 à 95).

## Deuxième Partie: Sens des noms du porc.

I. Sens romans de *porcus* . . . . . . . . . . . . . . . 96—103
II. Sens des noms hypocoristiques . . . . . . . . . . . . 103—114

## Appendice.

C. Les Batraciens . . . . . . . . . . . . . . . . . . . 115—138
Notes complémentaires . . . . . . . . . . . . . . . . . 139
Bibliographie (Additions) . . . . . . . . . . . . . . . 140
Index des notions relatives:
a) au chien . . . . . . . . . . . . . . . . . . . . 141—144
b) au loup . . . . . . . . . . . . . . . . . . . . 144—145
c) au renard . . . . . . . . . . . . . . . . . . . 145
d) au porc . . . . . . . . . . . . . . . . . . . . 145—147
e) aux batraciens . . . . . . . . . . . . . . . . . 147—148
Index des mots . . . . . . . . . . . . . . . . . . . . 149—174
Table des matières . . . . . . . . . . . . . . . . . . V—VI

## Avant-propos.

Le présent fascicule contient la suite de nos recherches sur les métaphores tirées des noms romans des animaux domestiques. Le manque de tout travail préparatoire et la vaste extension du domaine dialectal rendent notre tâche de plus en plus ardue. Tandis que la phonétique dispose de cadres définitivement tracés, la sémantique se trouve devant l'inconnu, le chaos. A part quelques articles instructifs de Schuchardt et de Horning, il n'y a pas de recueil, même empirique, des phénomènes analogiques, pas la moindre monographie sur une des nombreuses provinces de la métaphore linguistique. Ces lacunes n'expliquent que trop bien la faiblesse de certains de nos rapprochements, voire des erreurs manifestes sur lesquelles nous aurons à revenir au cours de notre travail. Aussi, pour l'apprécier à sa juste valeur, faudra-t-il tenir compte et de l'état d'enfance des études sémantiques et de l'étendue nécessaire des recherches.

Nous considérons ces monographies comme des recherches préliminaires destinées à fournir les matériaux d'un livre. C'est dans ce livre que l'auteur, fortifié surtout par sa propre expérience, sera à même d'envisager les faits dans leur ensemble et de les présenter sous une forme à la fois moins touffue et plus nourrie d'idées générales. Mais dès à présent, et malgré les incertitudes de la première heure, il se dégage de ces recherches, outre l'importance du critère chronologique, l'idée maîtresse qui les a inspirées et qui est celle-ci: Faute d'une étymologie positive latine ou germanique, c'est dans les éléments originaux des langues romanes, dans leur activité créatrice ou simplement fécondante, qu'il faudra chercher la solution de la plupart des problèmes qui ont résisté jusqu'ici à l'investigation étymologique.

Qu'il nous soit permis d'appeler l'attention sur les *Notes d'étymologie romane* que nous publions dans la *Zeitschrift* (vol. XXX et suiv.): elles sont conçues dans le même esprit et se rattachent intimement au sujet de ce travail.

Nous adressons ici nos meilleurs remerciements à M. Mario Roques, qui a eu l'obligeance de revoir ce fascicule en épreuves, à M. Bréal, à M. Brunot et à M. l'abbé Rousselot, qui nous ont honoré de leurs encouragements. Nous remercions tout particulièrement M. Gustav Gröber, pour avoir accueilli ces recherches avec la bienveillance et la largeur d'esprit qui caractérise ce maître de la philologie romane.

# Le Chien.

Le chien qui, sous le rapport de l'intelligence, vient immédiatement après l'homme, n'a fourni à la langue que des idées de méchanceté et d'abjection. Tandis que les nobles qualités de l'animal, sa fidélité à toute épreuve, son dévouement jusqu'à la mort et par-delà la mort, n'ont trouvé aucun écho dans le langage, ses défauts, grossis démesurément, ont fait du chien le type de la misère physique et morale. Tout ce qui est excessif, détestable, a été rattaché à la notion *chien*, à l'encontre du chat que la langue comble de faveurs.[1]

Cette manière de voir défavorable au chien n'est pas particulière aux idiomes modernes. Les langues classiques ne se montrent pas plus bienveillantes envers l'animal qui est „tout zèle, toute ardeur et toute obéissance" ; le grec n'envisage également que les côtés bas du chien, dont il fait le symbole des sentiments et des passions mauvaises.[2]

C'est ainsi que le chien a toujours été le représentant linguistique de tous les mauvais penchants: avarice, colère, envie, haine; sa soumission absolue est devenue de l'obséquiosité; sa prudence, de la lâcheté; ses caresses, de l'adulation.

[1] Voir la première partie de ce travail d'ensemble, *Le Chat*, dans le premier fascicule des *Beihefte*, Halle, 1905.

[2] L. Morel, *Essai sur la métaphore dans la langue grecque*, Genève, 1879, p. 106.

# Première Partie.

## Noms et cris du chien.

### I. Héritage latin.

1. Toutes les langues romanes ont hérité du latin CANE, à l'exception de l'espagnol moderne et du catalan, où il a été supplanté par des appellations hypocoristiques (v. ci-dessous); en voici les reflets gallo-romans (d'après l'*Atlas linguistique*): [1]

Nord: *quien, quié, tien, tchien* (f. *quienne*, etc.);

Centre: *chien, chi, chĩ* (f. *chienne, chinne, chine*); *chè, tchè, tsè* (Savoie: *çin, stin, fin*); *chĩ, tchĩ* (f. *chino, tchino*), *chi, tchi;*

Sud: *ca, can* (f. *cagno*), *co* (f. *cogno*).

Les autres langues romanes gardent fidèlement le type latin: it. *cane* (f. *cagna*), Piém. *cin* (f. *cina*), réto-r. *can, chaun* (f. *chogna*), *tšon, tšaun*; anc. esp. *can*, port. *cão* (f. *cadella*) et roum. *câne, câine* (f. *căţea*). Pour désigner la femelle, le port. et le roum. ont eu recours à la forme diminutive; le pr., l'it. et le reto-r., au mouillement de la nasale, tandis que le fr. a procédé par voie analogique: *chienne* est, d'ailleurs, extrêmement rare en anc. fr., où le masc. *chien, chin* (auj. Berry), *cien* (auj. Morvan), servait à désigner les deux genres. Ajoutons anc. fr. et Lorr. *cagne* (*caigne*), chienne, d'origine franco-provençale.

2. Voici maintenant la descendance romane des diminutifs *catellus* et *catulus*.

Le type CATELLUS (*catella*) a fourni: roum. *căţel*, f. *căţea* (cette dernière sans valeur diminutive à l'instar du port. *cadella*); pr. *cadel* (cadèu), f. *cadello* (cadelo) et *cadillo* (Rouergue), Lozère *chadel* A.; catal. *cadell*, esp. *cadiello* (Galice *cadelo*), à côté de *cadillo* et *cadejo* (port. *cadilho* et *cadexo*), variantes d'origine dialectale et aux acceptions exclusivement métaphoriques; it. *catello, catella*, encore vivace au XIV^e siècle, auj. hors d'usage (dans les patois aux sens figurés) et remplacé par d'innombrables diminutifs indigènes, tels que *cagnetto, cagnino, cagnoletto, cagnolino, cagnuccio*, etc., qui servent simplement à désigner le petit de l'animal. La descendance française de *catellus* est la plus importante du domaine roman:

[1] Voir, dans notre premier travail, les abréviations et la bibliographie.

*haper*, Char.-Inf. A., Vosges *hoper*, *houper*, aboyer (cf. *waper*, id. 4e);

*hawer*, Liège, aboyer A. (de *hau* = *wau*);

*hourra*, Béarn, aboyer; port. *urrir*, gronder (du chien et du lion, à l'instar du gr. ὠρύεσθαι, hurler et rugir), répond au roum. *hărăì*, id.; cf. lat. *hirrire*, gronder (du chien enragé) et anc. fr. *hire*, grognement de chien;[1]

*huivar* (uivar), port., hurler (le *v* est euphonique), répond au roum. *huire* (uire, vuire), hurler, gronder;

*japper*, anc. *japer*, à côté du Norm. *japiner* (jaspiner), pr. *japa* (chapa, dzapa), *jaupa* (chaupa); Gênes *giappá*, Piém. *giapé*, aboyer, réto-r. *giappar*, id. (anc. Lomb. *giapar*, glapir, *Archivio*, XII, 406); cf. Délémont *yapa*, japper (I. Jeanjaquet);

*lappir* anc. fr., glapir, pr. *lapouina* (lampouina), aboyer;

*quila*, pr., glapir, à côté de *quiala* (quiela, quièula), Marne, Gay, *quialer*, pousser des cris perçants; roum. *chelălăi*, clabauder, réto-r. *chiular*, aboyer; cf. allem. *queulen*, glapir, anc. gr. σκύλος, jeune chien, irl. *cuilenn*, id.;

*schissí*, Piémont, glapir; cf. anc. slave *skyčati*, aboyer;

*udolar*, catal., hurler (le *d* est euphonique), pr. *oudoulia*, *udoula* (idoula), id., it. *uggiolare* (= ujolare);

*wasser*, Jersey, aboyer A.; cf. Suisse allem. *weissen*, id. (dans le 7e conte de Grimm, le chien aboie *wass! wass!*), à côté du bavarois *gauzen*, *kauzen*, et du dietmarschois *güssen* (geussen);

*zaulai*, sarde logod., aboyer (et *záulu*, aboiement).

6. Certains de ces verbes sont d'origine obscure: sarde logod. *attoccare*, aboyer; Aoste *barsa*, id. A.; pr. *bindoula*, hurler; Lot *biotsá*, aboyer A.; it. *guattire*, clatir, et *squittire*, id.; anc. pr. *jangolar*, glapir comme le chien qu'on bat,[2] mod. *jangoula* (changoula), *jingoula* et *ganguela*, anc. fr. *jangler*,[3] aboyer,[4] Galure *ghiangula* (ghiagnula); Gênes *lüa*, glapir, et Piacenza *lüdlé*, hurler (*lüdal*, hurlement); port. *maticar*, glapir (en apercevant le gibier); Gênes *mogogna* (mugugna), gronder; Côme *taboja*, aboyer, et it. *ustolare*, glapir; sarde logod. *zunchiai*.

7. Une seconde catégorie de termes patois pour „aboyer" est représentée par des verbes synonymes appliqués à d'autres espèces animales plus ou moins apparentées, à savoir:

---

[1] Les Romains appelaient l'R, *canina littera*, parce qu'on l'entend dans le grognement du chien; cf. la *Senefiance de l'ABC*, du XIIIe s. (ap. Littré):

> R est une lettre qui graigne;
> Quant li gaaignons veut ronger l'os,
> S' uns autres chiens lui veut reprendre,
> Sans R ne lui peut defendre.

[2] Cf. Raynouard: Cas non pot layrar ni japar ni *jangolar*.

[3] Gaston Phebus: Aucuns chiens courans sont qui crient et *janglent*.

[4] Diez rapproche *jangler* du holl. *jangeln*, aboyer, qui est puisé à la même source; Thomas (*Romania*, XXVIII, 193) dérive *jangolar* du lat. *zinzulare*, gazouiller.

au bœuf: Ain *bièula*, pr. *begoula*, aboyer, propr. beugler; cf. Guern. *bagouler*, aboyer A.;

au cerf: Alpes-Mar. *rdyaa* (Lux.: *i raw*, il aboie) A., anc. fr. *reiller*, id. (R. de Cambrai, ap. Godefroy: le chien *reille*); cf. fr. *réer* (du cerf) et angl. *to bell*, réer, allem. *bellen*, aboyer;

au chat: Landes *gnaula*, aboyer, propr. miauler (cf. pr. *gna-gna-gnau*, onomatopée des plaintes d'un chien), et Yon. *ramiouler*, id.; Berr. *cahuler*, aboyer (Hainaut: hurler à la manière des chats), Sav. *mioula* (miàuna, miàura), miauler et aboyer, à l'instar du Mil. *mugola*, id. (it. *mugolare*, glapir); pr. *rangoula*, gronder (des chats et des chiens), et Gênes *rangogna*, id., Sic. *runguliari* (des chiens; cf. it. *ringhiare*); pr. *rouna*, clabauder, et Béarn *arrouna*, ronronner;

à la chèvre: Aoste *belé*, aboyer A., propr. bêler, sarde *beliai* (abeliai), id., bas-lim. *berla*, id., pr. *guela*, bêler et glapir;

au cochon: pr. *caïna* (et Frioul), *quina* (quièuna), glapir, propr. grogner, et *quila* (quièula), id., Sav. *couèla*, glapir, et *couèlia*, grogner; it. *gagnolare* (guagnolare), glapir, propr. grogner, à l'instar du catal. *ganyolar*, *guinyolar* (aboyer et gronder), de l'anc. fr. *gannir*, *guannir*, esp. *guañir*, id.; pr. *guissa*, glapir, et anc. fr. (1559) *goissement*, jappement (= grognement), à côté du Calvados *viquer*, glapir, wall. *wicheter*, id.; Norm. d'Yères *hoingner*, *woingnier*, Calvados *ouiner*, hurler (= grogner), à côté du wall. *wigni*, *guigner*, glapir; Suisse *ronna*,[1] *rouna*, et Quercy *regaula*, gronder, du chien et du porc; sarde mérid. *zerriai*, hurler et grogner.

Ou bien, par des verbes au sens général, tels que:

brailler: Gironde *braoya*, *braulya*, aboyer A., et fr. *brailler*, crier sans être sur la voie; port. *bradar*, aboyer (= pr. *braidar*, braire), Côme *sbragi*, ladin *sbrai*, id.;

crier: Gironde *crida*, aboyer A., à l'instar de l'anc. fr. *crier*, auj. aboyer à la chasse; Mil. *bocia*, aboyer (cf. dial. *boce*, cri); cf. sarde log. *appeddare*, aboyer (= *appellare*);

gueuler: Seine-Inf., Côtes-du-N., Genève *gueuler*, aboyer A.;

piailler: H.-Marne *piailler*, aboyer A.; it. *guaire*, *guajolare*, glapir, propr. se lamenter; cf. Sav. *vioula*, Morv. *reviauler*, aboyer plaintivement.

**8.** Ce dernier sens, commun à la fois au pr. *jangoula* et à l'ital. *gagnolare*, exprime les cris plaintifs que poussent parfois les chiens, surtout pendant la nuit, cris qui ont frappé de tout temps l'imagination populaire.[2] Arrien, décrivant au III^e^ siècle les chiens courants de Carie et de Crète, remarque (II, 1): „En chasse, les ségusiens (ἐγουσίαι κύνες) criaient beaucoup, tantôt sur le gîte que sur la voie, mais d'un ton si lamentable, que les Gaulois les comparaient à des mendiants implorant la charité publique".

---

[1] Cf. *Roman de Renart*, I, 1158: Dant *Ronnel* le mastin...

[2] Voir, sur la valeur psychique des cris du chien, les vers célèbres de Lucrèce (V, 1061) sur la diversité expressive des animaux, selon qu'ils éprouvent la crainte, la souffrance ou la joie.

La superstition moderne voit, dans ces gémissements, un signe de mort et en fait remonter au premier meurtre la cause initiale. Abel, raconte une légende portugaise,[1] avait un chien qu'il aimait beaucoup. Lorsque Caïn tua Abel, son chien s'enfuit de par le monde, en criant: Caïn! Caïn! De là, ajoute la légende, le verbe *cainhar*, geindre, en parlant du chien que l'on frappe.[2]

Ajoutons que Pline le naturaliste compare le croassement des corbeaux à un aboiement plaintif (XVIII, 87): *singultu quodam latrantes.*

## III. Cris d'appel et de chasse.

9. Le cri usuel pour appeler le chien est *ta! taï!* ou *ta-ta!* à côté de *tè-tè!* (Pas-de-C., Savoie, Milan), *to-to!* (Deux-Sèvres, Lombardie, Portugal), fr. *tou-tou!* Ensuite:

*baco-baco!* it. (= *bau-bau!*), Mil. *bop-bop!* id.; port. *boca! boch* (poch)! et Trasosmontes *baxe-baxe! boxe-boxe!*

*buz-buz*, esp., port. (pour les petits chiens), répondant au milanais *ps-ps!* („voci per allettare i cani", Cherubini);

*chou-chou*, Clairvaux (fr. *chou! chou-là!* pour exciter les chiens à quêter, Norm. *chouler*, exciter les chiens à mordre, et Marne, flairer avec bruit, du chien de chasse), Abruzzes *ciu-ciu*, esp. *chu-cho* (à côté de *tus!*); le port. *açular* (cf. esp. *jalear*), haler, répond au Norm. *chouler*.

10. Les cris dont on se sert pour chasser ou exciter les chiens sont de beaucoup plus nombreux:

*afu!* Mayenne, d'où Hague *affouaer*, haler un chien, et Val-de-Saire *affouer*, grogner; pr. *aüto!* Béarn *ahu! ahuto!*

*css! gss! gzz!* (cf. Rabel. III, prol.), d'où Saône-et-L. *acssi*, haler un chien A.; pr. *quiss-quiss!* (d'où *aquissa*, *enquissa*, *esquissa*, haler), *cuss-cuss!* (d'où *cussa*, *acussa*, haler, à côté du Gard *acoutsi*, id., A.), esp. *cuz-cuz!* et roum. *cuţu-cuţu!* (pour appeler un petit chien); pr. *guiss-guiss!* (d'où *aguissa*, et de là, le fr. pop. *aguicher*) et Béarn *gous-gous!* (d'où H.-Alpes *agoussa*, haler A., Norm. *agousser*, exciter); ainsi que les formes amplifiées avec une gutturale: esp. *casc! quesc! guizg!* (d'où *enguizgar*, haler) et pr. *cusc!* (d'où *cusca*, *acusca*, id.);

*ciss!* d'où pr. *cissa* (Piém. *cissé*), *acissa*, *acinsa*, haler; et port. *chuz!* La locution: sem dizer *chuz*[3] nem *buz* (= sans dire *ouste* ni *tou*), c.-à-d. sans souffler mot, répond à l'esp.: sin decir *tus* ni *mus*, et au sicilien: senza *ciu* ne *bau*;

---

[1] J. Leite de Vasconcellos, *Tradições populares de Portugal*, Porto, 1882, p. 197.

[2] En réalité, *cainhar* répond au pr. *caïnà*, grogner et glapir (7): cf. Gênes *caìn*, bau! (cri du chien) et Naples *caì!* („onomatopea dei guaiti del cane, onde il volgo dice che chiama Caino", d' Ambra).

[3] Cornu (Gröber, *Grundriss*, I², 974) identifie ce *chuz* avec l'anc. port. *chuz*, plus.

*iss!* pr. *isso!* d'où *hisser*, anc. fr. *hicier*, pr. *ahissa* (cat. *ahissar*), it. *aissare* (Piém. *issé*), *aizzare*,[1] à côté de *adizzare* (le *d* est euphonique); — *ouss!* pr. *oussi!* Creuse *aoussi!* fr. *usse!* (ouste! houste!), Frib. *ouze!* (Genève *houzet!*), de là Vaud. *utsi*, haler (Aoste *utchyé*) A., Venise *uzzar*, Galice *auchar*, id.; — des formes nasalisées: Saône-et-L. *anssi* A. (cf. fr. *assiller*, haler, Roll. IV, 8), Metz *hinsser* (= *hisser*), Corse *aunza* (cf. Vérone *uzza*), sarde logod. *aunzare* (cf. *Archivio*, XIV, 289); — ou renforcées: pr. *anissa*, haler, Allier *anisser* (arnisser) et Savoie *enisser* (enussi) A.; pr. *arissa*, id., et *atissa* (entissa), id., anc. fr. *enticier*, Norm. *entícher*, id.; Creuse *taoussi!* (= *aoussi!*) et Piém. *tarissé* (= pr. *arissa*);

*ssiss* (ssuss)! d'où Ardèche, Drôme *assissá* (Alpes *assinsa*), haler A.; Abr. *zusse!* esp. *zuzo!* d'où *zuzar*, *azuzar*, répondant au galicien *chuzar* (de *chus!* = *zuzo!* v. ci-dessus), à côté de *zacear*, chasser les chiens en leur criant *za!* catal. *xit-xit!*

*zap!* H.-Sav. *far zapa*, haler; *zoub!* d'où pr. *zouba*, id., sarde mérid. *zubbai* (azzubbai); *zoup!* d'où sarde logod. *azzupari*, Corse *azzupa*, haler un chien (*Archivio*, XIV, 289).

Les divers patois rendent la notion: exciter un chien à mordre, par *agacer*, *lancer*, *pousser*, *faire enrager*, etc.[2] Cette dernière locution explique le synonyme port. *agastar*, qui dérive de *gasto* (perro), chien enragé (= it. can *guasto* et fr. dial. chien *gâté*, Roll. IV, 74).

Parfois le sens de chasser ou de haler un chien résulte de celui d'aboyer: fr. *bourrer*, poursuivre le gibier (= chasser en aboyant), et *bourrir*, s'élancer impétueusement, pr. *bourra* (abourra), haler les chiens, propr. gronder (5), H.-Italie *borá*, *borré*, *borí*, chasser en criant, lancer sur le gibier, dérivant de *bori*, *buré*, glapir (5); cf. Galice *apurrar*, *empurar*, id. („azuzar los perros para que riñan o contra alguna persona o animal", Piñol); — pr. *bouta*, *abouta*, haler un chien, de *bouta*, japper (4); Lorr. *hâmer*, chasser, de *hamer*, aboyer (5), pr. *fourra*, Gasc. *hourra*, haler, du béarnais *hourra*, aboyer (5), et Valais *ouina*, haler A., propr. gronder.

Les termes suivants pour „exciter un chien" sont obscurs: Bessin *amouer* et Poit. *amoisser*, pr. *amouda*, *amouta* et roum. *amuța* (asmute, sumuța), pr. *asima*, esp. *azomar*.

11. La chasse étant un des grands réservoirs qui ont alimenté la richesse métaphorique de la langue, les cris dont se servent les chasseurs, principalement pour exciter la meute, ne sont pas sans intérêt pour le linguiste.[3] Voici les plus familiers:

*halle!* cri du piqueur à ses chiens quand le cerf est aux abois, et *hally! ally!* pour les rameuter, d'où *hallali* (forme redoublée de

---

[1] Suivant Baist (*Zeitschrift*, VI, 424), l'it. *adizzare* serait une onomatopée dérivant du fr. *ça-ça!* terme de chasse.

[2] V. la carte de l'*Atlas linguistique:* Exciter un chien à mordre.

[3] Nos sources sont: Jacques de Fouilloux, *La Vénerie*, Poitiers, 1561 (et Niort, 1888), et Baudrillart, *Dictionnaire des chasses*, Paris, 1864.

l'étymologie romane", et il reste toujours à l'état de problème.[1] Il est néanmoins permis de rapprocher *perro* du galicien *apurrar*, exciter un chien (10), par l'intermédiaire d'un type *porro*, et d'y voir ainsi une création indigène.

15. Ajoutons les noms argotiques du chien:

*cab*, *cleb*, formes abrégées de *cabot*, *clabaud* (17[b], 18);

*cador*, du pr. *cadel*, avec changement de suffixe;

*habin* (happin), *hubin* (huppin), propr. aboyeur (du fr. dial. *haper*, *houper*, aboyer, 5), à l'instar de *jaspineur* („qui jappe");

*tambour*, chien de garde (et *alarmiste;* cf. *battre du tambour*, aboyer, et Côme *taboja*, id., 6).

Dans l'argot bellau ou des peigneurs de chanvre du Haut-Jura: *larbio* et *ruche*, chien, tous deux d'origine obscure;

dans celui de Val Soana (Piémont): *garüf*, désigne à la fois le chien et le chat, et Parre *garolf*, chien (= loup garou);

dans l'argot italien: *bati*, peut-être aboyeur (4), *bolfo* („lippu"; argot port. *belfo*), *ginuldo* („gueux" = anc. fr. *genaud*) et *guido*, *guidone* („guide").

16. Tâchons maintenant de compléter la série des faits étudiés par une revue sommaire des opinions étymologiques courantes. La diversité des points de vue entraînera nécessairement une divergence dans les résultats. Il est évident, d'une part, que selon qu'on attribue aux langues romanes une certaine originalité, une tendance à évoluer à côté du latin et indépendamment de lui, ou qu'on y voit au contraire des organes purement réceptifs et dépourvus de toute force créatrice; et d'autre part, selon qu'on considère les faits linguistiques dans leur ensemble, ou qu'on les étudie dans leur individualité et isolément, il est évident que les vues étymologiques seront forcément différentes.

Voici, par exemple, l'esp. *aullar* et le port. *huivar*, hurler (des chiens); en les considérant isolément, on s'est efforcé, depuis Diez, de les rattacher au lat. *ululare;* mais il suffit de rapprocher ces verbes de leurs correspondants roumains *aulire* et *huire*, hurler, gronder, pour écarter tout rapport avec le latin et voir, dans ces verbes, des créations romanes, analogues d'ailleurs, comme point de départ, au lat. *ululare* ou au grec *ὀλολύζειν*.[2] On ne saurait assez insister sur l'origine absolument indépendante pour chaque langue de ces formations imitatives. Dériver le port. *huivar*, ou le fr. *glapir*, du germanique (*Zeitschrift*, XVIII, 527, et XX, 353) est

[1] Gratien Faliscus (*Cyneg.* 202) mentionne une variété de chiens, *petrones*, de race gauloise; le *canis petrunculus* des Lois burgondes est expliqué par Ducange: „quia solidos calces habent, ut petras et rupes illæsim percurrant". Le catal. (gos) *peter*, barbet, signifie „péteur", au sens de petit, et répond au Blaisois *petou*, toutou, qu'on rencontre déjà au XVIe siècle, dans le *Moyen de parvenir*.

[2] Tandis que Meyer-Lübke (*Zeitschrift*, XXII, 6) voit, dans *aullar*, un croisement de *ululare* et *ejulare*, Baist (*Krit. Jahresbericht*, V, 1, 407) se prononce en faveur d'une onomatopée *au*, analogue à *mau*.

une erreur de méthode, vu que le roman et le germanique, à l'instar du grec et du latin, ont puisé leurs mots imitatifs à la même source, et que la création onomatopéique est un fait de nature universelle.

Il est certain que le chien domestique a aboyé de la même façon dans l'antiquité que de nos jours: le gr. *βαῦ* (de *βαῦ-ζ-ειν*), le lat. *bau* (de *bau-ba-ri*) et le *baw* de nos enfants, le prouvent suffisamment; mais la traduction linguistique de ce cri essentiel de l'animal est susceptible de revêtir les aspects les plus divers, comme le montrent les patois. Il est même surprenant que ces transcriptions approximatives n'offrent pas une plus grande variété, comme c'est le cas pour *miauler*. Vouloir donc rattacher au type unique latin *baubari* les multiples variantes dialectales, empruntées directement à la nature vivante, est purement illusoire. C'est ce qu'on a fait pourtant pour l'it. *abbajare*, fr. *aboyer*, anc. *abayer*. Förster, après avoir montré l'impossibilité phonétique d'une pareille dérivation, propose de voir dans l'it. *bajare*, fr. *bayer* (de *abayer*), de simples doublets de *badare* et de *béer*, en invoquant l'analogie de l'allem. *klaffen*, être béant, et *kläffen*, clabauder: *aboyer* ne serait, dans cette hypothèse, qu'un développement phonétique normal de l'anc. *abayer*, à l'instar p. ex. de *soudoyer*, de *soudeier* (v. Körting). Cependant, Diez se demandait déjà si *aboyer* n'était pas une création indigène („ein auf eigener Hand gebildeter Naturausdruck"), et Thurneysen remarque à ce propos (*Keltoromanisches*, p. 42): „Si le roman a imité l'aboiement, que le roman rendait par *bau*, avec *baï*, alors la différence entre *baubari* et *baïer* s'explique sans difficulté". En effet, le roman traduit ce cri, non seulement par *baï*, mais encore, on l'a vu, par *bèu*, *bòu*, *bou*... Les verbes français *abayer*, *aboyer*, *abouyer*, *abawer* s'expliquent réellement sans la moindre difficulté, à condition de faire abstraction du lat. *baubari*.

Des quatre verbes latins qui désignent les variétés de l'aboiement, — *gannire*, *glattire*, *latrare* et *ululare*, — le français moderne n'a gardé que le dernier: l'ancienne langue possédait encore *glatir* (déjà dans la *Chanson de Roland*), qui fut remplacé, à partir du XIIIe siècle, par *glapir*, création indigène analogue au synonyme wallon *glawer*. Quant à *gannire*, il n'a laissé de trace qu'en italien, en espagnol et en portugais: le fr. *guannir* (gannir), l'it. *guagnolare* (gagnolare), le catal. *guinyolar* et l'esp. *guañir*,[1] grogner, procèdent d'un type *wan*, expression du grognement, commun au chien et au cochon; de là, leurs rapports intimes qui vont parfois, au point de vue linguistique, jusqu'à la confusion. C'est ce qui est arrivé pour l'anc. fr. *guaignon* (waignon), *gaignon*, chien de basse-cour, qui répond au limousin *gagnoun*, cochon, propr. grognon (18). Pour expliquer le mot, on a d'abord imaginé un latin *canio*, rendu illusoire par la variante *waignon*; on a ensuite pensé au germanique *wang*, prairie (= chien de prairie) et à l'anc. fr. *gaaignier*, labourer:

---

[1] Diez fait remonter it. *guagnolare* à un type latin *ganniculare*, et esp. *guañir*, à un type germanique *wanjan*, pleurer.

„le chien qui *gaaigne*, c.-à-d. qui fait paître, mène paître" (v. Körting).

Les recherches sur l'origine des cris particuliers au langage des chasseurs, ne sont pas moins curieuses à cet égard. Pour exciter le chien à mordre, on imite parfois simplement l'aboiement ou le grondement: c'est ce qui est rendu par le fr. *bourrer*, pr. *bourra*, lancer sur le gibier, propr. gronder, H.-Italie *boré*, *borá*, id. (10). Meyer-Lübke (*Zeitschrift*, XX, 529) fait venir ce dernier de l'aha. *burjan*, soulever; mais comme la terminologie gallo-romane de la chasse ignore à peu près l'influence germanique, Schuchardt, en repoussant cette origine, fait remonter *borrer* à une interjection analogue à l'allem. *burr!* dont on se sert pour chasser les oiseaux;[1] finalement, Nigra (*Archivio*, XV, 496) reprend la vieille étymologie de *bourrer*, rembourrer, qu'il identifie avec *borá*, chasser.

C'est dans le même esprit que Dermesteter[2] interprète le cri de chasse *hallali*, par *allez! allez!* (Körting y voit la phrase allemande: *halt alle hie!*) et son synonyme *hahali!* par *ha, allez!* Menéndez Pidal dérive, à son tour, l'esp. *azuzar*, haler un chien, de l'anc. adverbe *asuso!* en haut! (*Romania*, XXIX, 339) et son synonyme *azomar*, de *a somo*, au sommet!

Des noms hypocoristiques, c'est l'esp. *gozque* qui attira l'attention de Diez: „Que signifie *que* dans *gosque?*" se demande-t-il. Schuchardt (*Zeitschrift*, XV, 96) lui répond en le renvoyant au slave *kučīka*, chienne; mais le terme slave dérive de *kuča*, chien (auj., en serbe), *-īka* étant le suffixe du féminin, tandis que le *que* de *gozque*[3] a une valeur en quelque sorte organique (dim. *gosquillo*), à l'instar de son synonyme *buzque*, l'un et l'autre, formes amplifiées de *goz* et de *buz* (12 et 13). D'ailleurs, Schuchardt admet également que les variantes occidentales et orientales du mot remontent à la même origine, mais sans se prononcer sur le caractère de cette dernière: „L'histoire du mot s'éclaircira avec celle de la notion qu'il représente", se contente-t-il de conclure. Schrader[4] est plus affirmatif: il croit voir, dans ces noms hypocoristiques, „la même interjection onomatopéique *ku-*, laquelle avait fourni, à l'époque préarienne, le sanscrit *çv-an* (*çu-n*)".

Nos recherches s'arrêtant au seuil même du latin, ne nous permettent pas de remonter si haut ni d'aller si loin. Il nous suffit de constater qu'autour du vieux tronc latin qui, sous sa puissante ramure, a abrité la Romania toute entière, d'humbles rejetons ont poussé et, nourris d'une sève nouvelle, sont devenus une riche végétation. Mais, tandis que l'origine du premier échappent complètement à nos prises, les derniers se renouvellent constamment, parfois sous nos yeux, témoignant de l'incessante activité de l'esprit humain.

---

[1] *Romanische Etymologien*, II, 132, et *Zeitschrift*, XXIV, 417.

[2] *Formation des mots composés*, p. 87.

[3] Menéndez Pidal (*Gramatica historica española*, 1904, p. 85) tire *gozque* du bas-latin *gothicum*.

[4] *Reallexicon des indo-germanischen Altertums*, I, 183.

## V. Variétés de chiens.

17. Nous allons classer, sous le rapport purement linguistique, les termes les plus importants de cette nomenclature presque infinie, car les naturalistes ne comptent par moins de 195 races et variétés canines. Déjà Appien affirmait que les races des chiens sont innombrables, et Gratius Faliscus (*Cyneg.* 154) d'ajouter: „Il y a des chiens de mille contrées, et chacun garde le caractère de son pays“. Voici les variétés les plus connues:

### A. Appellations indigènes.

a) D'après le poil:

*barbet*, *barbiche* (barbichon), chien à poil frisé, appelé en pr. *chin-mouton*; it. *barbone*, Piém., Gênes *barbin*;

*barracan*, Limousin, chien de berger, propr. rayé de blanc;

*bouffe*, barbet à longs poils fins; Venise *bofalo*;

*griffon*, barbet à longs poils hérissés;

*pelou*, Blaisois, petit chien, propr. pelu.

b) D'après l'aboiement:

*bawate*, Metz, roquet, propr. aboyeur;

*baubi*, ou chien secret, Norm. *baubis*, chien courant (Nemnich): „Les chiens *baubis* sont de gorge effroyable, ilz heurlent sur la voye“ (Fouilloux), du dial. *baubi*, aboyer (4); cf. allem. *Beller*, id.;

*clabaud*, ou chien babillard, de *clapir*, aboyer à la chasse (5);

*glawène*, wallon, roquet, de *glawer*, glapir (5), et *hourlâ*, espèce de chien courant, propr. hurleur;

*javră*, roum., roquet; cf. Poit. *jabrailler*, criailler;

*lippe*, Gâtine, roquet (cf. anc. fr. *lapper*, glapir, 5);

*taboj* (tabuj), Piém., Côme, petit chien, de *taboja*, aboyer (6).

c) D'après la nature et le dressage à la chasse:

*baud*, anc. *bald*, propr. hardi, „par ce qu'ilz sont hardis et deliberez“ (Fouilloux); f. *baude*, anc. fr. et dial., chienne en chaleur; anc. fr. *ferbault* (XIV^e^ s.), chien qui tient le milieu entre le *bauld* et le *bauld rétif*, auj. Anjou *herbaut*, chien basset (fr.: chien qui se jette avec trop de violence sur le gibier);

*caniche*, *canard*, chien employé jadis à la chasse des oiseaux aquatiques, à cause de sa facilité à nager;

*charnego* (charnegre), pr., lévrier de Provence, propr. le maigre ou le décharné (= *rastegue*), appelé encore le pillard, le querelleur (cf. *ernugo*); de là, fr. *charnaigre*, emprunt fait au XVII^e^ siècle;

*clapier*, anc. fr., ou chien de terre, parce qu'il pénétrait dans les tanières de renard (Milan *tanin*, id.);

*chien couchant*, anc. fr., dressé au moyen âge à se coucher sur le ventre et à ne plus bouger (auj. *chien d'arrêt*);

*chien de perdrix*, chien dressé pour la chasse des perdrix ou des cailles: Gênes *can da pernixe*, port. *perdigueiro*, roum. *prepelicar*;

*lévrier* (f. *levriche*), employé d'abord à courir le lièvre;

*limier*, anc. *liëmier* (de *liëm*, lien), chien tenu en laisse, appelé encore *chien de Saint-Hubert* (sert à quêter le cerf).

d) D'après des indices physiques:

*basset*, chien aux jambes torses, it. *bassoto*; roum. *boldeiŭ* („pointu") et *coteiŭ* („tourné de côté"), id., à côté de *cotarlă*, roquet;

*greffier*, anc. fr., autre nom du chien *baud*, propr. chien de bonnes griffes;

*pataud*, jeune chien à grosses pattes; cf. Berr. *patouline*, chien de berger.

e) D'après la couleur:

*arlequin*, petit danois, it. *arlecchino*;

*blanc* (grand chien), anc. fr., autre nom du chien *baud*;

*gris*, anc. fr., chien courant (Fouilloux);

*moret*, Berry, mâtin, propr. chien à la robe noire.

f) D'après le lieu d'origine:

*burgo*, basset de Burgos;

*corso* (corzo), it., chien de berger (= chien de Corse);

*danois*, caniche de Terre-Neuve, it. *danese*;

*épagneul*, anc. *espaignol*, „pour ce que ceste nature vient d'Espaigne" (Phébus), wall. *épagnote*, it. *spagnoletto*;

*labrit*, pr., chien de berger (originaire de Labrit); cf. fr. *chien de Brie*, id.;

*turc*, *turquet*, chien à poil ras et au nez retroussé, originaire d'Amérique (malgré son nom), Gênes *can american*, esp. *perro chino* („chien chinois").

g) D'après un nom propre personnel:

*azor*, appellatif du petit chien (tiré de l'ancien opéra de Grétry, *Zémire et Azor*);

*carlin*, petit doguin, de *Carlino*, personnage théâtral au masque noir (la face du carlin est noire jusqu'aux yeux); roum. *şarlă*, roquet, de *Charles*, nom de chien fréquent (en Roumanie);

*pyrame*, épagneul rapetissé (XVII^e^ et XVIII^e^ siècle), de *Pyrame* et *Thisbé*, noms donnés au mâle et à la femelle.

**18.** Une autre catégorie de ces termes indigènes expriment les rapports (en premier lieu, par le cri) qui unissent le chien aux autres espèces animales, à savoir:

au chat (cf. fr. dial. *miauler*, aboyer, 7): cf. *Mitaud*, nom de chien de chasse, propr. matou;

au cerf (7): fr. *biche*, *bichon*, barbet noir;

au cochon (7): anc. fr. *gaignon*, chien de basse-cour (auj. Metz: gros chien), répondant au limousin *gagnoun*, cochon,[1] propr. gro-

---

[1] Rapprocher l'allem. *Schweinhund*, *Schweinsrüde*, gros chien dressé à la chasse du sanglier (*Saurüden*, alan-vautre, Nemnich).

gnon (anc. fr. *guannir*, grogner), le grognement étant rendu plus expressivement par la variante *waignon*,[1] à l'instar de *houret*, mauvais chien de chasse (d'abord dans Molière), terme d'origine dialectale (Norm., Meuse *houret*, porc) ; pr. *courou*, *chourlou*, *curo* (curlet) roquet, en rapport avec *chouro*, porc, et *vesso*, mauvais chien (= truie), Vendée *vesse*, chienne, Piém. *vessa*, chienne et truie (cf. allem. *Betze*, chienne, Suisse: goret) ;

au crapaud (dont le cri est un glapissement) : *babiche*, barbet à côté du Piém. *baboč*, id. (et *boč*), en rapport avec le dial. *babi* crapaud ; *cabot*, variété de chien (Littré, *Suppl.*), Lyon, méchant petit chien, et Yonne, chien de petite taille, en rapport avec le dial *cabot* (chabot), crapaud ; Berr. *paquiou*, roquet, avec Plancher-les-Mines *paquot*, têtard de crapaud, et Morv. *poutiou*, petit chien, avec Mayen. *poutaud*, crapaud (cf. roum. *potaie*, clabaud) ; fr. *roquet* (1625) chien criard et hargneux, nom d'origine dialectale (Pas-de-C. *roquet* grenouille), et wall. *mamot*, roquet (cf. Berr. *moumou*, crapaud) ; it. *botolo*, roquet, propr. petit crapaud (it. *botto*, dial. *boto*, crapaud) ;

au hibou, dont le gémissement rappelle le cri plaintif du chien (8) : pr. *farou*, chien de berger (Savoie : hibou), et Béarn *grimaud* nom de chien de chasse, propr. hibou ;

au loup : *loulou*, petit chien et nom du poménarien ou chien-loup (ses oreilles sont semblables à celles du loup), pr. *loubet*, it. (cane) *lupino* ; cf. *Lovel*, nom propre de chien (dans le *Roman de Renart*) et lat. *lycisca*, lice ;

à l'ours (à cause du grognement) : anc. fr. *brahon*, chien de chasse, identique à *brohon*, ourson ;[2] cf. allem. *Petz*, ours et chien ;

au vautour, par allusion à ses allures rapaces et impétueuses : cf. *Moufflard*, nom d'un jeune dogue (dans La Fontaine) avec *moufflart le voltor* du *Roman de Renart*.

## B. Termes empruntés.

19. Au latin (et bas-latin) :

*mâtin*, anc. *mastin* (comme en pr., it., esp. et port.), d'un type *mastinu*,[3] pour *masuetinu* (lat. *mansuetinus*, apprivoisé) ;

*segugio*, it., limier, Mil. *sehus*, *saus* (Brescia *casaus*, lévrier, litt. chien limier), Piém. *sus*, terme familier à l'anc. pr. (*sahus*, anc. fr. *seüs*) et surtout à l'hispano-portugais (*sabueso*, *sabujo*), dérivant du (*canis*) *segusius* ou *seugius* des lois germaniques du moyen âge ;[4]

*vautre*, anc. *viautre*, *veltre*, it. *veltro*, de *vertragus*, lévrier ; en esp.-port., le vautre s'appelle *galgo*, de (*canis*) *gallicus*, ces deux

[1] Cf. J. de Fontenoy (ap. Godefroy) : . . . Thesee qui se changeoit en porc et gannissoit un *oin oin* . . . (anc. fr. *hoing*, grognement du pourceau).

[2] Bormann (*Die Jagd in altfr. Arthus- und Abenteuer-Romanen*, Marburg, 1887, p. 42) rapproche *brahon* de *bracon*, chien braque.

[3] Suivant Gaston Paris (*Romania*, XXI, 597).

[4] Ces *segusii* descendent probablement des Ἐγουσίαι κύνες d'Arrien (v. 8).

dernières races de chiens, les *segusii* et les *vertragi*, étant d'origine gauloise.

20. Au germanique (et anglais):

*bigle*, petit chien de chasse, de l'angl. *beagle*, anc. *begle*, tiré peut-être du fr. *beugle*, à cause de sa voix très sonore;

*braque* (XIII^e^ s.: *brache*), dim. *braquet*, *brachet* (XII^e^ s.), *brechet*, *brochet*,[1] *bracet*, *bracon* (d'où *braconner*, XIII^e^ s., primitivement chasser avec des braques), *briquet* (cf. *briquet* d'Artois) — à côté de *brague* (Lacurne), dim. *braguet*, auj. chien de lièvre — dérivant de l'aha. *braccho*, mod. *Bracke* (d'où également croate *brek*, istro-roum. *brec*, petit chien, f. *breke*, daco-roum. *braică*, chienne braque); it. *bracco*, esp. *braco*;

*dogue*, gros chien, dim. *doguin*, de l'angl. *dog*, chien.

21. Au basque:

*jacaru*, Corse, chien, sarde *giagaru*, chien de chasse, de *zakurra*, chien;

*pachon*, esp., basset au pelage noir, de *pocho*, chien;

*podenco*, esp., et port. *podengo*, chien courant, de *potingo*, basset.[2]

22. Au magyar et au slave (pour le roumain):

*copoiŭ*, limier;

*dulăŭ*, mâtin, f. *dolcă*;[3]

*haită*, chienne et meute;

*ogar*, lévrier, et *zăvod*, dogue.

## C. Noms d'origine inconnue.

23. Un résidu de termes obscurs:

*alan*, chien courant (anc. pr., fr., it. et esp.);

*bisse*, anc. fr., petit chien (et serpent), Vosges *beusse*, cagne; cf. allem. *Betze*, chienne, angl. *bitch*, cagne;

*biscoudet*, Béarn, chien basset;

*brotte*, wallon, chien en chaleur, vieille chienne;

*corneau*, chien métis (et *crocotte*);

*gredin*, petit épagneul (1762) au pelage noir (f. *gredine*), Berr. *gueurdin*, *guerdaud*, Lorr. *gordin*, *gourdin*;

*lice*, anc. *lisse*, *liche*, pr. *leissa*, chienne de chasse (XII^e^ s.) et chienne en chaleur, Morv. *lèche*, Nord *louche* A.; cf. allem. *Lusche*, id.;

*mopse*, doguin; cf. allem. *Mops* et *Moffel* (Saxon *Moppel*), Mil. *mofolino*, it. *muferlo* et *muffolo*;

*rafeiro*, port., mâtin; cf. *rafa*, faim dévorante.

---

[1] De là, *Brochart*, nom de chien, dans *Garin li Loherains* (éd. Paulin Paris, II, 226): „Li Dus demanda *Brochart* son liëmier . . ."

[2] Suivant Schuchardt, *Zeitschrift*, XI, 492 (cf. XXIII, 174); Baist (*Ibid.*, VII, 122) dérive *podenco* de *podar*, mutilé (= courtaud).

[3] Le magyar *düllö*, mâtin (d'où roum. *dulăŭ*) est, lui-même, d'origine orientale: pers. *tolé*, jeune chien.

24. Quant aux différences psychiques des variétés de chiens, voici la caractéristique qu'en donne Scheitlin:[1] „Le carlin est bête, lent, phlegmatique; le chien de boucher est mélancolique, bilieux, féroce; le chien-loup, vif, colère, rageur, profondément haineux; le caniche est toujours joyeux, gai compagnon, ami de tout le monde... il ne lui manque que la parole pour être un homme...; il peut même, sous bien des rapports, être souvent proposé comme exemple à l'homme".

---

[1] Cité par Brehm, *Mammifères*, I, 342.

# Deuxième Partie.

## Sens des noms du chien.

### I. Sens roman de *canis.*

25. Les premières applications de la notion *chien* en roman font allusion aux mauvais penchants attribués de tous temps à la bête; de là, des épithètes telles que:

avare (cf. pr. *avare coume un chin*): fr. pop. *chien*, it. *cane;* cf. lat. *canis*, id. (Horace, *Sat.*, I, 2);

barbare: fr. *chien* (XII^e^ s.), it. *cane*, appliqué plus tard, comme terme de mépris, aux Sarrasins,[1] injure que les musulmans retournent aux chrétiens; cf. Valais *chien*, personne sans religion (Jeanjaquet);

débauché: anc. fr. *chienne* et *cagne*;[2]

lâche: Berr. *cagne*, propr. mauvais chien;

mauvais: fr. *chien de . . .* ou *. . . de chien*, formules dépréciatives pour tout ce qui est détestable, appliquées aux personnes et aux choses (cf. un *chien d'*homme et la *chienne de* face, Molière, *Le Dépit*, IV, 4): métier *de chien*, it. lavoro *da cani* (cf. allem. *Hundearbeit*); temps *de chien*, it. stagione *da cani* (cf. allem. *Hundewetter*); vie *de chien*, it. vita *da cani* (cf. allem. *Hundeleben*); Vaud *dzornira de tsin*, journée où on ne reçoit pas d'autre salaire que la nourriture (Jeanjaquet), et Berr. *chien de cas*, nœud d'une affaire, hic. De même, it. *andato a' cani*,[3] tombé dans la misère (cf. angl. *to go to the dogs*, et allem. *auf den Hund kommen*), *darsi ai cani*, désespérer (cf. port. *darse a perros*, enrager), etc.;

méchant: fr. *chien* (il n'est pas trop *chien* avec ses ouvriers, Littré); cf. Valais *chien*, marchand qui écorche les gens (Jeanjaquet);

sale: pr. *chin*;

têtu (certaines espèces de chiens, p. ex. les griffons, sont très entêtées): port. *cão*.

---

[1] Godefroi de Bouillon, éd. Hippeau, v. 2820: „Qui laissent le sepulcre à ces *chiens* forcenés"; et Pétrarque (cap. 9): „Che il sepolcro de Cristo è in man de' *cani*"; de même, en anc. pr.: „De passar mar e d'aucir la gen *canha*" (Rambaud de Vaqueiras).

[2] Cette forme vient du franco-provençal, et non pas (comme on l'admet généralement) de l'it. *cagna*.

[3] Caix (*Studi*, n° 250) voit dans ce *cani* le reflet du lat. *canus*, chenu, et il interprète la locution par *andar tra i vecchi*.

**26.** Il est intéressant, en présence de cette abomination qui paraît inhérente à la notion *chien* — les héros d'Homère s'apostrophaient déjà mutuellement en se traitant de „chiens"[1] — de relever les acceptions de la langue populaire qui forment la contrepartie, et dans laquelle le nom signifie:

personne chérie, comme terme familier de tendresse: *chien* aimé! et redoublé: *chienchien!*

passion (caprice de cœur): avoir un *chien* pour quelqu'un (cf. Deux-Sèvres *il a l'œil chien*, il paraît passionné, Rolland, III, 5);

résistance (force de): avoir du *chien* dans le ventre; cf. angl. *dogged*, persévérant;

verve (originalité): avoir du *chien*.

Ces acceptions appartiennent, il est vrai, au langage bas, mais elles ne trahissent pas moins une manière de voir plus sympathique au chien et une sorte de réaction contre l'emploi exclusivement péjoratif de son nom dans la langue générale.

**27.** Passons maintenant aux autres applications du même nom et se rapportant tantôt à la figure du chien prise dans son ensemble, tantôt à une des parties de son corps. Le nom *chien (chienne)* désigne:

En zoologie:

a) Des poissons de la famille des squales, poissons voraces au corps allongé, revêtu d'une peau dure et coriace, et terminé par une queue grosse et comme fourchue (d'où leur assimilation avec un petit chien):

milandre: fr. *chien (de mer)*, it. *(pesce) cane*; cf. anc. gr. *κύων*, squale, et angl. *dog-fish*, milandre;

requin: pr. *chin* (spéc., le requin bleu).

b) Des insectes:

chenille (surtout glabre, comparée au corps rugueux de certains chiens): May. *chin*, Milan *can*;[2]

larve de hanneton: fr. dial. *chien de terre* (Rolland, III, 331);

ver (ver à soie): Côme *can*.

**28.** En botanique, des plantes surtout épineuses:

aigremoine (ses fruits mûrs s'attachent au poil des bêtes): Vendée *chins* (Rolland, *Flore*, V, 265);

bardane (plante écailleuse qui s'accroche à la toison des brebis comme le chien au gibier): Eure *chien* A., pr. *chin*;

---

[1] Les dérivés *κυνώτης*, *κύνειος*, et au superlatif *κύντατος* (lâche et impudent), également termes d'injure des plus usités depuis Homère jusqu'à Plutarque. Voir Morel, *op. cit.*, p. 108.

[2] Cherubini: „Generalmente parlando noi chiamiamo *gatta* o *gattina* o *gattola* (ruca) le larve delle falene, e pare quasi che non sia carattere generico la pelosità o generale o parziale; all' opposito nominiamo *can* e *cagnon* (bruco, baco) la larva degli scarabei di cui pare distintivo l' assenza di ogni pelo e la somiglianza al tatto colla nudità vermicolare".

chardon (espèce de): fr. *chien*;
neflier (ses branches sont épineuses): Neuchâtel *chien*.

29. En agriculture, *chien* ou *cagne*, Clairvaux, désigne le repas qu'on fait en réjouissance d'un travail agricole; cf. Vosges *touer le chié*, tuer le chien, faire le bon repas de la fin des moissons (Sauvé), et Marne, *faire le chien*, fêter la fin de la moisson (Heuillard).

30. En météorologie populaire, pluie fine (cf. pluie de chien): Rouergue *chino* („chienne"), d'où *chiná*, bruiner (et saignez du nez); cf. wall. *sop di tchin*, pluie („soupe de chien") et angl. *it rains cats and dogs*, il pleut à verse (= il pleut des chats et des chiens).

31. Applications techniques:

a) Au moyen-âge, machine de guerre (à la tête de chien): anc. pr. *canha* (v. Raynouard), anc. fr. *chien*, pièce d'artillerie (v. Lacurne).

b) Outils plus ou moins recourbés (cf. *crocs*, *crochets* ou *pinces*, noms donnés aux dents du chien):

ancre (dans certains bateaux-pêcheurs): fr. *chien*;

crochet: fr. *chien*, it. *cane* (de menuisier) et Milan *cagna* (pour maintenir les cerceaux); cf. allem. *Hund*, instrumentum quo circi vasis aptantur (v. Grimm);

davier (de dentiste): Vaud *chien*, it. *cane* (v. ci-dessus: pince);

fourche: Poit. *chien* (pour retirer la paille et le foin des meules et des greniers);

grappin (terme de marine): fr. *chien*;

pièce (pour emmancher le soc): Bessin *tchin*;

pièce de bois remplaçant la longe (dans un char démonté): Vaud[1] *chien* (pour le voiturage du grand bois);

pièce de fusil: fr. *chien* (XVI^e^ s.), it. *cane*, anc. esp. *can* (auj. *gatillo*), port. *cão*: c'est une sorte de marteau, rappelant le museau d'un chien, dont le choc sur la capsule produit la détonation;

pince (de tonnelier): fr. *chien*, it. *cane*, pr. *cagno*; Mil. *cagna*, pince de sellier (appelée en vénitien *morsa*).

Une métaphore analogue a fourni au lat. *canis* le sens de chaîne ou carcan, résultant de celui de crochet ou chaînon.[2] Cette image est confirmée par les diminutifs *catellæ*, chaînes, et *catuli*, menottes avec lesquelles on liait les poignets des esclaves (avec ce sens dans Lucilius et dans la Vulgate), et surtout par l'anc. gr. σκύλαξ, jeune chien et carcan.[3]

---

[1] Communiqué par I. Jeanjaquet.

[2] Cf. Plaute, *Casina*, II, 6, 37: „Tu ut quidem hodie *canem* et furcam feras".

[3] L'interprétation traditionnelle de *catellæ* par *catenulæ*, proposée déjà par Isidore (*Origines*, XIX, 31), est encore répétée par Keller (*Lateinische Volksetymologie*, p. 152), qui voit dans *catuli*, menottes, une étymologie populaire de *catena*, chaîne. Rappelons le roum. *cătuşĭ*, chattes et menottes (esp. *gatillo*, minet et crampon), qui répond exactement au lat. *catellæ*, petites chiennes et petites chaînes.

c) Outils à forme plate (reproduisant l'image du chien couchant):

barre de forgeron: fr. *chien;*

brouette sans roues (dans les mines): fr. *chien*, pr. *chin*; cf. allem. *Hund*, id.;

chaise à quatre pieds (dont on se sert dans les chalets): Valais *chien* (communiqué par Jeanjaquet);

console (à figure de chien): anc. esp. *can*, port. *cão*.

d) Termes de filage et de tissage:

fer plat (du métier à tisser): fr. *chien;*

machine à deux branches courbes et mobiles (pour assujetir un fuseau): pr. *cagno;* cf. allem. *Hund*, maque sur quatre pieds;

morceau de bois traînant à terre (servant à ralentir la marche de l'ourtoir pour le déploiement des chaînes): Mayen. *chien;*

pièce d'arrêt (servant à empêcher le retour d'une roue dentée à dents obliques): fr. *chien*, it. *cagna;*

rouet à tordre: it. *cagna*.[1]

32. Faits concernant la vie morale du chien:

dégoût (air de): pr. *cagno;* cf. fr. dial. *avoir un dégoût de chien*, ne rien trouver de fade (Rolland, IV, 15), et *faire la cagne à q. ch.*, la regarder avec indifférence ou dégoût (*Ibid.*, IV, 6);

flegme (le chien est le type de l'indolence): pr. *cagno;*

grimace (de chien): pr. *cagno*, moue;

inquiétude (état agité du chien pendant le sommeil troublé par des songes): pr. *cagno*, anxiété;

paresse: pr. *cagno* (Lyon, Savoie et fr. pop. *cagne*); Pic., Morv. *cagne*, paresseux;

stupéfaction: Poit. *cagne*, stupéfait; cf. fr. pop. *de chien*, étonnant, extraordinaire.

33. Maladies propres au chien ou qui les affectent fréquemment:

chancre; Venise *can;*

coqueluche: it. (tosse) *canina;*

courbature (lassitude extrême comme celle des chiens de chasse): Yon. *les chiens*, it. (aver) *i cani* (in corpo);

flocons de moisissure (par allusion au pelage du barbet ou chien-mouton): Berry *chiens*, Blais. *chiennes*, fleurs du vin;

maladie des orangers: Abruz. *cagna;*

verrue (sur le visage): Pléchatel *chin;* cf. Berr. *chien*, rugosité de la peau (comme celle de certains chiens);

vomir (le chien y est très disposé): Berr. *faire les chiens*[2] et Frib. *faire les tsins* (après avoir trop bu).

---

[1] „*Cagna*, nel arte del lanajuolo, strumento composto di ceppo, chiavarda, stella e guancio, da torcere su di sè la pezza del panno lano di fresca purgata" (Sergent, Strambio et Tassi, *Grand Diction. italien-français*).

[2] Un bestiaire provençal (Bartsch, *Chrest.*, p. 236) contient la remarque suivante sur la nature du chien: „Lo ca cant a manjat et es sadol e ples, et

34. Emploi hypocoristique:

aide (d'ouvrier): fr. pop. *chien;* cf. *chien de commissaire*, son secrétaire; *chien de cour*, maître d'études; *chien de régiment*, adjudant major;

gros bonnet: pr. *gros chin*, it. *cane grosso;* cf. Valais *chien*, individu qui recherche la société des gens plus riches ou plus élevés dans la société (Jeanjaquet);

intermédiaire (dans les mariages): Berr. *chien, chien blanc*, c.-à-d. homme âgé et expérimenté (cf. esp. *perro viejo*, fin matois).

35. Emploi péjoratif (cf. 25):

bon marché: réto-r. *cagna* („Spottpreis"); cf. Suisse allem. *hundswolfel* et angl. *dog-cheap*, id.;

chanteur (mauvais): it. *cane*, f. *cagna;* cf. *musica da cani*, musique enragée;

couleur de carte (mauvaise): fr. *chien vert*, valet de pique, anc. esp. *can*, as des dés; cf. *κύων*, *canis*, *canicula*, le plus mauvais coup au jeu des dés, et allem. *Hund*, couleur dont on ne peut pas se débarrasser; cf. Vendée *cagne*, guignon, et pr. *chin*, nom d'une des face des osselets;

freluquet: Berr. *chien frais*, *chien frelu* (= gourmand), affecté, prétentieux; *faire son chien frais*, afficher des prétentions; *parler chien frelu* (ou *pointu*), se servir de termes ampoulés, affecter de parler bon français, c.-à-d. parler comme un freluquet qui fait le bel esprit;

gausserie: Venise *cagna;*

mégère: fr. *chienne*, it. *cagna;*

prostituée: fr. *chienne*, anc. *cagne* (sens conservé par l'argot et les patois), Clairvaux *caigne;*

rosse: Norm. d'Yères *cagne*.

L'ancien français se sert de nombreuses locutions pour renforcer l'idée de négation (cf. *ne pas valoir un asne, un roncin, un porcel*); la plus fréquente de ces formules est celle qui se rapporte au chien: *ne* [pas] *priser* [quelqu'un] *plus qu'un chien enragé* (*pourri, tué*) revient souvent comme injure, s'appliquant parfois aux infidèles et à leurs dieux.[1]

36. Emploi euphémique:

nature de la femme: it. dial., Campobasso, *cinna*, propr. *chienne*[2] (Piém. *cina*); cf. anc. gr. *κύων*, id. (v. le *Thesaurus* de H. Estienne);

geta so que a manjat; e cant a fam, o torn a manjar". Cf. la locution biblique: „Le chien retourne à son vomissement", appliqué à l'homme qui retombe dans son péché.

[1] Dreyling, *Die Ausdrucksweise der übertriebenen Verkleinerung im altfranzösischen Karlepos*, Marbourg, 1885 (cf. *ibid.:* gaignon et mastin).

[2] Tamiglia (*Studi di filologia romanza*, VIII, 511) rapproche *cinna* du lat. *cænum*, boue.

interj. d'étonnement (diantre!): anc. fr. *caigne!* propr. chienne,[1] it. *cagna!* cf. Suisse allem. *Hund!* (exprimant l'indignation);

jurons: *ah, chien! sacré chien! nom de chien!* it. *cane! porco cane!* roum. *por(c)-de-căine!* Cf. *μὰ τὸν κυνα*, par le chien! (serment favori de Socrate), répondant à l'it. *affè d'un cane!*[2]

37. Applications isolées:

brosse rude (faite de poils de chiendent): fr. *chien;*

bourrelet (servant à soutenir les jupes de femmes): Berr. *chien;*

eau-de-vie (comparée plaisamment à un chien qui mord): fr. pop. *chien* (et *sacré chien*, eau-de-vie très forte), spécialement, morceau de sucre trempé dans de l'eau-de-vie et qu'on offre à une personne chérie (Delvaux); anc. fr. *vostre chien m'a mordu*, je me suis enyvré de vostre vin (Oudin), répondant au poitevin *c'est le petit chien rouge qui l'a mordu*[3] et à l'it. *morso da un can negro*, ivre (Duez); cf. allem. *Hund*, sorte de bière (*hundssoff*, degré d'ivresse lorsque le chien devient hargneux, Suisse allem. *Hündli*, grande cuite), et angl. *dog's nose*, sorte de liqueur réchauffante;

estomac d'un animal (tué pour la boucherie): Vaud *chien;*[4]

pâte rubanée: pr. *cagne.*

Ce court tableau sémantique sera complété par les sens autrement variés des formes secondaires du mot.

## II. Sens des dérivés de *canis*.

38. Ces dérivés désignent:

En zoologie:

a) Des poissons, principalement de la famille des squales (27[a]):

anguille (grossière ou mauvaise à manger): pr. *chineto* („petite chienne");

barbeau (dont les barbillons rappellent les poils longs du barbet): esp. *cacho, cachuelo* („petit chien");

lamie (semblable au squale): Gênes *cagnasson;* cf. allem. *Hundskopf*, id.;

milandre (27[a]): pr. et fr. *cagnot*, it. *canosa;* cf. Basse-Norm. *canière*, filet qu'on tend aux chiens de mer (Rolland, III, 82);

morse (bête à la grande dent): pr. *cagnolo* (petite chienne);

requin (27[a]): pr. *cagnol* (cagnòu);

roussette (= squale): fr. dial. *chenille* (Rolland, III, 85), anc. fr. *chagnot*, Marches *cagnolo*, Venise *cagnetto*, Naples *canesca*, Abruz.

---

[1] Cf. Rabelais, I, Prol.: „Crochetastes vous onques bouteilles? *Caisgne!*"

[2] Chez certains peuples orientaux, p. ex. chez les Comans (suivant le témoignage de Joinville, éd. de Wailly, p. 177), le chien jouait un rôle symbolique dans les serments.

[3] Hans Sachs, en décrivant les effets de l'ivresse, cherche le moyen de se débarrasser „*vom hundt welcher mich nechten bisz*" (v. Grimm).

[4] Communiqué par I. Jeanjaquet.

*canicchia*, port. *caneja;* cf. lat. *canicula* (Pline), id., gr. σκύλιον, et allem. *Hundshai*, angl. *dogfish*, id.;

thon (poisson très vorace ayant la bouche large et garnie de dents pointues): port. *cachorra* („jeune chienne").

b) Des insectes:

charançon (dont la tête a été assimilée à celle d'un petit chien): Yon. *chienneton*, Pas-de-C. *câlin* (cf. anc. fr. *caelet*); pr. *cadelo*, à côté de *cadenello* (canadello), compromis de *cadelo* et de *canillo* (v. ci-dessous, chenille);

chenille ($27^b$): fr. *chenille* (XIIIe s.), propr. petite chienne,[1] anc. fr. *chenine* (Molinet), dial. *chenigne*, à côté des formes dissimulées *cheline* A., *cheligne*, *cherigne* (Rolland, III, 318); pr. *canilho*, *chenilho* et *chenerilho*, ce dernier un compromis de *chenilho* et de *cherilho* (variante dial. du précédent); Mil. *cagnon;* cf. anc. gr. κύων, id.;

courtillière (assimilée à une petite chienne): Gênes *cagnetta;*

larve d'abeille: Naples *cacciu*, *caccione*, propr. gros chien (anc. it. *cacchiume*, coulage de la cire), roum. *căţel*, id.;

larve de hanneton ($27^b$): wall. *châlon* (= anc. fr. *chaelon*, petit chien);

lombric (ver de terre): catal. *cadell;*

ver ($27^b$): Mil. *cagnon*, it. *cacchione* („petit gros chien").

c) Des mollusques et des coquillages:

escargot (gros): pr. *cagnol;*

limaçon (petit): Norm. *câlin* (v. charançon); cf. allem. *Hundszahn*, espèce de limaçon;

tellines (espèce de): Galice *cadelucha* et port. *cadelinha.*

d) Des oiseaux, par l'assimilation du cri:

canard garrot: it. *cagnaccio*, *cagnolo;*

proyer: Limous. *chenard*, Rouerg. *chinas* („gros chien").

e) De petits mammifères, pour la même raison:

lapin (dont le cri est un glapissement): Bagnard *cagnon*, lapereau (f. *cagne*) et Abruz. *scatunotte*, id. („petit chien"); catal. *cachap* (d'où sarde *cacciapu*), port. *cazapo*, esp. *gazapo*, lapin, dérivé de *cacho*, petit chien;[2] cf. inversement, pr. *cunin*, petit chien, propr. lapin (anc. fr. *connin*, Berr. *counin*).

39. En botanique:

a) Des plantes, généralement garnies d'épines:

bardane (26): Montbél. *canotte*, *caignotte*, Abruz. *catilla*, esp. *cadilho*, catal. *cachurrera;*

---

[1] On y voit parfois un reflet direct du lat. *canicula;* le sens de squale que *canicula* a dans Pline, s'est conservé dans certains patois, en abruzzois et en portugais (v. roussette).

[2] Depuis Cobarruvias, on dérive l'esp. *gazapo* du lat. *dasypus* (lièvre, croit-on, dans Pline).

camomille (puante): anc. fr. *canesson* („mauvais chien"); cf. *cynanthémis*, allem. *Hundsdille*, id., et Bas-Gâtinais *chenasserie*, menthe;

caucalide (ses graines sont hérissées de longues pointes): catal. *catxurro* et esp. *cadillo;*

colchique (plante vénéneuse, dite aussi *mort aux chiens*): fr. *chiennée*, Mayen. *chenarde* (anc. fr. et Vendôme: safran bâtard);

églantine (ou *rose de chien*, *rosa canina*, *cynorrhodon*, c.-à-d. rose sauvage): Eure *chenelle*, *chenille*, Berr. *chenute;* cf. anc. gr. *κυνάς*, églantier;

prunelle (dial., Eure, *prune de quine*, c.-à-d. prune sauvage): Doubs *quegnotte*, Nièvre *quenelle*, Eure *chenelle*, *chinelle*, *chignelle* (Rolland, *Flore*, V, 385); cf. allem. *Hundspflaume*, perdrigon hâtif;

rénoncule (les piquants de leurs fruits s'attachent aux pieds nus des paysans comme des chiens qui mordent): Vosges *chinot*, propr. petit chien (Rolland, *Flore*, I, 53).

b) Des fruits agréables aux chiens ou arrondis comme la tête d'un petit chien:

pignon: Bergame *catellina*, „pigna del mugo",[1] propr. petite chienne; cf. Suisse allem. *Buseli* („minet"), pignon avec lequel jouent les enfants;

poire (variété de): cf. poire de *chiot* (Anc. Th. fr. IX, 61), de l'anc. fr. et dial. *chiot*, petit chien, avec l'allem. *Hundebirne*, poire bonne à cuire; Galice *cachopo*, gros poirier (= poirier sauvage);

pomme (d'estranguillon): Loire *chaninou* (Rolland, V, 66);

raisin (variété qui plaît aux chiens): anc. fr. raisins *chenins* (Rabel., I, 25), auj. *chenin*, cepage blanc, dans la Vienne (Littré, *Suppl.*); it. *canaiolo.*

c) Termes spéciaux:

chaton (le petit de la plante a été assimilé au petit de l'animal): H.-Vienne, Gironde *chenille* (chnyi A.) et H.-Savoie *senelye*, Lot-et-Gar. *canilhos* et Drôme *tsanilhos* A., pr. *cadel*, Genève *chaudelet* (de l'orme); esp. *cacho*, Aragon *cadillo* (de l'olivier), catal. *cadell* (du peuplier);

gousse (cf. rejeton): fr. *caïeu*, bulbe (de l'anc. fr. *caiel*, petit chien; cf. anc. fr. *tiel*, *tieu*, tel), et roum. *căţel*,[2] gousse d'ail („petit chien");

grappe (= chaton): port. *cacho* (esp.: morceau de fruit);

rejeton (cf. chaton): pr. *cadel;* Yon. *chau*, May. *chiot* (et *chiart*), Berr. *chiaule*, Poit. *chelon* (anc. fr. *chel* = *catellum*); de là:

fructifier (c.-à-d. pousser des rejetons): Berr. *chiauler*, Yon. *chouler* (de l'orme, acacia, épine noire, du peuplier blanc), Poit. *cheler;* pr. *cadela*, drageonnner; Abruz. *cacchiá*, *cacciá*,

---

[1] Suivant Nigra (*Archivio*, XV, 107), *catellina* remonterait à un type **capitellina*.

[2] La dérivation de *căţel*, gousse, de *capitellum*, petite tête (récemment proposée par Puscariu, *Etym. Wörterbuch der rum. Sprache*, 1905, s. v.), est impossible, de par la forme (qui a donné *căpeţel*).

id.; port. *cachear*, fructifier en grappe (comme la vigne); roum. *căţelesc*, taller (des plantes bulbeuses); cf. Suisse allem. *hunden*, provigner (des ceps de vigne);

sarment (= rejeton): it. *cacchio*, propr. petit chien; cf. fr. *chénole*, sarment conservé deux ou trois ans.

40. En minéralogie:

caillou („les carriers appellent les pierres isolées *têtes de chien*“, Thibault): Blais. *chenard;*

calcaire (par allusion à la couleur): Berr. *chagnole*, pr. *cagnard*, calcaire marneux; cf. allem. *Hundszahnspath*, carbonate de chaux en cristaux scalenoèdres.

41. Applications techniques:

a) Engins et outils qui rappellent grossièrement la figure du chien:

canon: esp. *cachorros*, les canons de chasse, appelés „les petits chiens“ de la proue; cf. Suisse allem. *Hund*, nom de canon („*Zürcher Hund*“);

chenet (terminé en tête de chien): fr. *chenet* (XIV^e^ s.), propr. petit chien,[1] à côté de *chienet* (XIV^e^ s.) et *chiennet de fer* (XV^e^ s.); Puy-de-Dôme *chanfé*, Rhône *tsin* et *tsin de foué* A. (chien de feu), Yon. *cheneton*, petit chenet, Norm. *quenot;* pr. *cagnot*, port. *cães* (*da chaminé*); cf. allem. *Feuerhund* et angl. *dog*, id.;

cuvier (à fouler la vendange): Lot-et-Gar. *cagnotte* (Littré, *Suppl.*), propr. petite chienne, nom appliqué primitivement à un vase pourvu de pieds et d'anses (v. ci-dessous, réchaud); de là, fr. *cagnotte*, espèce de tire-lire en osier qui renferme le bénéfice du jeu;

pistolet (dont la culasse porte la figure d'une tête de chien): catal. *cadell*, Sic. *cagnuleddu*, esp. *cachorro;*

réchaud (sur pieds et muni d'anses, image grossière de la bête): Norm. *cagnard* („gros chien“), fr. fourneau à quatre pieds, Pic. *quenot*, chaufferette (= petit chien).

b) Pièces plus ou moins recourbées:

cheville (du joug du bœuf, cf. $31^b$): port. *canil*, *canzil* (cf. *canzarrão*, gros chien);

chien de fusil ($31^b$): catal. *cadell;*

coin de fer (= crochet, $31^b$): it. *cagnolo;*

davier (de dentiste, $31^b$): Sic. *cagnuleddu;*

grappin ($31^b$): esp. *cacha;*

ressort (d'une montre): Brescia *cagnöla;*

serrure: roum. *căţeĭ*, gardes d'une serrure; cf. Berr. *chenoche*, cheville qu'on met dans le montant de la porte pour empêcher le battant de s'ouvrir, et catal. *cadell*, claquet de moulin.

c) Outils de forme plate, ou cylindrique:

---

[1] Cf. *Tristan* (éd. Fr. Michel, v. 675): „un *chenet* ke vous pourchaçai...“

bâton (des papetiers): it. *catello;*

console (31c): Venise *cagnolo,* Sic. *cagnuleddu,* port. *cachorro* (et *cachorrada,* pierre de l'architrave, propr. portée d'une chienne);

poulie (pour élever les gerbes à la grange; cf. fourche, 31b): Lyon *cadelle;* cf. Gênes *cadello,* pivot de la barre;

poutre (servant d'appui, cf. console): Galice *cachopo,* grosse pièce de madrier („petit gros chien"); cf. Suisse allem. *Giebelhund* („Sperrbalken am Dachstuhl eines Gebäudes");

rabot (cf. Suisse allem. *Chatz,* grand rabot, propr. chat): Sav. *chenaillon* (pour faire des rainures), it. *cagnaccia* (plane du menuisier) et catal. *cadell* (varlope à onglet); de là:

rainure (jable): Sav. *chenaliura,* it. dial., Monte-Roberto, *cagnola,*[1] catal. *cadell.*

d) Termes de filage:

dévidoir (31d): pr. *cagnoto* („petite chienne");

écheveau (v. dévidoir): esp. *cadejo* (v. flocons); Arezzo *catella,*[2] centaine ou bout d'écheveau;

fils de la chaîne (premiers): esp. *cadillo,* propr. petits chiens, à l'instar de *Hündli* (Suisse allem.), déchets de chanvre; Abr. *catella,* bourre (d'où *scatellá,* nettoyer la laine); cf. allem. *Hundshaar,* jarre;

flacons (v. fils): esp. *cadejos* (= cadillos), et touffe de cheveux.

**42.** Faits concernant la vie physique du chien:

accoupler (s'): Abruz. *'ngacchia* (des chiens et des chats), Sic. *'nganicchiarsi;* roum. *cățelesc* (des chiens et des loups); cf. pr. *enchina,* s'allier avec une femme de mauvaise vie;

accroupir (s'): Genève *s'acagner,* Berr. *s'acagnarder,* Hague *s'achenaer,* May. *se quioter,* se blottir et Poit. *caler* (caller), se tapir; it. *acacchiarsi;* de là:

cacher (se): Poit. *cagner* (refl., s'enfoncer dans un lieu chaud), Bas-Gâtin. *cagne,* petit trou, et *quenillotte,* cache-cache; Berr. *acagner* (Sav. et Suisse *cagne,* cachette, propr. trou où s'accroupit le chien);

chienner: anc. fr. *chienneter* (Ol. de Serres), mod. *chienner,* wall. *chineler,* Norm. *quenner* et *quenoter;* anc. fr. *chaeler* (chaaler, chaler), chienner[3] et chatter,[4] Pic. *caler* („ne se dit guère que des chats, des lapins, des rats et des souris", Corblet), Deux-Sèvres *chéler,* Berr. *chiauler, chiouler* (v. 2), Poit. *achicoter, acluter* (= *aqueluter,* de *queler,* anc. fr. *kel,* petit chien); pr. *cagná* (cagnouta), *chiná* (achinouta) et *cadelá* (ce dernier aussi „chatter"); it. *catellare,* chienner et chatter (Duez: *catelli,* petits chats et petits chiens, à l'instar du lat. *catuli*); catal. *cadellar,* esp. *cachillar;*

---

[1] Schuchardt (*Zeitschrift,* XXVI, 415) tire *cagnola* d'un type **cavognola* (de *cavus*).

[2] Nigra (*Archivio,* XIV, 282) voit dans *catella* un dérivé de *capite.*

[3] Marie de France (*Fables,* éd. Warncke, VIII, 1): „D'une lisse vus vueil cunter ki preste estoit de *chaeler*".

[4] *Caeler,* chatter, se trouve déjà dans Robert Estienne, Nicot et Monnet.

éreinter (se fatiguer comme le chien à la chasse): Berr. *aquenir*, *aqueniter* (acniter), épuiser; it. *scagnare* et *stracanarsi*;[1] cf. Suisse allem. *hunden*, s'éreinter;

gratter (se): H.-Bret., Mée, *se cagner* (avec le museau et les dents, en parlant des chiens);

grignoter (comme les petits chiens): fr. *chicoter* (de *chicot*, toutou);

gronder: Pic. *acaner*, it. *scagnare* (en flairant le gibier) et *cagneggiare* (en montrant les dents);

mordre: Poit. *caner*, Hain. *cagner* (du cheval: cf. *cagne*, rosse), pr. *chinassiá* (de *chinas*, gros chien);

pleurnicher (= glapir): Berr. *chener*, Yon. *chenucher*, à côté de *chiauler*, *chiauner*, Poit. *chiouler* et *giouler* („geindre comme un petit chien"), wall. *chouler*; Sic. *'ncagnire*; cf. roum. *scânci*, pleurnicher (slave: aboyer);

ramper: anc. it. *catellon catellone*, à pas de loup,[2] Abruz. *'ncacciune* (gacciune), à quatre pattes, esp. *a gachas*, id.

43. Et les notions complémentaires:

chenil: it. *canile* et fr. *chenil* (du latin), anc. fr. *chenin* (Fouilloux), pr. *canigoun*, port. *caniçal* (de *caniço*, petit chien); de là:

- abri: anc. fr. *cagnart*, *caignart*, lieu abrité ou exposé au soleil (que les chiens recherchent dès qu'ils ressentent un changement de temps) où se retiraient les gueux,[3] d'où *cagnarder*, abriter, et *cagnardier*, gueux (*Anc. Th. fr.*, V, 369);
- cahute: pr. *canigoun*, it. *canile*, taudis;
- grabat: pr. *chiniero*, it. *canile*, Frioul *cagnass*;
- logis malpropre: fr. *chenil*, Yon. *cagnote*;
- prélart: fr. *cagnard*;

clabauderie: it. *canizza* (derrière le gibier), réto-r. *canera*, *cagnimen*; de là:

- semonce: it. *cagnaja*, *canata* (= criaillerie);
- vacarme: it. *cagnaja*, *cagnara*, dial. *cagnera*, *canea*, Piém. *ciadel* (= pr. *cadel*), propr. glapissement de petit chien;

pâtée de chien: pr. *canino*, pain de son, esp. *canil*, pain bis pour les chiens, de là:

- son de la farine (dont on fait des pains pour les chiens): it. *canicchia*,[4] Sic. *caniglia* (anc. fr., XVIe s., *caniglie*), Naples

---

[1] Caix (*Studi*, n° 201) voit, dans *stracanarsi*, un compromis de *straccarsi*, se fatiguer, et d' *acanarsi*, s'acharner.

[2] Brehm, I, 321: Les chiens marchent sur l'extrémité des doigts comme les félins...

[3] Encore aujourd'hui, le *cagnard* du jardin des Tuileries, appelé aussi *la petite Provence*, est toujours rempli de gueux.

[4] Suivant Meyer-Lübke (v. Körting), *canicchia* dériverait du lat. *canīcæ*, son de la farine (et sorte de pain de mauvais son), mot qui remonte d'ailleurs à la même notion; pour le sicilien *caniglia*, D'Ovidio pose un type *canilia* (Körting: „woher? was bedeutend?").

*canigliola*, d'où Val Brozzo *ancanigliar*,[1] embrouiller (= mélanger le son) et *desçanigliar*, débrouiller;
panade (potage): esp. *cachorreña*, soupe paysanne à l'huile;
pâtisserie (surmontée d'une tête en pâte, semblable à celle d'un chien): anc. fr. *chenetel* (1180) et *quenetel* (1497), auj. Bourn. *quenyo* (= jeune chien) et Montbél. *caignot*, pain donné par le parrain à son filleul;
morceau de pain: Poit. *cagnon*, fr.[2] *quignon* (anc. fr., petit chien) et Berr. *chignon*, id.; esp. *cacho*, id.;

portée d'une chienne: Norm., Pic. *calée* („s'applique à la portée de la chatte, de la lapine, de la chèvre", Moisy; v. chienner), pr. *cagnado*, catal. *cadellada*, esp. *cachillada*; de là:

grande quantité: Pic. *calée*; pr. *cagnado*, monceau.

troupe de chiens (et canaille): anc. pr. *canalha*, it. *canaglia* (d'où fr. *canaille*, XVIe s.), anc. fr. *chienaille*, pr. *chinarié*, à côté de *cagnienguero*, cohue, foule, et *chinaredo*, bande de gens mal famés; esp. *cachorrada* (et grande quantité de vaisseaux de mer), port. *caniçalha* et *canzoada*.

44. Faits concernant la vie morale du chien:

ennuyer (s', comme un chien à l'attache): anc. fr. *chener*, se dessécher d'ennui (Borel), Saintonge *cagner*; Genève *chiner* (d'où *chinant*, ennuyeux);

exciter (les chiens): anc. fr. *achener* (auj. Poitou), *aquener*, acharner, Mayen. *aquegner* (et taquiner), wall. *quegneter*; pr. *acagna, acanissa*, it. *accanare* (accanire);

flagorner (flatter à la manière des chiens): Yon. *cagner* („faire comme le chien qui remue la queue"), Clairvaux *cagnouser*, se faire humble, flatter; Norm. *cadeler*, Mayen. *chadoler*, choyer (= pr. *cadelá*, propr. caresser un petit chien); pr. *achina*, s'attacher avec excès; Naples *cagnimma*, caresse de chien (*canimeo*, caressant), et Sic. *caninanza*, minauderie;

insulter: Pic. *acaner*, pr. *acaná* et *chinassiá*; cf. anc. slave *pĭsovati*, insulter (de *pĭsŭ*, chien), et serbe *vaščiniti*, outrager (de *vaška*, chien);

irriter: Berr. *acheniller*; pr. *acagna* (encagna), *acanissa* (encanissa), et s'enflammer (d'une plaie), Naples *caneare*, it. *accagneggiare*, irriter, *incagnare*, enrager (Abruz. *'ngagnarsi*, s'irriter en parlant des yeux), et *incagnire*, se mettre en colère, Sic. *'ncagnire*, bouder (d'où *'ncagna*, bouderie);

maltraiter: Norm. d'Yères *chenailler*, rosser, Pic. *écaniller*, chasser, Lyon *cagner*, rabrouer, Berr. *acagner*, maltraiter (d'où *acagne*, injure);

---

[1] Nigra (*Archivio*, XIV, 353) tire *ancaniglar* de *canicula*, au sens de chenille (mais ce sens est inconnu au latin et les patois italiens ignorent un *canicchia*, chenille).

[2] Diez voit dans *quignon* une forme altérée de **cuignon* (type dérivé de *coin*) qu'il rapproche de l'esp. *quiñon*, part de bénéfice (ce dernier, terme de jeu, quine).

cf. anc. gr. *κυνοκοπέω*, battre comme un chien, et Suisse allem. *hunden*, id.;

quereller (cf. chien hargneux): Norm. d'Yères *chenailler* (et gronder), pr. *caneja*;

railler: fr. pop. *chiner*, persifler, déprécier, et pr. *chinassia*, mépriser (= mordre), it. *dar il cane a qd.*, se moquer de quelqu'un; cf. Suisse allem. *hunden*, id.;

se sauver (à la manière des chiens qui s'enfuient en aboyant): Berr. *cagner*, avoir peur, reculer, fr. *décaniller*, décamper (Morv. *déquenailler*, Pic. *déqueniller*, Mayen. *décheniller*); pr. *chiná* et *cagna* (ce dernier aussi: quitter son maître avant le terme);

travailler (péniblement): fr. pop. *chiner* (d'où *chineur*, travailleur), du pr. *chiná* (v. vagabonder); cf. *mâtiner*, broyer du tabac (1681, ap. Littré: „Leur défendons de *mâtiner* et mettre en poudre aucun tabac. . .");

vagabonder: Yon. *caner*, fr. pop. *cagner*, flâner, et Clairvaux *quêler*, id. (= anc. fr. *caeler*); pr. *chiná*, chercher du travail, propr. courir comme un chien, d'où fr. pop. *chiner*, colporter de vieux habits (*chineur*, brocanteur), May.: demander l'aumône (= vagabonder; *chineu*, mendiant), Norm.: escroquer, voler (*chineu*, maraudeur), Blais.: marchander mesquinement; it. *scagnozzo*,[1] prêtre en quête de messes (chien vagabond);

vivre misérablement: Berr. *chenailler*, propr. mener une vie de chien (25).

45. Epithètes, penchants et défauts attribués au chien:

a) Touchant son physique:

cagneux (comme les jambes torses du basset): fr. *cagneux* (XVIe s.), Lorr. *cagnard*, *caignous*; Poit. *cagner*, boîter; pr. *cagnous* et it. *cagnolo* (du cheval); port. *canejo* („semblable à un chien");

camus (cf. camus comme un chien d'Artois): pr. *cagna*, écaché (du nez) et it. (naso) *rincagnato*;

coriace (rugueux comme le corps de certains chiens): Lorr. *cagnou*; Hain. *cagneux* (inégale, en parlant d'une boule);

épuisé (cf. las comme un chien): Forez *acani*; cf. allem. *hundsmüde*, excessivement fatigué;

gris clair: anc. fr. *caignet* (Gay, *Gloss.*, s. a. 1328: une robe de drap *caignet*); cf. Norm. vache *caigne*, de couleur gris clair, et *caignet*, paille de sarrasin (Du Bois);

livide (de froid): Poit. *chenâtre*, it. *cagnazzo*;[2] de là:

froid (cf. froid de chien): pr. *canin*, *chanin* (du temps);

ponceau (= livide): it. *cagnazzo*;

---

[1] Zambaldi, s. v.: „A Roma *scagnozzo* è il prete che va in cerca di messe e di funerali per buscarsi da vivere, forse come il cane che va fiutando fra le immondizie".

[2] Dante, *Enfer*, XXXII, 70: „. . . mille visi *cagnazzi* Fatti per fredo".

louche (comme un chien): Metz *cagni*, Lorr. *cané*, *quené* (Clairvaux *caner*, loucher); it. *cagnesco* (guardarsi *in cagnesco* ou *cagnescamente*, regarder quelqu'un de travers comme un chien qui emporte un os);

maigre (comme un chien): Morv. *aqueni*, Clairvaux *chagnat* (= cagnat), malingre; esp. *canijo*, port. *escanzelado*, décharné (cf. *canzoal*, de chien);

sale (25): Poit. *chenâtre* („jeune chien", anc. fr. *chienastre*, mauvais chien), pr. *cagnard*;

trapu (cf. chien courtaud): it. *tracagnotto*, Piém. *tracagn*.

b) Touchant son moral:

avare (23): Béarn *chenitre* et it. *cacchione*; fr. pop. *chienner*, être avare, *chiennerie*, avarice (cf. Rabel., III, 3);

cynique (le chien est le type de la lascivité): Berr. *chagnard*, lubrique, Sav. *chenailleux* (ch'nalyu), débauché, *chenailler* (ch'nalyi), fréquenter des femmes, Bas-Gâtin. *chenassier*, luxurieux (*chenasserie*, l'acte vénérien), Berr. *chienner*, se livrer à des obscénités (fr. pop. *chiennerie*, cynisme), anc. fr. *s'achenir* (achiennir), id.; pr. *canatié*, *chinatié*, paillard, *chinarié*, poursuite cynique, et *chinassarié*, libertinage (= chiennerie); esp. *cachondez*, lascivité (de *cachonda*, chienne en chaleur); de là:

danse (aux allures lascives): esp. *cachucha* et roum. *căţeaua*, propr. chienne, ronde paysanne caractérisée par la vivacité des mouvements;

emporté: pr. *acani*, it. *accanato*, furieux, Piém. *cagnin*, id. (et *cagnina*, colère);

entêté (25): pr. *achini*, s'opiniâtrer (*achinimen*, application opiniâtre), *encagnà*, id.; Naples *canesca*, entêtement;

envieux: Sic. *'ncagnuso* (Abruz. *gnusse*, envie = *cagnusse*), et *'ncagnire*, envier;

éveillé: Pic. *écanillé*; cf. Berr. avoir l'air *chien*, avoir une tournure éveillée, des allures provocantes;

flagorneur (44): Yon. *cagneux* et Dauph. *cagnard*,[1] it. *cagnotto*;

flegmatique (32): pr. *cagnous*, et *incagna*, donner le flegme; esp. *cachaza*, flegme, sang-froid (= indolence de chien);

glouton: anc. it. *catellano* (bas-lat. *catellanus*);

hargneux: wall. *cagnesse*; pr. *cagnin*, *canin*, revêche, *canissot*, mutin;

indolent: Yon. *cagnoche*, un peu souffrant; pr. *cagnous*; et *acagna*, rendre indolent, port. *acanhar*, affaiblir, décourager (du pr.); cf. Petit-Noir *faire son cogna*, faire le câlin ou le malade, propr. faire la chienne;

lâche (25): anc. fr. *chienin*, Berr. *cagnard*, pr. *cagnot*, id., et *chinado*, lâcheté;

---

[1] Diez (*Wörterbuch*, II, 247) cite, d'après Roquefort, un anc. fr. *casnard*, flatteur (le mot manque dans Godefroy).

méchant (25): anc. fr. *canin*, *chenin*;[1] Pléchatel *chiennerie*, *chienneté*, méchanceté; pr. *cagnin* (canin), *cagnis* (canis); it. *cagnaccio*, perfide, et *canità*, cruauté; roum. *căinos*, cruel, et *căinie*, rancune;

paresseux (32): anc. pr. et fr. *cagnard*, d'où *cagnarder*, rester au coin du feu (XVIe s.), et *cagnardise*, paresse (1581); Mayen. *s'acaniller*, paresser au lit, Poit. *aquenir*, devenir paresseux, Berr. *s'achiner*, s'acagnarder, pr. *achina*, id. (d'où esp. *achinar*, id.); cf. Metz *quigneu*, paresseux (Le Duchat, dans Ménage);

renfrogné (comme la figure des vieux chiens): Berry, Morv. *chagnard*; it. *rincagnarsi*, se renfrogner;

rusé:[2] it. *cagnaccio*, ruse, finesse (= gros chien); cf. lat. *canis sagax*,[3] chien quêteur;

sot (certaines races de chien, p. ex. le carlin et le chien de garde, sont foncièrement bêtes): pr. *cagnot*, it. *cacchio* (cacchione); Parme, Gênes *cagnara*, bêtise; cf. Suisse allem. *hundedumm*, id.;

sournois (cf. anc. fr. chien rechignié): Berr. *cagnard*, *chagnard*; cf. angl. *dogged*, sournois, et *to have a dog in one's belly*, être de très mauvaise humeur;

timide (v. lâche): Berr. *cagnaud*, confus, embarrassé, Poit. *cagnous*, honteux, craintif (Clairvaux: *faire le cagnou*, faire le piteux), Lorr. *quegnot*.

46. Maladies affectant surtout les chiens:

chancre (33): roum. *căței*, petits ulcères qui se forment autour d'un ulcère plus grand; cf. pr. *recadela*, reparaître (d'une humeur mal guérie);

consomption: roum. *boală câinească* („maladie des chiens“); cf. allem. *Hundekrankheit*, id.;

courbature (33): Yon., Morv. *cagnats*, Champ. *quegnas*, Clairvaux *caignets*, Dijon *écagnards*;

moisissure (33): Parme *cagnon*, propr. gros chien;

morve: pr. *canilho*, propr. petite chienne;

rhume: Mayen. *encanillé*, enchifrené (= enrhumé comme un chien);

vomir (33): Valais *faire e cagnons*, pr. *cadelá* (et *faire de cadel*) et Piém. *fè i cagnet*.

47. Emploi hypocoristique:

enfant: Mayen. *quenas*, *queneau*, petit enfant, propr. jeune chien, Marne *quegnas*, enfant malingre, et spéc. fillette chétive, Bessin *quenasse* (cnàs), à côté du Norm. *quenaille* (cnàly, cnày), collectif (anc. fr. *quenaille*, troupe de chiens) analogue à *garçaille*, enfant (Ille-et-Vil.) et à *race*, id. (Maine-et-L.) A.; Hague *quenette*, petite

[1] *Roman de la Rose*, v. 15 831: „(Moz) Qui semblent mordans ou *chenins*“.

[2] Brehm, I, 321: Les canidés font preuve d'une grande ruse et d'une excessive finesse.

[3] *Sagax* exprime proprement la délicatesse de l'odorat du chien de chasse à la piste du gibier.

fille; Mayen. *chinchon*, enfant chéri (anc. fr. *cienchon*, petit chien), d'o *chinchoner*, caresser, Pléchâtel *quelot*, petit enfant (d'où *queloter*, dor loter); Lomb., Val Levantina, *canaja*, répondant au Norm. *quenaille*

garçon: Berr. *cagni*, gamin (pl. *cagniaux*, marmaille), Norm *cagnot*, petit garçon (Yon. *chagnot*, petit chien) et Pléchatel *chut* enfant malicieux (= petit chien); pr. *cadel*, gars, adolescent; esp *cacho*, *cachorro*, garçon, et port. *cachopo*, id. (dim. *cachopinho*, *cachopit* à côté de *cachupin*, *gachupin*).

48. Emploi péjoratif:

a) Appliqué aux personnes;

chef des journaliers: pr. *chinié*, propr. gardeur de chiens;

fille (grosse): pr. *cadelasso* (qui aime à s'amuser = gross chienne);

hérétique (comme terme de mépris): anc. fr. *caignards*, *cha gnards*, nom donné aux restes des Albigeois en Dauphiné (v. Mé nage), du pr. *cagnard*, Dauph. *chagnard*, nom donné jadis au Vaudois du Piémont;

juif (surnom; cf. 25): port. dial., Trasosmontes, *canineiros*, *can queiros*, surnom des juifs (*Revista Lusitana*, II, 116);

mort (personnifiée): Norm. *cagnolle* (Du Méril), comparée pla samment à une chienne camuse (cf. pr. *la camardo*, la mort, arg *la camarde*, id.);

nègre (esclave): port. *cachorro*;

prostituée (35): Yon. *chioue*, petite fille coureuse, et Blai *quiaule*, fille débauchée, it. *cagnaccia*, id.;

ramolli: Pic. *cagnon*, vieillard, homme mou et sans vigueu fr. pop. *canesson*, propr. chien molasse;

sbire (cf. anc. fr. les *chiens courans* du bourreau, les arche Oudin): fr. pop. *cagne*, gendarme; it. *cagnotto* (et favori d'un princ satellite);

vaurien: it. *cagnuzzo* (vilain chien).

b) Appliqué aux animaux:

rosse (35): Norm. d'Yères *cagnon* et fr. pop. *canesson*;

vache (vieille): Norm. *calière*, brebis portière, pr. *cadeliero*, vac portière.

c) Appliqué aux choses:

bousiller: pr. *cagnouta*, id., et *cagnoutado*, chose mal faite (pro portée d'une chienne); cf. *travaillá de cagno*, travailler nonchale ment;

gaspiller: it. *acacchiare* (et abîmer); cf. port. *dar a perros*, e voyer au diable, esp. *soltar la perra*, dépenser son argent (= lâch la chienne), et angl. *to send to the dogs*, gaspiller (= jeter a chiens);

gausserie (35): Parme *cagnara*, plaisanterie; esp. dial., Bogo *cachos*, contes en l'air, balivernes;

jeu de cartes (35): pr. *cagnoto*, terme du jeu de bouillotte, esp. *cacho*, espèce de brelan; cf. allem. *Hündeln*, jeu de cartes, et Suisse allem. *Hündli*, coup malheureux;

monnaie (menue): anc. fr. *chienne* (quienne), *chiennet*, petite monnaie qui circulait dans les pays allemands, Parme *cagnazza*, doublon d'Espagne (= vilaine chienne);

odeur (mauvaise): pr. *canige*, Napl. *cagnozz* (odeur de chien);

viande (de mauvaise qualité): Yon. *chignarde*, propr. cagne; cf. le proverbe anc. fr.: „Charn de chien ne vaut rien", et le vaudois *madzi du tsin*, manger de la vache enragée (ce dernier communiqué par Jeanjaquet).

49. Emploi euphémique:

a) Pour désigner les organes sexuels:

nature de la femme (36): Morv. *câlin* (anc. fr. *cael*, petit chien); cf. slovène *kutsa*, id. (chienne);

nature de l'homme: it. *cazzo*, probablement doublet de *caccio*,[1] pour *cacchio*, petit chien, à l'instar de l'anc. gr. *κύων* (dans Hésychius), d'où pr. *cacho*, anc. fr. *caiche* (Rabel., I, 39);

testicule: pr. *cagnol*, propr. petit chien.

b) Interjection d'étonnement (36): anc. fr. *chaeles!* à côté de *caeles! keles! kieles! cheles!* propr. petite chienne,[2] répondant à l'it. *cagnaccia! cagnola! cacchio!* (Duez: *cacio!*) et à l'esp. *animo a las gachas!* allons, du courage (du courage aux petites chiennes!).

50. Applications isolées:

coiffe (cf. se coiffer *à la chienne*, frisotter les cheveux et les laisser tomber sur le front): pr. *cagnoto*, coiffe d'indienne, port. *cachondeira*, chevelure à nœud (de *cachonda*, chienne), esp. *cachucha*, casquette;

découpure (= morsure?): esp. *cachonda*, propr. morsure de chienne (*calzas cachondas*, chausses déchiquetées);

ébouler (s', s'affaisser comme la chienne qui vient de mettre bas): pr. *cadela*, propr. mettre bas un chien;

écume (de l'huile récente): pr. *cadel* (v. moisissure, 46); cf. catal. *cadellar*, se répandre (de l'huile), propr. chienner;

pâté (35): pr. *cagnot*, moule de pâté;

résidu (de graisse): Marne, Gay, *chaillon*, lardon (anc. fr.: petit chien), et *chons*, rillons, Lorr. *chaons*, *chons*, résidu de la fabrication du saindoux (anc. fr. *chaon*, petit chien et partie du lard qui se grille):

---

[1] Variante encore conservée dans *cacciocavallo*, sorte de fromage sec en forme de tête, étymologie populaire pour *cazzo di cavallo*, „caccio somigliante all' ὄρχις d' un cavallo", suivant l'interprétation de Nigra (*Archivio*, XV, 104), corroborée par le sens nautique du terme: clé du mât.

[2] Förster dérive *chaeles!* de l'anc. fr. *chaeler*, *chadeler*, commander; Suchier, de *quid velles*, et Schulze, de *cavilla*, agacerie (v. Körting).

tas (conique): Mayen. *chignot*, tas de gerbes terminé en pointe (anc. fr. *chinot*, petit chien), fr. *quignon*,[1] tas de laine (anc. fr., petit chien) et Yon. *chignon*, *chinon*, gros tas de pierres;

vagues (écumantes): esp. *cachopos* (port., écueils brisants), propr. petits chiens,[2] par allusion à leurs flocons (cf. fr. *moutons*); les anciens Grecs appelaient les récifs ou falaises, *κίνουρα*, queue de chien.

## III. Sens des composés de *canis*.

Nous suivons, dans l'examen de ces composés, le classement déjà adopté dans notre étude précédente, et nous les diviserons en composés proprement dits, composés synonymiques et composés latents.

### a) Composés proprement dits.

51. Les composés de cette catégorie désignent:

En zoologie, des animaux tels que:

blaireau (dont le corps bas le fait ressembler à un chien basset): pr. *chin-taiss* (chien taisson), blaireau à museau et à tête de chien (cf. Liébault, 1597: tessons porcins et *chanins*), Jura *tesson-chien*; it. *tasso-cane*, basset pour la chasse du blaireau; Forez *tue-chien*, blaireau, probablement parce qu'il se défend vigoureusement contre les chiens (Rolland, I, 48);

chauve-souris (espèce à tête de chien): fr. *chien volant*; cf. allem. *Hundskopf*;

chenille (38[b]): Norm., Fiquefleur,[3] *canepeleuse* (d'où fr. pop. *champeleuse*) et Eure *quinpeleure* A., propr. chienne velue, terme appliqué spécialement à la grosse chenille;

marmotte: *cățelu-pămîntuluĭ*, propr. petit chien de terre, répondant à l'allem. dial. *Mistebellerli*, id., propr. chien du paysan sur son fumier („propter acutam et tinnulam vocem, qua caniculas etiam sic proprie dictas superat“, Gessner, 1551);

perce-oreille (sa tête ovoïde rappelle celle du chien): Gers *cagno berbero* (Rolland, III, 303), et port. *bicha-cadella*, propr. insecte-chienne;

phoque (son cri, lorsqu'il est adulte, est une sorte d'aboiement): fr. *chien de mer*, Somme *chien marin*; cf. allem. *Seehund*, id.;

proyer (38[d]): pr. *chi-perdris*, propr. chien-perdrix;

râle (il fatigue le chien par la rapidité de son vol): Gard *crebo-chins* („crève-chiens“);

raton (de Guyane): fr. *chien de bois*; cf. *chien rat*, mangouste du Cap (par allusion à la couleur gris-noirâtre), et *chien crabier*, espèce de sarigue.

---

[1] *Dictionnaire Général*, s. v. *quignon*: „Peut-être du lat. *quinionem*, réunion de cinq choses“.

[2] Cornu (*Grundriss*, I, 759) fait remonter *cachopos* à un type **cotessclopos* (= cotes scopulos).

[3] Joret, *Mélanges*, p. 21.

52. En botanique:

apocyn (à suc vénéneux): esp. *berza perruna* („chou canin“) et *habas de perro* („fèves de chien“);

chiendent (les chiens, dit-on, ont du goût pour cette plante, dont „les nœuds de ses racines représentent la blancheur et la figure des dents des chiens“, Caseneuve): anc. fr. et Pas-de-C. *dent-de-chien* (tandis que *chiendent*, XVIe s., est la traduction savante de *κυνόδων*). Pic. *quien à poils* (Pas-de-C. *quiepol*, Aisne *tienpoual* A.), Meurthe-et-M. *peau-de-chine*, Berr. *chienvert*, id.; it. *dente canino*, id.; cf. allem. *Hundsquecke*, angl. *dog-grass*, id.;

colchique (39[a]): fr. *tue-chien*, pr. *estranglo-chin*; cf. allem. *Hundsbiss* (morsure de chien), id.;

coqueret (en forme de vessie et aux sémences diurétiques): esp. *vejiga de perro* („vessie de chien“);

cynanche (contient un violent poison): fr. *étrangle-chiens*; cf. allem. *Hundswürger*, id.;

cynoglosse (ses graines ont la forme d'une langue): fr. *langue-de-chien*, pr. *lengo-de-can* (lengo-de-chin, lengo-de-gous); it. *lingua canina*, esp. *lengua de perro*;

églantine (39[a]): Calvados *pique-tchin*, *pince-tchin* (Rolland, *Flore*, V, 182); esp. *zarza perruna* (= ronce canine);

marcotte (comparée à une jambe de chien): pr. *cambo-chin*;

mélampyre des champs (à cause de la forme de ses bractées en épis): Clairvaux *chienqueue* (en fr., *queue de renard*);

morelle noire (on la croit dangereuse pour les chiens): fr. *crève-chiens*, pr. *crebo-chin*;

morille (les chiens viennent pisser sur ces champignons): Morv. *piche de chien*, pr. *pisso-can*; it. *pisciacane*;

muflier (la corolle de ses fleurs offre quelque ressemblance avec le mufle d'un chien): fr. *mufle-de-chien*, it. *capo di cane*, Piém. *erba can*;

mûre (sauvage): Belgique *mûre de tchin* (Rolland, V, 181);

nèfle (ses fruits sont velus à leur base): Neufchâtel *cul de chien* (Clairvaux: églantine);

pissenlit (cf. morille): pr. *pisso-chin*, *pisso-gous*; cf. allem. *Hundsblume*, id.;

plantain pulicaire (par allusion à la forme ronde de ses graines): fr. *œil-de-chien*, pr. *uei-de-chin*, catal. *llantem de perro*; cf. allem. *Hundsgesicht*, id.;

raisin noir (39[b]): pr. *estranglo-chin*, *espousco-chin*, c.-à-d. éclabousse-chien (cette variété de raisin foire sous les doigts); it. *inganacane*;

truffe (comparée à la patte ou au museau du chien): pr. *pato de chin* et *mourre de chin* (truffe rousse);

vioulte (à feuilles radicales et lancéolées): fr. *dent de chien*.

53. En minéralogie:

caillou (40): pr. *casso-chin* (casso-gous), moellon, et *massacan*, esp. *matacan*, propr. pierre pour assommer un chien;
quartz (40): Lyon *chin blanc*, propr. chien blanc.

54. En agriculture:

gelée qui frappe la vigne: fr. *champlure*, terme d'origine dialectale, propr. chenille (51), le dépérissement des jeunes pousses causé par la gelée étant comparé à l'insecte qui attaque toute espèce de végétation;
réjouissance après une grosse besogne rurale, comme la moisson ou la vendange (29): Dijon *tue-chien*.

55. Applications techniques:

ciseau de sculpteur (formé d'un fer fendu en deux pointes): fr. *dent de chien*;
entonnoir: fr. *champlure*, propr. chenille (51), le long tuyau percé de trous au bout inférieur de l'entonnoir ayant été assimilé au corps oblong et annelé de la chenille (cf. Meuse *achampleure*, prolongement de l'entonnoir);
marteau (terminé à l'un de ses bouts par un bec très fort): fr. *groin de chien* (museau de chien);
montants verticaux (placés sous la poulaine des bâtiments): fr. *jambe de chien* (auj., vieilli);
robinet (cf. entonnoir): Norm. *campleure* (Cotgr. *champleure*), fr. *champlure*, Pic. *campleuse* (champleuse), propr. chenille.

56. Faits concernant la vie physique du chien:

accroupir (s', 42): Poit. *se caniger*, se cacher, se blottir dans un coin (Blais., se tapir en se faisant petit), propr. se blottir dans sa niche comme un chien;

chenil (43): Norm. d'Yères *caloge*, Pas-de-C. *camuche* (à côté de *carmuchotte*, petite étable) et Pic. *caniche* (d'où *canichot*, petite niche); de là:

bateau (vieux): fr. dial., Etretat, *caloge* („c'est le nom d'anciens bateaux côtiers que la mer a mis hors d'usage et qui servent de magasins pour les engins de pêche", Littré, *Suppl.*);
cahute (43): Norm. d'Yères *caloge* (cabane de berger), Pas-de-C. *camuche*;
cachot: Pic. *canichon*, cachette, à côté du Pas-de-C. *camuche*, *carmuche*, chenil;
logis (étroit et malpropre, 41): fr. pop. *canichotte* (Pic. *carnichotte*, coin, niche);

morve (44): Savoie *carnifla*, id., à côté du Pic. *caniflard*, qui fait du bruit avec ses narines.

57. Epithètes relatives à son physique ou à son moral:

boiteux (cagneux, 45 [a]): Champ. *cagnepatte*, propr. aux pattes de chien, lequel, pendant sa marche, porte son corps de travers, en faisant semblant de boiter;

hargneux (45 [b]): Guern. *chifouaré*, chien hargneux qui veille à la porte (cf. anc. fr. *fouare*, paille);

maigre (45 [a]): port. *canifraz*, *escanifrado* (l'élément final obscur);

méchant (45 [b]): it. *nasicane*, museau de chien, c.-à-d. méchant (Duez).

58. Emploi hypocoristique, nom donné à des jeux enfantins: Mayen. *chicropé* (chien accroupi) et Berr. *chine bote* (chienne boiteuse); pr. *sauto-chin*, jeu de coupe-tête.

59. Emploi péjoratif:

batelet: pr. *nego-chin*, propr. noie-chien;

bedeau (d'une église): anc. fr. *chasse-chien* (Cotgr.) et pr. *casso-chin*, id.;

chenapan: it. *pelacane* (tanneur de peaux de chien); esp. *mataperros*, polisson;

couteau (mauvais): it. *castracani* (châtreur de chiens);

déguenillé: pr. *espeio-chin* (écorche-chien); it. *scalzacani*, va-nu-pieds (déchausse-chiens);

raillerie (méchante): Poit. *railli-chin*, railleries qui finissent souvent par des coups de dent;

valet (de ville): it. *amazzacani* (assomme-chiens).

60. Applications isolées:

boa (espèce de): fr. *tête de chien*;

bouton plat (à cinq trous): pr. *pato de can* (patte de chien);

nœud (coulant): pr. *estranglo-chin* (étrangle-chien).

## b) Composés synonymiques.

61. Cette catégorie de composés est à peine représentée par le sicilien *caniperru*, rustre (chien-chien), qui répond au napolitain *canaperra* („equivale al semplice *perra*").

## c) Composés latents.

62. Les composés de ce genre sont plus nombreux, et il y a lieu de distinguer leurs divers aspects dans chaque langue romane, prise à part.

En espagnol, un certain nombre de composés avec *cacho*, petit chien, pourrait rentrer dans cette catégorie; tels sont:

*cachiboda*, festin (surtout d'enfants qui jouent aux banquets), propr. noces de toutou; cf. *perrito de todas bodas*, coureur de fêtes, pique-assiette (petit chien de toutes les noces);

*cachigordito*, trapu (= *gordo*), propr. ramassé comme un petit chien.

63. En portugais, on pourrait citer: *acageitar*, placer mal (en rapport avec *ageitar*, placer commodément, cf. Coelho, 1241) et *camartello*, marteau têtu, propr. marteau à tête de chien, répondant à l'anc. fr. *groin de chien* (55).

64. En italien (surtout dans les patois):

*caluscertola*, sarde, lézard (= *luscertola*) gris, propr. chien-lézard par allusion à la couleur;

*caragnattulu*, sarde, araignée, propr. chien-araignée (l'it. *ragno* est masculin), à cause de sa nature hargneuse; cf. pr. *targagno*, araignée, litt. harceleuse;

*carignattula*, sarde, termite, propr. chien qui grince, cet insecte portant les épithètes de atroce, belliqueux, mordant, etc.;

*caruga*, Parme, Sicile, chenille, propr. chien-chenille (= *cagnon*, 38[b]);

*caruga*, Haute-Italie, roquette (propr. chien-roquette), à cause de sa saveur âcre et piquante; cf. allem. *Hundsrauke*, id.

Quant à l'origine des composés patois, cités plus haut, Schuchardt est disposé à y voir autant de croisements de diverse nature, à savoir: *caluscertola*, par exemple, représenterait un compromis de *coloru*, serpent, et *luscertola*, lézard; *caruga*, roquette, une fusion de *caries*, carie, et *eruca*, roquette; *caragnattulu*, de *tarantula*, tarentule, et *aranea*, araignée; *carignattula*, de *caries* et *aranea*, etc.[1]

## IV. Sens des noms hypocoristiques.

65. On tiendra également compte, dans ce dénombrement, des applications tirées des diverses races de chiens, ainsi que des termes qui désignent leurs cris. Voici les notions qu'ils représentent:

En zoologie:

a) Des poissons:

brochet (mâle): Lorr. *lévrier;*
requin (38[a]): esp. *perro marino* (chien de mer).

b) Des insectes:

charançon (38[b]): fr. *bawatte* (1473), *beauvotte* (1791), mot d'origine dialectale (Metz *bauwatte*, cité par Ménage, Lorr. *beauvotte*, *botte*), du messin *bawate*,[2] roquet (18[b]);

larve d'abeille (38[b]): Naples *mastino* (mâtin);

ver (38[b]): Frioul *bau* et Côme *totin* (de fromage), dim. de *totò*, toutou; catal. *busarola* (teigne) et port. *busano*, *buzano*, ver (de *buz*, nom enfantin du chien, 13).

---

[1] *Zeitschrift*, XXVII, 614, et XXVIII, 320.

[2] Cf. *Dictionnaire Général* s. v. *beauvotte:* „Peut-être dim. d'un mot *beauve*, qui, comme l'it. *belva*, viendrait du lat. *belua*, bête".

c) Des mollusques:
limaçon (38 c): Marches *cucciolo* (petit chien);
tellines (38 c): Terramano *cucciole* (petites chiennes).

d) De petits mammifères, d'après le cri:

cobaye (lapin du Brésil): Piém. *perro* (chien) et esp. *chucho* (toutou);

lapin (38 e): fr. *lapin* (XVIe s.), propr. qui *lape* ou glapit (anc. fr. *lappir*, pr. *lapouina*, *lampouina*, glapir, 5); cf. flam. *lampe*, lapin, et wall. *napai* (= *lapè*), id.; anc. fr. *briquet*, levraut („petit braque") et Sic. *guzzu*, lapereau, propr. petit chien.

66. En botanique:

a) Des plantes épineuses:
bardane (39 a): Pas-de-C. *dogue* A.;
renoncule (39 a): pr. *gousset*, id. (Rolland, *Flore*, I, 53).

b) Des fruits:
pomme tardive (39 b): Norm. d'Yères *roquet;*
raisin blanc (39 b): pr. *braquet*, propr. petit braque (d'où Nice *braquet*, vin exquis), port. *perrum*, id. (et vin de ce raisin).

67. Applications techniques:

a) Engins qui rappellent grossièrement la figure du chien:

canon (41 a): esp. *buzaco* (dans l'ancienne milice), de *buz*, petit chien (13);

chenet (41 a): anc. pr. et fr. *gossa* (1337 ap. Godefroy: pour *gossas* de chamenee), mod. *gousset*, petit chenet, propr. petit chien;

chien de fusil (41 b): anc. fr. *gousset* (Borel) et esp. *perrillo* (petit chien);

console (41 c): anc. fr. *goce*,[1] *gocet* (petit chien);

gond (cf. support): anc. fr. *gosset*,[2] id.;

machine de guerre (31 a): anc. pr. *gossa*,[3] propr. chienne;

pistolet (41 a): fr. argot *azor*, *basset;*

support (= console): anc. fr. *brachon*, *bracon* (d'où *braquener*, munir de supports), propr. petit braque; fr. *gousset*, pièce de charpenterie pour soutenir, et pr. *gousset*, support d'une roue à dévider.

b) Outils de diverse nature:

barre (31 c): fr. *gousset* (de gouvernail) et esp. *galga* (à lever l'ancre), propr. levrette;

---

[1] *Perceval* (ap. Godefroy): „Le lit fut sur *goces* assis, Et li *gocet* sur quatre roues".

[2] Ducange s. a. 1270: „Parietes cum *gossetis* ferreis quibus applicabatur porta".

[3] Raimbaut de Vaqueiras (ap. Bartsch, p. 127): „Per lor murs a fendre, Fan engenhs e carrels, E calabres tendre, *Gossas* et manganels".

détente (pour empêcher les roues de glisser): esp. *galga*; cf. souabe *Hund*, traverse pour retenir le chariot de glisser sur une pente;

embouchure de mors (pour serrer un cheval): esp. *perrillo* (petit chien);

fronde (au manche recourbé): catal. *gossa* („chienne");

meule (cf. tournebroche): esp. *galga* (dessous le moulin à huile), propr. levrette; pr. *curlo*, *curlet*, molette, propr. roquet;

pince de menuisier (31b): Piém. *braquet* (petit braque);

tournebroche (on employait jadis des chiens à tourner la broche, la roue, pour couteliers, rôtisseurs): Blais. *gueurdin*, Morv. *guerdin*, Berr., Pic. *gredin* (et rôtissoire, qui a remplacé la tournebroche);

trou (dans le plat-bord du navire): fr. *dogue (d'amure)*, „ce trou ayant à son orifice extérieur un masque de chien aboyant" (Jal, *Glossaire nautique* s. v.).

c) Termes spéciaux:

ballot carré: fr. pop. *caniche* (dont les oreilles ressemblent à celles formées par les coins du ballot);

brossette (37): fr. *bichon* (de chapelier);

lucarne (dans un comble): fr. *chien assis* (aux bâtiments du moyen âge), it. *abbaino* (chien qui aboie);

siège (mobile): fr. *gousset* (à la portière d'une voiture).

**68.** Faits concernant la vie physique du chien:

aboyer: Guern. *braquetaer* A., propr. crier comme un braque; de là:

- bavarder: anc. fr. *japer*, *japiller*, pr. *japilha*, *jaupilha*, et *jap*, babil (anc. fr. aboi: Berr. *jappe*, bagou), *japarel*, enfant babillard, Gênes *giappá*; Parme, Ferr. *bacajär*, Marches *baccajà*, Piém. *bacaé*; Romagne *borì*, Côme *taboj*, bavard;
- bredouiller: Pléchatel *barsouiller* (cf. *barsa*, aboyer, 6);
- parler d'une manière inintelligible: anc. fr. *abaier*, *glatir*,[1] *jaingler* (Lyon *jangolli*, se dit d'un enfant qui commence à jargonner), anc. pr. *janglar*, *jangolar*;[2]
- gémir: pr. *laira* (aboyer plaintivement); port. *cainhar*, geindre (7), d'où *cainho*,[3] misérable, à l'instar du roum. *căină*, gémir (d'où *cainic*, misérable);

---

[1] Wace, *Rou*, éd. Andersen, v. 394: „Normant diënt qu'Engleis *abaient*, Por la parole qu'il n'entendent"; v. 8035: „Ço lur ert vis qu'ils *glatisseient* (les Anglais poursuivant les Normands à Hastings), Kar lur langage n'entendeient".

[2] Cf. Peire Vidal: „Lor parlars sembla layrar de cas"; et Bonav. Des Périers (*Joyeux Devis*, XXIX, 131): parler bon *cagnesque* (au sens de baragouin).

[3] Cornu (*Grundriss*, I², 965) dérive *cainho* du lat. *caninus*.

vacarme (43): anc. fr. *japel*, clameur, *japarié*, criaillerie (= aboiement incessant); it. *bailamme* (biliemme), propr.[1] aboiement (de *baì* = *bau*, 4); pr. *bourro-bourro*, cohue, pêle-mêle;

accroupir (s', 56): pr. *s'aglati*, se blottir (à la manière des chiens aboyant d'effroi), it. *accucciarsi*, *accucciolarsi* (Venise *cuzzarse*, *cuzzolarse*, se tapir), Abruzzes *accuzzarse*, se coucher, propr. se blottir à la façon des petits chiens;[2] Venise *a cuzzelon*, à croupeton;

chienner (42): Bas-Gâtinais *chicoter* (de *chicot*, petit chien);

ébattre (s'): Pic. *s'épagnoler*, se trémousser, se réjouir, propr. s'ébattre comme un épagneul, Hainaut *s'épagnoter*, s'étendre au soleil;

éreinter (s', 42): pr. *atissa*, esp. *aperrear*, fatiguer;

grimper (comme un lévrier): esp. *galgar* (et monter en dignités);

gronder (42): pr. *janglar*, *jangolar*; Gênes *mogogna*, *rangogna*, grommeler; de là:

criailler: Yon. *bacailler* (aboyer) et Marches *baccajá* („vociare"); Poit. *japailler*, parler avec force, et *japper*, appeler à haute voix (anc. fr. *japeraille*, troupe de braillards), Pic., Berr. *jaspiner*, criailler (Saintonge, répéter le même cri: le pinson *jaspine*); Ferrare *borì*, crier (= gronder);

disputer (et marchander): Yon. *bacailler* („comme font les maquignons entre boire"); cf. angl. *to bark*, aboyer et trafiquer;

effrayer par ses cris (comme font les chiens de berger pour chasser les brebis): anc. pr. *aburar* (mod. *abourra*, haler, 9), pr. *aglati* (aboyer);

gémir: catal. *glapir* (= *clapir*, glapir);

irriter: port. *arrufarse* (gronder, du chien en chaleur);

palpiter (d'une artère): pr. *glati*, esp. *latir*; cf. anc. gr. *ὑλακτεύω*, palpiter, propr. aboyer;

retentir: anc. fr. *glatir* (et tonner, faire du bruit);

tancer: wall. *rabawer* (aboyer de nouveau); anc. fr. *japis*, semonce (43), it. *abbajata*, id. (clabauderie).

69. Et les notions complémentaires:

chenil (56): it. *cuccia*, propr. petite chienne (= anc. fr. *chenin*), esp. *perrera*; de là:

cahute (56): it. *cuccia*;

grabat (56): it. *cuccia*, esp. *cosque* (p. ex. *al cosque*, allez-vous coucher!); cf. Suisse allem. *Gutsche*, id. (allem.: bichon);

---

[1] On voit généralement, dans *bailamme*, une altération du turc *bayram*, carnaval (v. Zambaldi).

[2] Caix identifie *accucciarsi*, avec *acosciarsi*, s'affaisser (de *coscia*, cuisse), et voit dans *coscia* le primitif de *cuccia*, chenil (69); Zambaldi considère ce dernier et ses dérivés comme un emprunt fait au fr. *coucher*; finalement, Schuchardt (*Roman. Etymologien*, II, 50) met les verbes *accucciarsi*, etc., en rapport avec *cochlea*, influencés par le fr. *coucher*.

pain de son (43): esp. *perruna*, port. *perruma* (pour les chiens); troupe de chiens (43): pr. *goussalho* (canaille), esp. *perreria* (et bande de vauriens) et *perrada*, meute (= anc. fr. *chenaille*).

70. Faits relatifs à sa vie morale.

a) Termes particuliers à la chasse:

acharner (44): Mayen. *agousser*, agacer (Norm. *agoucer*, harceler), anc. fr. *harier* (harrier); esp. *aperrear;*

chasser (en huant): Pic. *bahuter* (4e), Genève *bourrer*, pousser rudement après soi (10); cf. fr. *arer (= harer)*, t. de marine, chasser sur ses ancres (v. traquer);

exciter (44): pr. *atissa*, *entissa*, irriter, it. *aizzare*, esp. *azomar* (port. *assomar)*, *azuzar* (10), port. *agastar* (image prise du chien enragé, 10);

lancer: Béarn *abourra*, lancer avec force et se jeter impétueusement (= gronder, 10);

houspiller: Pic. *bahuter*, bousculer (v. chasser), anc. fr. *mastiner*, rosser; pr. *bourra*, H.-Italie *borì*, *burè*, maltraiter (10), esp. *aperrear*, id.;

quêter: pr. *charnega* (chasser avec un charnaigre), it. *braccare* (et briguer), *braccheggiare*, flairer;

traquer: anc. fr. *haler*, *harer*,[1] mod. *harasser* (XVIe s.; cf. *tracasser*), anc. fr. *piller*,[2] esp. *aperrear*, tracasser; de là:

- dernière extrémité (physiquement et moralement): fr. *aux abois* (image tirée du cerf entouré par la meute aboyante);
- piège: pr. *glato*, propr. aboiement (*faire la glato*, provoquer les chiens en imitant son grondement);
- vitesse: roum. *duluţă* (mâtineau), vite, très vite, et *ogar* (lévrier), appliqué au galop du cheval.

b) Termes généraux:

chatouiller: fr. *bichonner*, propr. caresser un bichon, Lot *chichicla* A., pr. *cousseja*, *cousse[r]gueja* (de *coussou*, toutou), à côté de *soussolegue* (Lang. *soussou* = pr. *coussou)*, *suçole[r]gue;* pr. *gousset* (fa), c.-à-d. faire le petit chien, Istrie *cucija* (de *cuccio*, toutou), port. *coçar* (et gratter), d'un primitif *coço* (= *gozo*), d'où *còcega*, chatouillement, dial. (Trasosmontes) *cosca*, *cosquinha*, répondant à l'esp. *cosquilla*,[3] anc. *gozguilla*, propr. caresse de petit chien, à côté de *perrada*, caresse feinte (= chiennerie; cf. it. *carezze di cane*, cortesie di putane);

convoiter (avoir une envie de chien): fr. *aboyer*, propr. crier

---

[1] Du Vair (dans Godefroy): „On divisera les princes entre eux... et avec de faux bruits et calomnies, on *halera* les peuples après eux"; *Cymbalum Mundi*, 193: „On nous tue, on nous *hare*, on nous menace".

[2] *Anc. Théâtre fr.*, VIII, 424: „Souffriray-je un rival *piller* sur mes talons?"

[3] Diez rapproche port. *coçar*, esp. *coscar* (cosquilla), du lat. *coquere*, brûler, inquiéter.

comme le chien après le gibier,[1] d'où désirer ardemment, aspirer, le cri étant l'expression du désir,[2] à l'instar de *bêler*, désirer vivement, au propre et au figuré; pr. *laira*, aboyer et convoiter, sarde logod. *appeddare*, convoiter (= aboyer), catal. *glatir*, désirer (anc., aboyer);

ennuyer (44): sarde logod. *attoccare*, propr. aboyer;

flatter (42): fr. faire le *chien couchant*, s'humilier (Oudin) et flatter bassement, répondant au catal. *fer lo buz*, port. *hacer el buz*, propr. faire le toutou (= *buz*, et baiser sur la main par politesse, 81);

insulter (42): fr. *aboyer*, invectiver (v. Littré), et *mâtiner*, esp. *perreria* (port. *perraria*), injure, outrage; cf. gr. *υλακτεύω*, poursuivre quelqu'un d'injures ou de malédictions (= aboyer) et allem. *hunzen*, vilipender;

médire: fr. *aboyer*, dénigrer, anc. pr. *janguelhar*; cf. lat. *allatrare*, id. (Tite-Live, XXXVIII, 54: Cato *allatrare* Africani magnitudinem solitus erat);

mentir (cf. gausserie, 48[c]): anc. fr. *jangler*,[3] d'où *jangleur*, menteur, vantard;

railler (44): anc. pr. *janglar* (d'où *janglos*, moqueur), anc. fr. *jangler*, et *bahutter*,[4] à côté de *baie*, raillerie, it. *baja*, *bajata*, id. (= aboiement), Piém. *fè ciuciù (la baja)*, plaisanter, propr. faire le toutou, aboyer comme lui.

71. Epithètes:

a) Concernant le physique du chien:

cagneux (57): Mayen. *braque*, cagneux, et fr. *brachicourt* (Furetière), auj. *brassicourt* (du cheval dont le genou forme une courbe), propr. courtaud[5] comme le braque (anc. *brache*, *brace*); roum. *haitiș*, cagneux (de *haită*, chienne);

camus: esp. *braco*, c'est-à-dire braque (dont le museau est court et carré);

courtaud (cf. trapu, 43[a]): fr. *basset* (à jambes grosses et courtes comme chez les bassets) et *braque*, ramassé (Oudin), Piém. *brac*, *bracot*, homme de petite taille (les braques ayant les jambes courtes); fr. *goussaut* (du chien trapu), cheval court de reins et faucon lourd;

---

[1] Du Bellay, *Mémoires* (ap. Lacurne): „Cette ville de Turin sur laquelle ils *abbaient* comme les chiens après le cerf". Cf. Lucrèce (II, 17): „Nonne videre est, nil aliud sibi naturam *latrare*, nisi ut . . ."

[2] Cf. Festus: „*latrare* Ennius pro *poscere* posuit". L'anc. gr. *ὑλακτεύω*, aboyer, s'appliquait également aux craquements de l'estomac affamé, comme en latin (Horace, *Sat.*, II: Cum sale panis *latrantem* stomachum bene leniet) et en ancien français (Rabel., III, 15: Mon stomac *aboye* de male faim comme un chien).

[3] Proverbe du XIIIe siècle: On ne peut pas deffendre le chien a *abaier* ne le mentours a *jaingler*.

[4] *Anc. Théâtre fr.*, IX, 58: „A quel jeu jouons-nous? Tout de bon ou pour *bahutter*?"

[5] Littré voit, dans *brassicourt*, un composé irrégulier de *bras* et *court*.

frisé: Clairvaux *caniche* (cheveux) et Vendôme *zozo* (cheveu en), en accroche-cœurs, pr. *canicho*, petit homme chevelu et crêpu cf. port. dial., Alemtejo, *perriquilho*, chevelure enroulée par derrière

glouton (45[b]): Yon. *ferbaud*, Poit. *lebrou* (lévrier), pr. *ala* (chien alan);

gros: Clairvaux, Genève *doguin* (p. ex. poisson), Norm. d'Yère *doguin*, cochon trapu à oreilles droites;

maigre (57): esp., port. *galgo* (à la taille svelte du lévrier d'où port. *galgaz*, efflanqué;

nain (semblable à l'épagneul ou au terrier nains): anc. fr. *goz*, *goce*, propr. mâtin, terme qu'on rencontre tantôt absolument et tantô comme épithète,[2] au sens de trapu ou ramassé;[3] it. *cucciolo*, pet (= toutou) et Sic. *guzzu*, bout d'homme (id.);

rayé de blanc (cf. gris, 45[a]): Gers *braquet*, bœuf de couleu clair (Rolland, V, 24), les braques étant généralement blancs o tachetés d'un brun rougeâtre, et Ouest *brichet*,[4] bœuf marqué à l queue seulement (Ibid., V, 28); pr. *bracaná* (barracana), *brican* rayé de blanc; Rouerg. *lebret*, bœuf couleur de lièvre.

b) Concernant le moral de la bête:

avare (45[b]): fr. *chiche* (XII[e] s. = anc. pr. *chica*, chienne, 12 d'où *chicheté*, avarice (Marot: *Chicheté* est la lysse Qui l'âme tue rend le corps malsain), pr. mod. *chicheta*, lésine et petite chienne; Norm. *gredin* (Bessin *grediner*, lésiner), pr. *charnegue* et *perron*, ladre it. *barbino* („barbet");

cruel (cf. barbare, 25): anc. pr. *ganhart*, anc. fr. *gaignart* dérivé de *gaigne*, rage,[7] propr. mâtine (cf. *gaignon*, 19), et *mastin* épithète injurieuse appliquée aux infidèles,[9] et à leurs dieux, da la dépréciation hyperbolique (35); it. *mastino*, tyran, persécuteur;

---

[1] Fœrster (*Erec*, glossaire) rapproche *goz*, nain, de l'it. *gozzo*, jabo Stengel y voit un dérivé de *gueux* (v. les citations ci-dessous).

[2] *Erec* (éd. Fœrster, v. 793): „Li chevalier va devant toz, Lez lui pucele et son *goz*. . ."; *Durmart le Gallois* (éd. Stengel, v. 2144): „Une gra piece de lardé I rostissoit li nains *goces* . . ."

[3] Dans le portrait du nain, qui joue un rôle dans *Durmart le Gallo* on peut reconnaître certaines allures caractéristiques de la bête (v. 4468):

> Voient venir parmi la cort
> Un petit *gocet* gros et cort . . .
> La teste est grosse et plat le nes
> Et cort col e vis ribole; . . .
> Le *gocet* qui venoit clochant . . .

La tête énorme, le nez camus et la démarche boiteuse sont des tra particuliers à certaines espèces de chiens.

[4] Bonav. Des Périers, *Joyeux Devis*, LXIX, 245: „*Brichet*, Casta ven apres moay!" (le paysan appelle ainsi un de ses bœufs).

[5] Depuis Ménage, on dérive *chiche*, avare, du lat. *ciccum*, membrane d' grain de grenade.

[6] Raoul de Cambrai, v. 470: „felon et *gaignart*"; G. de Coinci: „fel *waignars*".

[7] *Anc. Théâtre fr.*, I, 315: „S'il est en *gaigne*, il escume".

[8] XIIIe s. (ap. Littré): „Cils qui avait le cuer orgueilleus et *mastin*. .

[9] XVe s. (ap. Littré): „Nos feaulx chrestiens . . . ces *mastins* Sarrasins

docile: Naples *cuccio* (toutou), Abbruz. *accuccia*, *accuzzarse*, pencher la tête (en signe de résignation ou de soumission), demeurer coi et ne souffler mot;

emporté ($45^b$): fr. *braque* (d'un caractère impétueux), it. *bracco*, petit homme rageur, et *izza*, colère (primitivement cri de chasse, 10), Naples *zirria*, colère (= grondement); esp. *perrenque*, port. *perrengue*; cf. esp. *ponerse como un perro*, se mettre facilement en colère;

entêté ($47^b$): Piém. *mastin*, esp. *perro*, port. *perrengue*; pr. *atissa*, s'opiniâtrer;

étourdi: fr. *braque*; cf. it. *aver sciolto i bracchi*, avoir lâché les braques, c.-à-d. rêver, radoter, dire des folies (Duez), et ἔκφρονες, *inconsulti*, épithètes qu'Arrien et Gratius Faliscus donnent aux chiens gaulois, aux ségusiens et aux vertragues;

grossier: Mayen. *braque*, rude de manières, pr. *mastin*, malotru, it. *mastinotto*, rustre (*di mastino*, fait grossièrement); port. *perro*, dur, raide, rude; roum. *dulăŭ*, pataud;

hargneux (57): Bresse *doguin*, esp. *perrenque;*

ivre (cf. 37): esp. *chucha* et *perra* (Bogota *perrica*), ivrognerie, propr. chienne; cf. *Anc. Théâtre fr.*, II, 39: „On obéira à ce villain qui est plus yvre que un *braquet?*"

lambin: Abruz. *cucce cucce* (toutou toutou), doucement;

lascif (cynique, $45^e$): anc. fr. *baud*, lubrique (anc. argot *baude*, mal vénérien); pr. *charnigaire*, *goussatié*, paillard, à côté de *perre*, gaillard, et *mastin*, luron;

mauvais (25): esp. *perramente*, très mal (= chien de ...);

méchant (57): anc. fr. *gaignon* et *mastin* (v. cruel), mod. *roquet*; pr. *charnegue*, it. *botiolo* (roquet, épithète dédaigneuse donnée par Dante aux Arétins); esp. *perreria*, port. *perraria*, vilenie, méchanceté;

paresseux ($45^b$): Clairvaux *doguin*, indolent; pr. *gousso*, paresse (= chienne);

renfrogné (47): Mayen. *agoussé* (de *gousse*, chien, 14);

rusé ($45^b$): fr. *gredinette*, jeune femme rusée (femelle du *gredin*) et Norm. *mâtin*, rusé compère, pr. *mastin*, matois; cf. angl. *a sly dog*, id. (un rusé chien);

sale ($45^a$): pr. *goussard*, *goussas* (gros chien);

sot ($45^b$): fr. *lévrier*, niais (cf. étourdi comme un jeune levron), Berry *toto* et *zozo*, grand bêta (= toutou); it. *cuccio*, *cucciolo*, id.;

vagabond (44): wall. *épagnote* (épagneul), pr. *lebrier* (lévrier);

vil (v. lâche): anc. pr. *cutz* (Donat: vilis persona), propr. vil comme un chien (13).

72. Maladies affectant principalement les chiens:

fièvre tierce (v. frisson): esp. *chucho* (toutou); cf. tchèque *psina*, fièvre (de *pes*, chien);

frisson (habituel aux chiens): esp. *chucho*; cf. Rolland, IV, n° 267: J'en frissonne et j'en trembe quem in chin galeux (dans un conte balzatois, Charente);

gale: esp. *galga* (autour du cou); cf. fr. *levron*, maladie au genou du cheval.

73. Emploi hypocoristique:

enfant (47): *bichon*, *chou*[1] (d'où *chouter*, caresser), *chouchou* (d'où *chouchouter*, id.), Forez *chichou*, Abruz. *cecið*; fr. *toutou* (cf. anc. fr. *tatin*, id., d'où Mayen. *tatiner*, caresser) et esp. *tatò*, cadet d'une maison (Abruz. *tatò*, toutou);

entremetteur de mariages (34): Berr. *jappeux*, propr. bavard (68);

garçon (47): fr. pop. *gosse* (dim. *gosselin*, *gosseline*), propr. chien; pr. *goussoun*, polisson, et *mastin*, gars;

gros bonnet (34): Berr. *faire son dogue*, faire l'important.

74. Emploi péjoratif:

a) Appliqué aux personnes:

bedeau (59): esp. *perrero*, port. *perreiro*;

domestique: anc. fr. *mastin* (et *faire le mastin*, prendre un air humble); cf. fr. pop. *faire le chien*, se dit de la cuisinière suivant sa maîtresse avec un panier;

farceur (cf. menteur, 70$^{b}$): fr. *jongleur* (XV$^{e}$ s.), à côté de l'anc. *jangleor*, menteur,[2] devint le nom des derniers ménestrels ou *jogleors* (= *joculatores*), lesquels, tombant en discrédit en même temps que la récitation épique, furent assimilés aux *jangleurs* ou menteurs de profession:[3] *jogleor* et *jongleor*, d'origine diverse et indépendante, représentent ainsi deux périodes différentes dans l'histoire de l'improvisation épique au moyen âge; pr. *gnif-gnaf*, farceur, propr. aboyeur („onomatopée qui exprime l'acharnement d'un chien après sa proie", Mistral), et *zozo*, pitre de parade, polichinelle (= toutou);

fille (grosse, 48$^{a}$): Hainaut *loulou* („jeune fille avec de grosses lèvres et dont l'aspect n'est pourtant pas désagréable", Hécart);

garde-frein: fr. pop. *chien courant*, employé chargé de fermer les portières et de crier les stations (Rigaud);

mendiant (comparé à un chien qui aboie plaintivement, cf. 8): anc. argot *hupin*, *hubin* („chien"), mendiant soi disant mordu par un chien enragé;

mort (personnifiée, 48$^{a}$): anc. argot *carline* (femelle du *carlin*, dont la face est noire jusqu'aux yeux et le museau court);

nègre (48$^{a}$): port. *perrengue*;

payeur (mauvais): esp. *perrera*;

---

[1] Déjà dans l'*Ovide bouffon* de 1662: „Mon petit *chou* gras!" (cf. le proverbe: Gras comme un petit chien qui tette).

[2] Cf. anc. fr. *jaungeler*, aboyer, à côté de *jangler* (6).

[3] Claude Fauchet (*Recueil de l'origine de la langue et poésie françoise*, Paris, 1581, p. 78): „Les contes des jongleurs estant méprisés à cause des menteries trop évidentes et lourdes, quand on vouloit parler de quelque chose folle et vaine, l'on disoit: ce n'est que jonglerie; estant enfin *jongler* ou *jangler* pris pour bourder ou mentir".

prostituée (48[a]): anc. fr. *baude* (= chienne en chaleur, auj. Norm. d'Yères) et *herbaude* (17[c]), *lice* (avec ce sens encore dans Régnier, *Sat.*, IX, 109) et *mastine*, concubine (Amyot); pr. *gousso* (argot fr. *gousse*), propr. chienne; Abruz. *lice* (cf. *fijje de lice*, bâtard); roum. *haită* („chienne“);

sbire (48): anc. fr. *lévrier* (Oudin: *lévriers du bourreau*, archers), mod. *limier*; it. *bracco*, gendarme (cf. *bracchi del boja*), esp. argot *mastino*; cf. lat. *canis*, id. (dans Cicéron).

b) Appliqué aux animaux:

rosse (48[b]): pr. *gousso*, esp. *perrera;*
vache (48[b]): Bresse *caniche.*

c) Appliqué aux choses:

chicane: esp. *perrada*, port. *perrice*;
faim (cf. faim *canine*): port. *galga* (levrette);
fraude: esp. *perro* (et *perrero*, trompeur);
métier (pénible): esp. *perrera* (cf. métier *de chien*);
viande de qualité inférieure (48): anc. pr. *carn gossa* (v. Lévy, *Supplementwörterb.* s. v.).

75. Emploi euphémique:

a) Pour désigner des êtres imaginaires dont on fait peur aux enfants:

bête noire: anc. fr. *baye-baye* (Oudin), pr. *babàu* (babòu), fantôme (*faire babau*, apparaître subitement à un enfant pour lui faire peur), Piém. *babao* (bao bao), *baboia*, id.; Côme *babao* (Naples *babau*, cri menaçant du chien); it. *bau*, Berg. *báo* (nom enfantin du chien): *far bau bau*, faire tou tou en se cachant le nez de son manteau et regardant par un petit trou pour épouvanter (Duez), *far baco baco* (= *bau bau*), id., et sarde *far butti butti*, id.; cf. allem. *Wauwau*, id.;

épouvantail: pr. *babau*, etc. (v. ci-dessus); Arezzo *bobo* (= *babau*) et *bubú*, diable (cf. *bubbo*, bau!), Abruz. *ciaciarote* (de *ciaciò!* bau! cri pour effrayer les enfants); port. *babao* (et *tutú*, croque-mitaine); de là:

cacher (se): fr. *faire tou tou* (Oudin), se cacher en jouant comme font les petits enfants (= pr. *faire babau*); Marches *fa bubù*, id.;

effrayer (en criant): Sic. *abbautirisi*, *abbagutirisi*, Côme *sbagotti*, d'où it. *sbigottire*,[1] à côté de *abbaire* (de *baì!* = *bau!*) et *sbaìre*, Piém. *sbuji*, *sböji*,[2] répondant au Pic. *bahuter*, chasser (en effrayant), et au fr. *ébahir*, anc. *esbaïr*, stupéfier, propr. épouvanter en criant *bau!* ou *baï!* (Marches *sbagutisse*,

---

[1] Caix (*Studi*, 53) fait remonter *sbigottire*, anc. *esbauttire*, à un type **ex-pavor-ire*, à l'instar de *pagura* (pour *paura*); Parodi (*Romania*, XVII, 202), à **ex-bag-ott-ire*, où *bag* serait le reflet du lat. *vagus*; finalement, Körting met le verbe en rapport avec le fr. *bigot*.

[2] Nigra (*Archivio*, XV, 124) renvoie, pour *sböji*, au lat. *bullire*, bouillir.

stordirse); cf. serbe *bauknuti*, effrayer (de *bauk!* bau! slovène *baukati*, aboyer);

masque (= épouvantail): pr. *babau*, *babocho*, it. *baucco* (d'où *bauccare* ou *far baco baco*, Duez) et *bautta*, domino (Côme *baiuta*, épouvantail);

peur (= *bau!*): it. *bausette*, terme moderne, propr. qui effraie sept personnes (d'après l'analogie de *ammazzasette*);

regarder furtivement (pour faire peur): wall. *bawi*, propr. faire bau! en imitant le cri du chien effrayé.

b) Interjections d'étonnement: fr. *mâtin!* (exprime l'admiration la plus violente ou la douleur la plus vive), *sacré mâtin!* (exprime le dépit appliqué également aux choses: cf. Molière, *l'Etourdi*, V, 1: *Mâtine* de cervelle!...), pr. *babau!* (marque la surprise); port. *babao!* (bernique!).

76. Applications isolées:

associer (s', entre camarades): Clairvaux *se doguer* (et aller de pair en travaillant), de *dogue*, au sens de „compagnon" (= chien, 34);

attendre (se morfondre comme un chien à la porte): Poit *doguer*;

chapeau (aux bords pendants): fr. *clabaud*, primitivement *chapeau en clabaud*, aux oreilles pendantes (comme celles du clabaud);

déjeuner: esp. *perrada* (dans lequel on se gorge de raisins qui plaisent beaucoup aux chiens); cf. lat. *caninum prandium*, repas sans vin (anc. fr. eau et pain, c'est la viande du chien; it. acqua e pane, vita da cane);

fosse (pour recevoir de l'eau): port. *galgueira* (de *galga* levrette);

outre (en peau de chien): esp. dial., Bogota, *perra* (chienne)

plongeur (comparé à un caniche): esp. *buzo*, *buzano*;

sac d'infanterie (d'après son pelage): fr. argot *azor*;

trésor: Pas-de-C. *azor* (et magot: soigner son *azor*); cf. Bavar *Hund*, trésor caché (les chiens noirs étant censés être gardiens de trésors).

sives: *κυνόδους*, dens *caninus*, dents *canines*, „pource qu'elles sont aiguës et fortes comme dents de chien" (Ambr. Paré), esp. *canil*, dent canine. L'anc. fr. *quenne*, ou *cane*, désigne spécialement la dent animale, dans le *Roman de Renard* (éd. Martin, v. 7342):

Prendre le[1] volt, mès ii failli,
Et neporquant quatre des pennes
L'en remestrent entre les *quennes*.[2]

*Quenne* veut simplement dire „dent de *chienne*" (= Norm. *quienne*, *quenne*) et le sens généralisé se retrouve dans le diminutif moderne *quenotte* (à côté de *canette*, Berr. *quenaude*), dent de petit enfant,[3] acception qu'on trouve déjà dans Oudin. Les dents du petit chien sont d'une parfaite blancheur (cf. en provençal, blanc comme une dent de chien), ce qui a suggéré la comparaison avec celles du bambin: *cagnette*, Fribourg, nom enfantin de la dent, à l'instar du fr. pop. *louloute*, première dent d'un enfant, propr. dent de chienne loulou.

La même image revient dans l'it. *scane*, incisives (cf. Naples *cana* pour *cagna*), qui répond à l'anc. fr. *cane*, *quenne*, dent.[4] Dans l'épisode dantesque du Comte Ugolin, le malheureux père voit en rêve des chiennes „maigres, bien dressées et agiles", déchirer de leurs dents aigues[5] lui et ses enfants (*Enfer*, XXXII, 28):

e con l' agute *scane*
Mi parea lor veder fender li fianchi.[6]

## II. Vie morale: adulation, cynisme.

81. On a de tout temps vu, dans le chien, l'animal rampant par excellence, le type du flagorneur. La locution *faire le chien couchant*, tâcher de gagner quelqu'un par des soumissions basses et insinuantes, répond à peu près à l'anc. gr. *προσκυνεῖν*, se prosterner à la manière des Orientaux, propr. se mettre à plat ventre

---

[1] Il s'agit d'une mésange qui prit „par barat" le fromage du renard.

[2] Cf. *Ibid.*, 13762: „tu lui ostas a tes *canes* Quatre de ses plus belles pannes".

[3] Cette origine se trouve déjà indiquée dans Moisy, *Dictionnaire du patois normand*. Cf. *Romania*, VI, 477 (les objections qu'on y soulève tombent devant les faits constatés plus haut).

[4] Cette association, chienne-dent, se trouvant à la fois en français et en italien, exclut nécessairement la dérivation habituelle du germanique (isl. *kenna*, joue, allem. *Kinn*, mâchoire): la forme (it. *cana*) et le sens („incisive") s'y opposent également.

[5] Buti: „*Scane* sono li denti pungenti del cane, ch' egli ha da ogni lato coi quelli egli afferra". Zambaldi voit dans *scana* une variante poétique de *sanna*, *zanna*, dent. Aujourd'hui, *scana* désigne les dents latérales du cheval.

[6] Comparer ce passage du *Pataffio* (II, 11): „. . . e non menare il cane Ghiotto tralinto", ainsi commenté: „Non menare *il cane*, crederei potesse equivalere a non menare *i denti*, non mangiar tanto". Ajoutons la locution: Avoir *une dent de lait* contre quelqu'un, c.-à-d. lui porter rancune, qui répond à cette autre: Garder *un chien* de sa chienne.

devant quelqu'un pour obtenir sa faveur, et au lat. *adulari*, qui s'est dit d'abord du chien (Lucrèce, V, 1069): „Longe alio pactu gannitu vocis *adulat*..."

L'espagnol représente un autre aspect de l'adulation: *hacer el buz*, faire le toutou, baiser la main en signe de soumission; c'est l'anc. gr. *κυνέω*, baiser, c.-à-d. lécher à la manière des chiens. Le lèchement est à la base du roum. *linguşire*, flatter (de *lingere*, lécher), macédo-roum. *sprelindzere*, flagorner, à l'instar du catal. *llepar*, de l'it. *leccare* (adulare, accarezzare), fr. *lécher*.

Deux autres aspects du même penchant se rapportent à la patte du chien et à sa queue. Il tend la patte, en signe de caresse, et c'est là le sens de l'anc. fr. *chipoe*, cajolerie, propr. patte de chien.[1] D'un autre côté, le chien remue la queue en signe de joie, et ce frétillement est devenu une dernière expression de l'adulation: roum. *gudurare* (pour *cudurare*), flagorner, cajoler, propr. flatter[2] de la queue (cf. *a da din coadă*, frétiller et flatter), à l'instar de l'angl. *to wheedle*, flagorner (allem. *wedeln*, frétiller). L'allem. *scherwenzeln*, synonyme de *hündeln*, faire le chien couchant (dérivant de *Scherwenzel*, caniche, barbet, Nemnich), répond exactement à *cagner*, flatter en remuant la queue, du patois de l'Yonne.

82. Pendant la première jeunesse, le chien joue, saute, court et gambade continuellement. Quel que soit son caractère à venir, il est toujours doux et caressant.[3] Ce caractère insinuant est rendu, en français, par *câlin* (de *caelin*, anc. fr. *cael*, *cal*, petit chien), qui répond, quant à la finale, à l'it. *cagnolino*. Le patois berrichon a, du même type ancien français, *calaud*, gracieux, gentil (en parlant surtout des enfants), à l'instar de l'esp. *cachon*, *gachon*, câlin (de *cacho*, jeune chien). *Câlin* est, dans ce sens, moderne et d'origine dialectale, et diffère de *calin*, qui a eu cours au XVI^e^ et au XVII^e^ siècle, aux sens de mendiant[4] et de lâche, paresseux, rampant (dans Ménage), encore dans certains patois (wallon: méchant, vaurien, vagabond). La raison d'être de cette double série sémantique paraît résider dans le sens de „petit chien" ou de „chien",[5] les acceptions favorables se rapportant au premier et les sens péjoratifs au dernier.[6]

Ajoutons qu'un autre diminutif, d'origine hypocoristique, *chicot*, jeune chien, désigne, dans l'ancienne langue, le flagorneur, à l'instar

---

[1] Guill. de Machault (ap. Godefroy): „Tielz flatemens, telles *chipoes*..."

[2] Cihac dérive *gudurare* du type composé *con-adulari*.

[3] Bénion, *Les races canines*, Paris, 1867, p. 92.

[4] Bouchet (*Serees*, IV, 219): „Devinez ce que ces gueux et *caslins* font? Ils contrefont les malades de Saint-Jean". L'orthographe *caslin* suit la tradition du XVI^e^ siècle (cf. *caisgne*, dans Rabelais); Cotgrave ne connaît que *calin*.

[5] Le wallon „faim *caline*" suppose un *calin*, chien (= petit chien), à l'instar du vendéen *chaé*, chien A. (= anc. fr. *chael*).

[6] Scheler fait remonter *câlin* à un type lat. *catellinus* (qui aurait donné *chellin*); Brinkman (p. 227) y voit également un dérivé de *canis*, par l'intermédiaire de *caninus* (qui aurait donné *chenin*).

du *câlin*, par ex. dans ce passage de Du Verdier (dans Lacurne): „Sa cour estoit pleine de bons esprits et de gens de savoir, en lieu de fols, de *chicots*, de flatteurs et d'harlequins".

## III. Superstitions.

83. Le diable prend, entre autres formes, celles d'un chien (dans l'île de Guernesey), ou d'un chien noir (dans le Morvan) et, dans la Saintonge, les sorcières se changent en chiens blancs.[1] En Portugal, le diable porte le nom de *cão tinhoso*, chien teigneux. Des animaux fantastiques portent, dans les diverses provinces de la France, le nom de chien rouge ou de chien blanc. Le *ch: rouge*, de la tradition vendéenne, se montre aux voyageurs pendant la nuit, dans une vaste clairière: il commence par tracer autour du voyageur des cercles de feu qui se rétrécissent, et il se précipite ensuite sur sa victime qu'il dévore (Favre); le *chin blanc*, de la tradition lorraine, est censé sauter par dessus les enfants occupés à travailler dans les champs, ce qui les rend paresseux (Adam). Dans le Berry, la *levrette* est un fantôme qui, sous la forme d'un grand chien blanc efflanqué, rôde pendant la nuit autour des bergeries (Jaubert). Le *chien-lutin* tue tous les autres, et le *chien écouteux* écoute aux portes.[2] Les superstitions de la Suisse allemande connaissent également le chien fantastique aux yeux de feu.

84. Le chien joue un rôle très important dans les chasses fantastiques, dites aériennes ou sauvages, qui offrent une image réduite des chasses terrestres. Ces chasses nocturnes portent souvent, dans les traditions populaires de la France, des noms de chiens, tels que *chasse à baudet*,[3] *chasse à ribaut*[4] et *chasse à rigaut*,[5] dans le Berry, à côté de *chasse briguet*,[6] cette dernière appelée *chasse briquet*,[7] en Touraine.

Ces divers noms sont autant d'appellatifs du chien: *baudet*, diminutif de *baud*, grand chien blanc (appelé jadis *chien du roi*), répond exactement à *briguet* ou *briquet*, chien de chasse (cf. briquet

---

[1] *Mélusine*, IV, 477.

[2] *Revue des traditions populaires*, VIII, 46, et P. Sébillot, *Le Folklore de France*, vol. III, p. 121.

[3] Laisnel de la Salle, *Légendes et croyances du Centre*, 1876, I, 168: „La *chasse à baudet* est une chasse nocturne qui traverse les airs avec des hurlements, des miaulements et des aboiements épouvantables, auxquels se mêlent des cris de menace et d'accents d'angoisse".

[4] L. Martinet, *Légendes et superstitions du Berry*, 1879, p. 3: „La *chasse à ribaut* est un bruit qu'on entend à n'importe quelle heure de la nuit; on dirait un nombre considérable de voix de chiens de différente grosseur et, par-dessus tout, la voix forte et grave d'un gros dogue accompagnant par intervalles égaux ce concert discordant".

[5] Laisnel de la Salle, I, 171 (on entend cette appellation à Cluis).

[6] *Ibidem* (près des portes du Loiret).

[7] A. Harou, *A travers le monde*, 1898, p. 40: „En Touraine, on parle de la *chasse briquet*, avec ses chiens ailés, qui poursuit les paysans attardés".

d'Artois); quant à *ribaut* et *rigaut*, ce sont d'anciens noms propres du chien, dont le dernier figure déjà avec ce sens dans le *Roman de Renard* (éd. Martin, V, 210):

Or Tribole! or Clarembaut!
Par ci fuit le gorpil, *Rigault*.[1]

Le synonyme normand de *Mère Harpine*[2] se rapporte également à la famille de termes de vénerie qui a donné *harpaille*, *harpaillon*, etc. Dans les Ardennes, des *roquets*, petits chiens blancs et noirs, poursuivent également dans les airs un gibier fantastique.[3]

Mais le nom le plus général que porte la chasse sauvage, à partir du XIIIe siècle, est celui de la *Mesnie hellequin*. Les variantes multiples du mot, toutes attestées dans Godefroy, sont: *helequin*, *helquin*, *hielquin*, *halquin*, *herlequin*, *hierlequin*. Le nom de *hellequin*, survit dans la Haute et Basse-Normandie, sous la forme *helchien*.

A Hague et au Val de Saire: „La *chasse hèle-tchien* est une chasse qui se fait dans l'air; on entend les chiens aboyer, les chevaux hennir, les hommes crier“;[4] dans la Manche: „La *chasse hèle-chien* est une prétendue chasse aérienne que l'on entend passer dans les nuits d'été; les chiens qui y prennent part, jappent et n'aboient pas“.[5]

L'ensemble de ces traditions populaires fait ressortir le rôle prépondérant du chien, prépondérance d'ailleurs bien naturelle lorsqu'il s'agit d'une chasse. *Hellequin* a été par suite interprété comme *hèle-chien* (en normand, *quin*), chien qu'on hèle, qu'on lance sur le gibier; les synonymes ancien-français *helle*, *herle*, *hierle*, bruit, tumulte (primitivement de chasse), et *hellir*, *herlir*, faire du tapage (au fond identiques à *haller*, *harer*, exciter un chien) rendent compte des variantes citées plus haut.

Il en résulte:

a) Une légende, relative à un certain *Herlequin* et à sa famille, circulait pendant le haut moyen âge, au Nord de la France; un prêtre Gauchelin aurait eu déjà au XIe siècle (suivant Orderic Vital) une vision avec un membre de cette *familia Herlechini*, ou de la *mesnie Herlequin*;[6]

b) Cette légende subit, à partir du XIIIe siècle, une profonde modification, de forme et de fonds, due à la conception populaire

---

[1] Cf. anc. fr. *rigault*, gueux (à l'instar de *ribaut*).

[2] L. Du Bois, *Recherches... sur la Normandie*, 1843, p. 309: „Dans le département de l'Orne, on appelle *Mère Harpine*, *chasse Arthus* ou *chasse Hennequin*, une troupe de prétendus esprits infernaux qui traversent les airs en jetant des cris aigres et prolongés; la *Mère Harpine* est le chef de la bande redoutable“.

[3] *Revue des traditions populaires*, IV, 664.

[4] Fleury, *Littérature orale de la Basse-Normandie*, p. 19.

[5] Rolland, *Faune*, IV, 68.

[6] Voir, en dernier lieu, F. Lot, dans la *Romania*, XXXII, 422 à 442, et notre étude, dans la *Revue des traditions populaires*, XX, 177 à 186 (principalement pour la partie bibliographique).

de la tradition, qui nous présente tantôt une armée à cheval et tantôt un équipage de chasse;

c) De là, d'un côté, *hennequin*, sous l'influence de *hennir*, témoignant du mélange de deux aspects de la légende, celle d'une chevauchée et d'une chasse proprement dite, comme, par exemple, dans ce passage du *Tournoiement de l'Antecrist:*

De la maisnie *hellequin*
Me membra quant l'oï venir;
L'on oïst son destrier henir
De par tut le tournoiement.

D'un autre côté, sous l'influence des termes de vénerie déjà mentionnés, on obtint les variantes *helequin*, *helquin hielquin*, *halquin*, qu'on interpréta comme „chien bruyant", en faisant ainsi rentrer l'ancienne légende de la *mesnie Herlequin* dans une nomenclature qui a fourni tour à tour la *chasse à Baudet*, la *chasse à Rigaud*, la *chasse Briquet*, la *mère Herpine*, etc., termes tous particuliers au langage du chasseur.

## IV. Ironie populaire.

85. La malice du peuple a marqué de sa pointe le galant qui se montre empressé auprès d'une dame, en l'assimilant à la chienne en chaleur: it. *cagna* („di chi corteggia una persona"), ou à un toutou qui aboie: Piém. *tabuj* („cegnolino" et „damo"). C'est à une conception analogue que remonte le nom du *cavalier servant*, qui régnait en maître au XVIIIe siècle en Italie, le *cicisbeo* ou *cecisbeo*, francisé en *sigisbée*: c'est un composé de *cece*, toutou (Abruz. *ceciu*, 12), et de *beare*, *sbeare*, faire bau (de *bèu!* = *bau!*). C'est ainsi que l'it. *cuccubeone*, gros masque destiné à servir d'épouvantail, répond au Hainaut *coucou-beu!* cri pour faire peur aux enfants en jouant. *Cicisbeo* signifie simplement le toutou qui aboie.[1]

## Conclusion.

Jetons, en dernier lieu, un coup d'œil sur l'évolution chronologique des images tirées de la notion *chien*. On ne saurait, bien entendu, le faire que pour le français, seule langue romane possédant un *historique*.

Son premier monument important, la *Chanson de Roland*, ignore encore tout travail métaphorique. Le nom du chien y revient à quatre reprises différentes, mais simplement comme appellation zoologique, à côté du porc, du loup, du lion et de l'ours;[2]

[1] La seule étymologie proposée jusqu'à présent est celle de Pasqualino (admise par Diez): *cicisbeo*, du fr. *chiche*, petit, et *beau*.

[2] *Chanson de Roland* (éd. Gautier, v. 30): „Vos li durrez urs e leuns e chiens" (c'est Blancardin qui conseille son seigneur de faire ces présents à Charlemagne).

il y est d'ailleurs envisagé plutôt comme sauvage et se repaissant des cadavres.[1] Relevons pourtant cette comparaison empruntée à la chasse (v. 1874):

> Si cum li cerfs s'en vait devant les chiens,
> Devant Rollant si s'en fuient paien.

Les poèmes épiques du XIIe et surtout du XIIIe siècle abondent en descriptions de chasse,[2] et on y rencontre les premières images tirées des noms hypocoristiques de l'animal, tels que *gouz, goce, gocet, goçon*. Il est à remarquer que cette première pousse métaphorique a précédé (à en juger d'après nos textes) l'évolution parallèle tirée du nom proprement dit du chien: en effet, *chenille* paraît au XIIIe siècle, *chenet* au XIVe, *chien* (au sens technique) au XVIe...

On s'attendrait à trouver force détails sur la vie physique et morale du chien dans le *Roman de Renart*; il n'en est rien. Non pas que le chien n'y paraisse fréquemment, mais l'intérêt psychologique et linguistique est à peu près nul, si ce n'est, sous ce dernier rapport, une cinquantaine de vers consacrés au dénombrement des chiens qu'Ysengrin *hue* pour traquer Renart.[3]

En somme, peu de chose pour la connaissance intime de l'animal. C'est encore la langue qui nous fournit les renseignements les plus circonstanciés à cet égard. Ces données sont parfois en désaccord avec celles de la science, c'est-à-dire de la réalité objective. Tandis que celle-ci classe les nombreuses variétés de chien, en attribuant à chacune sa physionomie particulière, la langue les englobe dans le même type, qu'elle envisage en bloc. Cependant, aucun chien n'est exactement semblable à un autre, chacun a ses qualités et ses défauts; ils offrent les contrastes les plus frappants. De là, une appréciation linguistique foncièrement injuste qui met en relief les mauvais penchants et supprime systématiquement les nobles côtés de l'animal. Les idiomes anciens et modernes sont d'accord pour rendre ce verdict définitif.

Et pourtant, le large courant de sympathie que notre époque manifeste pour toute la nature vivante, ne saurait passer à côté du chien sans le toucher, lui, dont la plupart des défauts ne sont que l'excès de ses qualités. Des tendances significatives à cet égard se montrent, au moins dans le langage vulgaire, et font penser à un commencement de réhabilitation linguistique.

---

[1] *Ibid.*, v. 1751: „N'en mangeront ne lu, ne porc, ne *chien*" (il s'agit de corps des héros tombés); v. 2591: „E porc e *chien* le mordent e defulent" (Mahomet jeté dans un fossé).

[2] Voir le travail déjà mentionné de E. Bormann sur la Chasse dans les romans français du moyen âge.

[3] *Roman de Renart*, éd. Martin, V, 1185 et suiv. On y relève les noms de *Cortin, Gerfaut, Harpin, Liepart, Rechigniez, Tirant*, etc. (et *Baude, Brechine*, etc., noms de lices).

## Appendice.

Le loup et le renard sont les seuls canidés dont les noms possèdent un développement métaphorique parallèle à celui du chien et divergent tout à la fois. L'étude sémantique des noms du loup et du renard est donc un complément nécessaire du travail précédent.

### A. Le Loup.

Le loup est, de tous les animaux sauvages, celui qui a fourni à la langue le plus grand nombre d'images. Celles-ci se confondent souvent avec les métaphores tirées du nom *chien*, et on en tiendra compte dans le dénombrement qui suit.

1. Toutes les langues romanes ont hérité du latin LUPUS (LUPA), dont les aspects phonétiques en roman sont:

anc. fr. *lu* (XIe s.), *lou* (XIIe s., f. *louve*), comme dans les patois du Centre et dans la langue moderne, *leu* (XIIIe s., f. *lovesse*), auj. wallon, Pas-de-C.; Alsace *lo*, Meuse *law* A.;

anc. pr. *lop, lup*, mod. *lou*, f. *louvo* (louo), Suisse *lauva* (laua);

it. *lupo* (Abr. *lope*), f. *lupa*, formes littéraires à côté des variantes populaires: Sienne (et Venise) *lovo*, *lova*, Piém. *luv*, Gênes *luvo*, Brescia *lof*, Mil. *löf*; — réto-r. *luf*, *lof* (f. *löfa*) et roum. *lup*;

catal. *llob*, esp.-port. *lobo*, *lubo*.

2. Dans certains patois gallo-romans, *loup*, c.-à-d. *lou*, a subi l'influence analogique des finales plus fréquentes, et y devient tour à tour *louc* (Deux-S., Vendée, Cantal), *lout* (Char.-Inf., Lot-et-G.) A., *louf* (anc. fr., wall., Metz, Rouergue); d'autre part, certains patois, comme le wallon, etc., présentent au féminin une forme amplifiée *louvre* (d'où *lovresse*, *louvresse*, à côté du montois *louvesse*), analogue au bas-lat. *lúpera* (d'où le nom de *Louvre*, XVIe s., primitivement tanière de louve); le morvandeau *loure*, louve, en est une contraction.

Le féminin se règle d'habitude sur le masculin: anc. fr. *leuve* (refait sur *leu*), Yon. *loue* (sur *lou*), Berr. *loube* (pour les deux genres) et pr. *loubo* (sur *loup*), *louquette* (sur *louc*) et Cantal *lougo* A. (id.), Char.-Inf. *loute* (sur *lout*) A., wall. et Metz *loufe* (Rolland, I, 106; sur *louf*, à côté du rouergat *loufio*, piège à loups); it. *lupa* (sur *lupo*) et roum. *lupoaică* (sur *lup*).

Ajoutons les diminutifs: wallon *leuton* (anc. fr. *leuveton*), Yon. *louet* (au sens de loup), à côté de *loutiau, louquiau*, Suisse *lovet, louet* (fr. *louveteau*), Venise *lovetto*; et les surnoms de l'animal: pr. *courto-aurilho* („courte-oreille", ironiquement, les oreilles du loup étant plus développées que celles du chien) et *pè-descaus* („pied-déchaussé"; cf. fr. *déchaussière*, gîte de loup); H.-Bret. *quette grise*, ou patte grise; pr. *souiro* („souillon", à cause de la mauvaise odeur qu'il exhale), et Val-Soana, Piémont, *ghisorba*, propr. l'affamé (état habituel au loup), à côté du fourbesque *bronio* (= *bornio*, le borgne).

3. Les noms *loup, louve*, et leurs dérivés désignent:

En zoologie,

a) Des poissons:

anarrhique (à cause de sa voracité insatiable): anc. fr. *loupasson* (mod. *loup de mer*), pr. *loubassau*, it. *lupazzo*, catal. *llobaret*, port. *lobarraz*; cf. lat. *lupus*, id., et angl. *sea-wolf*;

bar (par allusion à sa robe argentée): anc. fr. *lubin, lubine* (Rabel., IV, 60), mod. *loubine* (toutes formes originaires du Midi), anc. pr. *lop, lobinat*, mod. *loup, loubassou*; Gênes *luasso*, esp. *lobarro, lubarro, lobina*; cf. allem. *Wolf, Wolfsbarsch;*

brochet (vieux): fr. *loup;*

phoque (cf. Chien, 51): wall. *leu de mer*, fr. *loup marin*; esp. *lobo, lobo marino* (port. *lobo marinho*).

b) Des insectes:

araignée (à longues pattes, très féroce): fr. *loup* („pource qu'elle ne chasse seulement aux mousches communes", Ambr. Paré), wall. *leu*; cf. allem. *Wolfsspinne*, et le terme scientifique *lycose* (de *lykos*, loup), désignant un genre d'arachnides qui s'élancent sur leur proie avec une grande rapidité;

chenille (de houblon): fr. *louvette* (à cause de sa voracité);

courtillière (cf. Chien, 38[c]): wall. *leu de terre* (loup de terre);

pou (= grison): fr. *loulou* et pr. *loup* (termes enfantins), argot *loupatte*;

punaise (par allusion à sa mauvaise odeur): wall. *leuvrin* (louveteau); cf. allem. *Wolfsrechen*, id.;

tique (des chiens et des animaux qui vivent dans les bois): fr. *louvette*, Suisse *lovet, louet*; H.-Maine *loup rouge* (tique rouge), Berr. *loubache*, Yon. *louâche*, Lim. *lebacho*.

c) Des mollusques et des crustacés:

calmar (espèce très vorace): port. *luba* (louve);

escargot (variété d'): Var *loubo*, pr. *loubet*, catal. *llobera*;

homard (appelé, à Guernesey, *crabe à coe*; il saute quand on veut le saisir): it. *lupicante* (cf. *capricante*, et fr. *saut de loup*), esp.-port. *lobagante* (cf. *cabalgante*) et *lubrigante* (Galice *lombrigante*), propr. qui saute comme un loup (cf. esp. *caballeta* et *salton*, langouste), appelé également *bogavante*, vogue-avant, et *navegante*, navigateur.[1]

[1] Mme C. Michaelis (*Fragmentos Etymologicos*, 50) voit dans les noms portugais du homard autant d'altérations du lat. *lubricus*, glissant.

d) Des oiseaux:

courlis (petit): it. *lupetta*;
épervier (rapace comme une louve): Lux. *lobesse* A.;
guêpier (id.); Gênes *lupo d'api* (loup d'abeilles).

e) Des mammifères:

lérot (à cause de son odeur fétide): wall. *leu de terre*; cf. wall. *loup mordant*, loir muscadin (la forme indique un français provincial);

lynx (il pousse, comme le loup, une sorte de hurlement pendant la nuit): anc. fr. *loup cervin* (f. *lovecerviere*, anc. pr. *lobacerviera*) et *cerlovin*, mod. *loup cervier*, it. *lupo cerviere*, esp.-port. *lobo cerval* („parce que sa peau est variée de taches à peu près comme celle des jeunes cerfs", Buffon), à côté de l'esp. *lubican* (Nemnich), ou loup-chien, Galice *lobicon*, anc. pr. *loberna* (et sa peau), anc. fr. *luberne*,[1] it. *luberna* („lupo di bosco", Fanfani), anc. port. *luberno*, Galice *loberno*, esp. *lobezno* (louvart), et *lobo rabaz* (loup rapace), Piém. *luv ravass*, id.; cf. *lupus cervarius* (Pline) et allem. *Wolfluchs*.

4. En botanique:

a) Des plantes, surtout velues:

aconit (herbe très vénéneuse): fr. *tue-loup*, catal. *escanyallops*, esp. *matalobos* et *uva lupina*, it. *lupaja*, *strozzalupo*, Parme *erba de lov*; cf. allem. *Wolfssturmhut* et angl. *wolf's bane*, id.;

chardon (à capitules épineux): catal. *lloba-carda* (louve-chardon);

colchique (cf. Chien, 52): Plancher-les-Mines *alouotte* (et *tue-loup*), Vosges *louriau*, Montbél. *lovrotte* (petite louve); pr. *uei-de-loup* (œil de loup);

crête-de-coq: roum. *lupiță*;

ellébore (puant): fr. *fève de loup*, Doubs *queue au loup*, H.-Maine *rose de loup*, Fr.-C. *rage au loup*, it. *fava di lupo*;

houblon (peut-être à cause de la saveur amère de ses graines): it. *luppolo*[2] et port. *luparo*; catal. *lubeto*;

lupin (ou pois de loup): fr. *lupin* (XIIIe s.), pr. *loupino*, it. *lupino*, à côté du Mil. *lovertis* (Bol. *luvertis*), Piém. *lüvertin* (levertin); catal. *llobi*, *llubi*; cf. allem. *Wolfsbohne*, id.;

lycope: fr. *pied de loup*;

lycoperdon (champignon plein de poussière): fr. *vesse-de-loup* et pr. *lofi-de-loup*, it. *lupaja* et *loffia* (ce dernier d'origine dialectale, de *loffa*, louve); cf. allem. *Wolfsrauch*, id.;

mélampyre (à cause de la forme de ses bractées en épis):

---

[1] Cf. Brunetto Latini (dans Godefroy): „Une autre maniere de loups sont qu'on appelle cerviers ou *lubernes*". Thomas (*Mélanges*, 102) pose un type *luperna*, tandis que Schuchardt (*Zeitschrift*, XXVI, 423) identifie le galicien *loberno* avec *lobezno*.

[2] La réduplication est purement graphique: cf. anc. fr. *louppe*, mod. *loupe*, grimace (9), et it. *lopporo*, pince, le reflet dialectal du lat. *lupulus* (7[b]).

Berr. *queue-de-loup*; cf. pr. *co-de-loup*, molène, et allem. *Wolfszagel*, marrube;

molène (aux feuilles d'un gris bleuâtre): esp. *gordolobo* (loup-gros);

muflier (la corolle de ses fleurs offre quelque ressemblance avec la gueule du loup): fr. *gueule de loup*, pr. *lupi*;

orobanche (s'attache en parasite aux racines des plantes): it. *erba lupa*;

parisette (on s'en est servi comme émétique): fr. *étrangle-loup*;

quintefeuille (à tige rampante): anc. fr. *pate lovine* (Poit. *pote-loube* et Deux-Sèvres *pocre de loup*), pr. *pato-de-loup* (patte de loup);

renoncule (cf. Chien, 69[a]): pr. *loup-pauto* (loup-patte);

trèfle jaune (fournit un fourrage recherché par les loups): it. *lupinaggine*, *lupinella* (d'où fr. *lupinelle*).

b) Des arbustes et des fruits:

ajonc (petit): Landes *boupilhe*, *goupilhe* (Roll., IV, 90), propr. petite louve, à cause de la forme velue de cet arbuste;

baguenaudier: esp. *espantalobos* (épouvante-loups), par allusion aux gousses des baguenaudes qui éclatent avec bruit, quand on les presse entre les doigts; Eure *vesse de loup*, baguenaude (Roll., IV, 50);

figue (variété de): pr. *loubachouno* (louveteau);

franc-réal: fr. *poire louve* (Rolland, *Flore*, V, 57);

raisin (variété de): pr. *loubachin*, *loubau*.

c) Termes généraux:

écorce (de mil): Poit. *loube*; Piém. *lova*, *lovaton* („pannocchia di maïs"); it. *lova*, gousse;

nœud d'un bois (cf. tumeur, 11): fr. *loupe* (anc. *louppe*);

racine de cépée (des taillis arrachés): H.-Maine *loups* (et *élouveter*, faire des *loups*); cf. pr. *terraire loubau*, rocher dans lequel végètent les racines de quelques arbres;

rejeton (cf. Chien, 39[c]): Savoie *loup*.

5. En minéralogie:

pierre précieuse (imparfaite): anc. pr. *lopa*, fr. *loupe*;

quartz hyalin (cf. Chien, 53): fr. *œil-de-loup*; cf. allem. *Wolfsauge*, id.

6. En agriculture:

meule de foin (cf. Chien, 50); Vosges *lovrotte* (petite louve), répondant au H.-Pyr. *loubato* A., Béarn *loubat* (louveteau);

réjouissance agricole (cf. Chien, 54): Béarn *tua el loup*, faire ripaille (= tuer le loup, c.-à-d. achever la moisson);

terrain élevé entre deux sillons: catal. *llobada*, esp. *loba*, propr. louve, c.-à-d. bande de terre tracée par une louve; cf. pr. *plantá 'no vigno a trau de loup*, planter une vigne en ouvrant des fosses, au lieu de sillons.

7. Applications techniques:

a) Engins qui rappellent grossièrement la figure du loup:
chariot (à roues très basses): pr. *loubatoun* (louveteau);
charrue (sans avant-train): Pas-de-C. *louvesse*;

b) Ou certaines parties de son corps, à savoir:

Ses dents:

barre de fer dentelée (qui défend l'entrée d'une fenêtre): pr. *dent-de-loup*;

brunissoir (des orfèvres): fr. *dent-de-loup* et *loup*;

cheville (du palonnier): fr., pr. *dent-de-loup*; cf. allem. *Wolf*, id.;

clou (gros): fr. *dent-de-loup*;

coin de fer (à l'usage des maçons): fr. *louveteau*;

crochet: fr. *loup* (qui arrête le chien du fusil), Bol. *luv*, esp. *lobo* (cf. grappin);

découpure (les incisives du loup ont vers leurs parties libres trois découpures qui les font ressembler à un trèfle): fr. *loup* (dans un travail de broderie);

fourche (en bois): Monferr. *luva* (v. grappin);

grappin (qui accrochait sur le mur la poutre du bélier): anc. fr. *leu*, *loup*,[1] it. *lupo*; cf. lat. *lupus*, croc, grappin (*lupercus*, harpon) et *lupus ferreus* (la machine de guerre);

levier: anc. fr. *loup* (Cotgr., auj. terme de marine), mod. *louve* (pour enlever les pierres de taille) et *dent-de-loup*; pr. *loubo*, vérin; cf. allem. *Wolf*, *Wolfzahn*, id.;

machine à dents (pour briser la laine): fr., pr. *loup* (la laine *louvetée* est ensuite cardée); cf. allem. *Wolf* (et *Klettenwolf*), id., d'où *wolfen*, louveter;

mors (pour dompter les chevaux fougueux): fr. *loup*; cf. lat. *frena lupata*, id., et allem. *Wolfsgebiss*;

pince: fr. *loup* (pour arracher les gros clous), it. *lopporo* (pour extraire les objets tombés dans le gosier);

scie (à dents de loup): pr. *loubo* (et crête de montagne); cf. lat. *lupus*, scie à main;

valet (d'établi): Bresse *louve*.

Sa gueule:

boîte (qui reçoit un pivot): pr. *loubeto*;

entaille (de charpente): fr. *gueule de loup*, et it. *gola di lupo*; cf. allem. *Wolf*, rainure, jabloire;

lucarne: pr. *gorjo de loup*, à côté de *loup*, *loubo*, *loubet*; anc. fr. *lovier* (luvier, levier), Saint. *louvier*, Poit. *loubier*, propr. louvetier; wall. *leuveret* (petite lucarne);

---

[1] Le Jouvencel (XVe s., dans Lacurne): „Ung aultre engin nommé *loup*, ou quel a ung fer courbé qui a trés forts dens et agus, qui sont assis de tele maniere sur le mur qu'ilz viengnent engouler le tref du mouton, et le tiendront si fort qu'il ne pourra tirer ne avant ne arriere".

tuyau coudé (surmontant une cheminée): fr. *gueule de loup.*

Sa patte:

lissoir (pour radoucir le papier raboteux): fr. *patte de loup*; outil aplati (pour dresser les paquets des libraires): fr. *loup.*

Sa peau;

gant: port. *luvas* (et pourboire; cf. it. *mancia*);
panetière (de berger): anc. fr. *lovette*;
robe: anc. fr. *louvière,* esp.-port. *loba* (soutane sans manche); cf. allem. *Wolf,* redingote de gros drap gris.

Sa tête:

brosse (ronde): fr. *tête de loup,* et *loup*; pr. *testo-de-loup* (balai de crin).

c) Termes spéciaux:

canal: pr. *loubo* (biez d'un moulin), *loubeto*; Monferr. *luvas,* pierres creuses pour l'écoulement des eaux;

fossé: fr. *saut de loup,* Sic. *lupa,* esp. *salto de lobo*; cf. allem. *Wolfsgrube,* id.;

masse de fonte (obstruant un creuset): fr. *loup*; cf. allem. *Wolf,* id. (et métal excédant de la coulée);

passage étroit (= fourré de loup): esp. *lobera* (et gorge de montagne);

verveux (à plusieurs ouvertures): fr. *louve*; cf. allem. *Wolf, Wolfsgarn,* angl. *wolf-net.*

8. Faits concernant la vie physique du loup:

affamer (cf. faim de loup): anc. fr. *lovis,* affamé, et *allovi,* Norm. *alouvir,* Poit. *aloubir* (aloubrir), it. *allupare,* avoir une faim de loup (*lupa,* faim de loup);

assoupir (s'): Mayen. *s'alober,* et *lober, lobasser,* dormir; Saintonge *aloubit,* alourdi de sommeil;

boire (avidement): fr. pop. *louper* (v. griser); Yon. *loupiner,* têter avidement;

déchirer: wall. *éloviner,* étrangler avec les dents; anc. fr. *lopiner,* houspiller (d'où *lopin,* coup, propr. morsure de loup);

dévorer (comme un loup): wall. *lofer,* Hain.. *loufer*; Rom. *inluvis,* Sic. *lupiari*;

griser (se): anc. fr. *louper* (auj., boire); esp. *lobo,* ivresse (*coger, pillar un lobo,* s'enivrer);

infecter (le loup exhale une mauvaise odeur): wall. *éloviner* (v. déchirer);

marcher doucement (et en se cachant, comme un loup qui s'approche de la bergerie): fr. *à pas de loup,* Piém. *leubi-leubi*;

regarder fixement (cf. anc. fr. *regarder en loup,* regarder de travers, Cotgr.): pr. *alupa* (Béarn *lupa*), May. *alober*; cf. anc. fr. *loure* louche (avec Morv. *loure,* louve);

rôder (comme un loup pour chercher sa proie): fr. pop. *louper*, flâner (d'où *loupiat*, flâneur, rôdeur), et fr., terme de marine, *louvoyer* (XVIe s., et *louvier*), Guy. *loueja*, id. (de *louo*, louve), courir tantôt d'un côté et tantôt de l'autre, propr. rôder comme une louve; [1]

rouler sa queue (pour s'élancer): fr. *lover* (XVIIIe s.), en parlant des serpents, et aujourd'hui, comme terme de marine, rouler un câble;

vesser (cf. infecter): wall. *leuver*, Piém. *lofé*, d'où *lofa*, *lofia*, vesse (passé en it. *loffa*, *loffia*), pr. *lofi*, *loufo* (argot *louffe*) et *loupio*, *lupi*, id.; catal. *llufa*, vesse (et *llufarse*, vesser).

9. Faits concernant sa vie morale:

convoiter (cf. regarder, 8): pr. *alupa*;

duper: Mayen. *alober*, *aloper* (louper), attraper;

emporter (s', brusquement): pr. *aloupi*;

ensorceler (le loup est censé posséder au plus haut degré le pouvoir magique): wall. *éloviner*, inspirer un amour violent, Gasc. *enloubi*, pr. *enloubata*, fasciner;

niaiser: anc. fr. *lubiner*, propr. s'amuser à la manière des louveteaux (pr. *lubin*);

outrager (en poursuivant): anc. fr. *delober* et pr. *aloupi* (anc., crier en hurlant: cf. *faire la loubo*, huer, réprimander);

railler: anc. fr.[2] *lober* (d'où *lobe*, raillerie), auj. Morvan, et *alober*, se moquer de (cf. anc. fr. *faire la coe lovinace*, id., propr. faire la queue du loup); it. *allupare* („contrafare il lupo"); de là:

grimace (et moue): anc. fr. *lope*, *loupe* (louppe), wall. *louve*, *loufe*, Hain. *loupe*;

travailler péniblement (cf. Chien, 44): pr. *loubá* (et *loup*, extrêmement laborieux).

10. Epithètes:

a) Se rapportant au physique de l'animal:

fauve (comme le pelage du loup): fr. *louvet* (de la robe du cheval); pr. *loubet*, it. *lupino* (cavallo), roum. *lupan*; cf. Suisse allem. *Wolf*, vache dont le dos est gris;

vorace (cf. affamer, 8): anc. pr. *lobal*, anc. fr. *lovier*, gourmand (wall. *lovisse*, gourmandise), *lopineur*, id. (d'où *lopinerie*, gourmandise) et *louffre* (auj. wallon); Mil. *luf*, Piém. *luvass*, it. *lupo*, bas-lat. *luponus*.

---

[1] Comparer ce passage de l'*Histoire* de d'Aubigné (III, 511: „. . . n'aiant pas la mer commode, *loveent* en attendant. . .") avec cet autre du même écrivain (III, 200: „il n'y eust galere aucune qui peust endurer la mer d'Escosse et d'Irlande, où il fallait doubler, ils la trouverent si *louve*, comme on dit, que de fraieur qu'ils en prenoient, ils choisirent de se perdre aux terres"). Il en résulte qu'on *louvoie* quand la mer est *louve* ou incommode (cf. *loup*, méchant): *louvoyer*, ce n'est pas marcher, mais rôder comme une louve, c.-à-d. tourner et retourner pour surprendre.

[2] Le sens du mot s'oppose à une dérivation de l'aha. *lobon*, louer (comme le supposait Diez), que Mackel admet dubitativement.

b) Se rapportant à sa vie morale:

avare (cf. Chien, 74ª): Bresse *loup* (argot *loupel*) et Poit. *louberie* (avarice), Yon. *vieux louet*, vieil avare; pr. *loup, loubo*; it. *lupa* (Dante en a fait le type de l'avarice);

caché (le jour, le loup se tient caché dans des endroits retirés): wall. *loupard, loupin* (dissimulé);

égoïste: Poit. *loubaté* (personne qui ne pense qu'à elle), propr. louveteau;

fainéant: fr. pop. *loupe*,[1] *loupeur*; Lyon *loba*, paresse (argot *loupe*), wall. *louberée*, id.;

maussade: wall. *loupe* et *riloufé*, renfrogné (*délofrer*, être triste), anc. fr. *lovin*, id., et *mélancolie louvière* (Cotgr.), qui fait fuir la société;

méchant: fr. *loup*, Piém. *lof*, port *lobo*;

rusé: fr. *vieux loup* (le loup s'appelle ainsi à deux ans, lorsqu'il a acquis tout son développement);

sot:[2] pr. *lofi*, argot *loffe*, imbécile, à côté de *loufoque*, fou, propr. semblable au loup;

sournois (v. caché): Yon. *leuard* et Pic. *leuate*, sombre, lugubre (de *leu*, loup); Chalon *loup* (qui vit retiré); anc. fr. *lubin*, hypocrite, sobriquet de moine (Rabel., I, prol.: „un frere *lubin*, vray croquelardon“);

voleur: esp. argot *lobo, lobaton* (des bêtes à laines); cf. it. *lupeggiare* („portar via a somiglianza di lupo“).

11. Maladies qui affectent les loups (surtout lorsqu'ils sont jeunes):

bosse (maladie des cochons): pr. *loubeto* (jeune louve);

charbon (des bêtes à laine): fr. *lovet, louvet*, Béarn *loubet*, pr. *mau-loubet* (chancre, fièvre de lait); it. *luvetto* (aux pis de la vache), esp. *lobanilho*;

écorchure: fr. *loup*; cf. allem. *Wolf*, id.;

gastro-entérite: fr. *loup* (v. Littré);

refroidissement: wall. *lovène* (maladie des vaches) et *louvine* (maladie du loup); cf. fr. enrhumé comme un loup;

tumeur indolente (v. ulcère): anc. fr. *lupin*, mod. *loupe*, pr. *loupio, lupi*, it. *lupia*, réto-r. *luppa*; esp. *lobado* et port. *luba* (aux pieds des chevaux);

ulcère (comparé à un loup rongeant): anc. fr. *leu*, mod. *loup* (et pr.), Béarn *loubet*; esp. *lobanillo* et port. *lobinho*;

vomir (après un excès de boisson): wall. *leuper*, argot *délouffer* (argot port. *cantar a lupa*).

---

[1] Propr. paresseux comme la louve (elle ne bouge pas, le jour, de son repaire).

[2] Cf. *tirelupin*, id., dans Rabelais (I, prol.: „autant en dit un *tirelupin* de mes livres“), avec l'it. *lupinaio* („uomo dolce di spirito, sciocco: lupin dolci! lupini! lupinaio! grida il venditore ambulante di lupini“, Petrocchi).

**12.** Emploi hypocoristique:

enfant: Poit. *loubateau* (qui a bonne mine) et Pic. *aloupi* (chétif), argot *loupiau* (anc. *loubat*);

jeu d'enfant: fr. *à la queue leu leu* (dans Rabelais, I, 20: *à la queue au loup*), dans lequel on va à la queue comme les loups (qui marchent dans les traces de ceux qui les précèdent); pr. *loup* et *co-dòu-loup*, id.; port. *lobo*; cf. Berr. *loup*, celui qui furette par surprise (dans le jeu de cache-cache);

marin (vieux et habile): fr. *loup de mer*, it. *lupo di mare*, esp. *lobo marino* (cf. rusé, 10).

**13.** Emploi euphémique:

épouvantail: fr. *loup* (Oudin: le *loup* dont on fait peur aux enfants);

juron: Langued. *mau-loubet* (*te vire*)! que la fièvre t'agite! (cf. charbon, 11), francisé par Rabelais (prol. au I^er^ livre): que le *maulubec* vous trousque!

masque (= épouvantail): anc. fr. *loviere*, mod. *loup* (de velours noir, que les dames portaient au XVI^e^ et au XVII^e^ siècle), esp. *lobo*;

nature de la femme: anc. fr. *loviere*, *louviere* (tanière de loup), pr. *loupas* (gros loup).

**14.** Emploi péjoratif:

a) Appliqué aux personnes:

douanier: Neuchâtel *loup* (I. Jeanjaquet);

intermédiaire (de mariages): Berr. *tête de loup* („tiré de l'usage où sont les gens qui ont tué un loup de promener sa tête dans les campagnes en quêtant chez les fermiers", Jaubert);

mégère: Pas-de-C. *louvesse*, pr. *loubo*, esp. *loba*;

prostituée: anc. fr. *louve*, wall. *lovesse* (lovresse), pr. *loubo*, Piém. *lüffia*, Naples *loffa*, it. *lupa* et *lova*; catal. *llufa*, port. *loba*; cf. lat. *lupa*, *lupana* (d'où *lupanar*);

vaurien: anc. fr. *loubas* (cf. fainéant, 10).

b) Appliqué aux animaux:

porc (d'après sa voracité): Norm. *lupin* (Du Méril);
rosse: Lyon *loba* (louve);
truie maigre (qui a eu des petits): Mayen. *lubine*.

c) Appliqué aux choses:

affaire (mauvaise): Savoie *loup*;
bévue: fr. pop. *loup* (faire un);
bouge: Berr. *loubite* (repaire de loup);
dette (criarde): fr. pop. *loup* (et *louvetier*, individu endetté);
gâcher (un travail): fr. *louter* (ou *faire un loup*), Savoie *loup*, travail gâché (fr. pop., pièce manquée, ou mal faite, par un tailleur);
morceau (empoisonné): anc. pr. *lopin* (anc. fr. poison), mod.

*lopin* (XIVe s.), morceau, lambeau, primitivement (morsure de) louveteau (pr. mod. *loupin*; v. déchirer, 8).

Le nom *loup* sert rarement à désigner l'excessif (comme c'est le cas pour le nom *chien*): en fr., froid *de loup*, c.-à-d. rigoureux (cf. froid *de chien*), et en it., *tempo da lupi*, „cioè bruttissimo" (cf. stagione *da cani*).

15. Applications isolées:

brouillard: Côme *lova* („nebbia"), propr. louve; H.-Bret. *le temps au lou*, le brouillard (Sébillot, I, 106);

défaut (dans une pièce de bois): fr. *loup* (= morsure de loup); cf. it. *allupatura*, rongement (dans les peaux);

fables: fr. *histoires au vieux loup*, sottes histoires (Oudin), Piém. *la storia del luv* („la canzone dell' uccellino");

feuilles brûlées (qui voltigent): Poit. *louvres*, propr. louves;[1] cf. fr. *gendarme*, bluette qui sort du feu;

lumignon: wall. *leu* (loup); cf. *gendarme*, ou *voleur*, le bouton qui se forme au lumignon;

mucosité (sèche du nez): wall. *leu*, fr. *loulou*; Béarn *loup*, morveau (cf. refroidissement, 11).

16. Le loup, associé au chien, symbolise le crépuscule, le moment du jour où l'on peut encore distinguer un chien d'un loup; de là, la locution *entre chien et loup*, attestée dès le XIIIe siècle (v. Littré):

> En un carrefour fist un feu
> Lez un cerne *entre chien et leu.*

De même, anc. pr. *entre ca e lop*, mod. *entre chin e loup*, esp. *(entre) lubrican*.

L'image est tellement saisissante et naturelle qu'on la retrouve ailleurs: en Algérie, on dit *entre chacal et chien*, le chacal étant un loup (doré); l'Arabe désigne également le crépuscule comme le moment où „le chemin est visible et l'on peut discerner le chien du loup"; et antérieurement (IIe siècle de l'ère chrétienne), dans le Talmud: „Quand fait-on la prière *ch'maa'* le matin? Rabbi Meïr dit: Lorsqu'on peut distinguer un loup d'avec un chien; Rabbi Adjeba dit: Quand on peut distinguer un âne domestique d'avec un âne sauvage".[2]

L'ancienneté de l'image, en français, en provençal et en espagnol, et l'association spontanée de deux canidés (cf. tel loup tel chien) plaident pour une origine indépendante, en Europe et en Orient.[3]

---

[1] Horning (*Zeitschrift*, XXII, 487) fait remonter *louvres* au lat. *lacubrum* (v. ci-dessous).

[2] Cité par Schuchardt (*Ibid.*, XXVIII, 98 et XXIX, 622). Sur l'esp. *lubrican*, v. Cuervo (*Romania*, XII, 110).

[3] Schuchardt (passage cité) se demande si les Romans n'ont pas jadis reçu la locution de l'Orient.

à côté du Norm. *varouage*, course pendant la nuit, *varouillé*, crotté et mouillé (Mayen. *garou*, personne sale), comme on suppose qu'est le *varou* (Rolland, I, 153), lequel court à travers les mares et les champs: cf. port. *corredor*, loup-garou, propr. coureur, et *tardo*, id., c'est-à-dire qui court tard dans la nuit (Pas-de-Calais *warouler*, vagabonder).

A partir du XVIe siècle, et par suite d'un oubli du sens originaire, on a dit *loup-garou*, wall., pic. *leu-warou* (lewarou), Poit. *louc-garou*, Bourg. *leu-voirou* (Gasc. *lout-carou*), à côté du Berr. *louvarat* (louara), Pic. *louerou*; et inversement: anc. fr. *gareloup* (auj. Yonne, et *guerloup*), Alpes *garuló*, Marne (Gay) *ouarloup* (à côté de *gazou* = *garou*), Champ. *voirloup* et (Aube) *garloup-voir* (compromis de *garloup* et de *voirloup*), cette dernière variante est une exclamation qu'on emploie plaisamment pour signaler l'approche d'un danger peu sérieux (Baudouin).

2. Sorcier sous forme de chien: wallon *tché à tsines*, ou chien à chaînes;[1] pr. *chin de cambal* (v. Mistral, s. v. *Cambaud*); Abruzzes *lope cane*.

3. Sorcier sous forme de chat: Berr. *marloup* (chat-loup), répondant à l'it. *lupo gatto*, loup garou; cf. bas-lat. *lupus moninus*, espèce de loup garou.

4. Sorcier sous forme de mouton: anc. fr. *loup berou*[2] et *lebrou*, c'est-à-dire *leu-brou*, conservé dans les patois: Berr. *loup berou* (à côté de *birette*), Yon. *loup-barou*, Morv. *loup-verrou* (Dauph. *louberou*, Lim. *leberou*). Toutes ces variantes représentent, dans leur terme final, le nom du mouton (Lorr. *berou*, pr. *berou*, *berrou*, *verrou*), à l'instar des composés parallèles: it. *lupo mannaro*, loup-garou, propr. loup-mouton (Abr. *lopomenare*, *lope pommonare* et *lupe panaru*, Sic. *lupuminaru* et *lupunaru*), de *mannaro* (mannarino), mouton, c'est-à-dire sorcier (= *lupo*) qui prend la forme d'un mouton.[3]

Le nom du loup se trouve également à la base des synonymes suivants: anc. breton *bisclaveret* (= *bleiz-carv*, loup-garou?), auj. *denbleiz* (homme-loup); anc. slave *vlŭkodlak* (loup poilu), d'où bulgare *vrŭkolak*, vampire (roum. *vîrcolac* et *pricoliciŭ*, loup-garou et éclipse de lune, dont il est censé être l'auteur); albanais *liouvghát*, loup-garou, à côté de *vurvolak*, vampire (grec mod. βουρκόλακας, βρικόλακας, id., d'où *brucolaque*, vampire).

---

[1] E. Monseur, *Le Folklore wallon*, p. 85: „Dans le pays de Charleroi, on se le figure comme un chien de taille monstrueuse, aux yeux grands et étincelants; le monstre trotte lentement autour du voyageur en produisant un cliquetis semblable à un froissement de chaînes".

[2] Ducange, s. a. 1415: „Ribaux prestre, champiz, *loup beroux*". L'allem. *Bärwolf*, forme parallèle à *Werwolf*, représente le démon sous forme d'un ours (v. Herz, *op. cit.*, p. 5 et 18).

[3] Les étymologistes italiens ont tour à tour vu, dans *manarro*, le lat. *manuarius*, qui marche sur ses mains (encore de Gregorio, *Studi glottol. ital.*, I, 122), *humanarius* (= λυκάνθρωπος: d'Ovidio) ou **maniarius*, de *mania*, épouvantail (Caix, 32).

## B. Le Renard.

„De tous les mammifères vivant en Europe à l'état sauvage, le renard est certes le premier en renom. Aucun n'est aussi célèbre, n'est aussi connu que cet emblème de la ruse, de l'adresse, de la malice. Les proverbes parlent de lui, la fable raconte ses prouesses, la poésie le célèbre. Il faut donc bien que ce soit un animal tout à fait remarquable, et il l'est en effet".[1] Il n'est pas moins remarquable sous le rapport linguistique.

1. Le latin VULPES ne s'est conservé, de nos jours, qu'en roumain (*vulpe*) et en italien (*volpe*), encore que, dans ce dernier langage, le doublet toscan *golpe* trahisse un compromis avec le nom germanique correspondant (aha. *wolf*). L'anc. pr. *volp* survit dans le H.-Pyr. *boup*, Alpes *voup* (à côté du Forez *vourp*, Berg. *ulp*, Gênes *vurpe*, Sic. *urpi*), et son diminutif *volpilh* s'est développé parallèlement avec l'anc. fr. *volpil*, *golpil*, *gorpil* (Nemnich *verpil*), *goupil* (f. *goupille*), toutes formes contaminées par le germanique (à l'instar de *guêpe*, *gâter*, etc.).

A partir du XIIIe siècle, ces formes commencent à être supplantées, dans le Midi de la France et principalement dans le Nord, par *renart* (1247) ou *regnart*, nom du héros (*Renart le Gorpil*) dans le *Roman de Renart*. Cette substitution définitive d'un surnom littéraire au nom ancien de l'animal, est, malgré la popularité de la célèbre satire, un fait unique, et aucun des autres personnages du roman (Baudouin, Belin, Brun, Noble, Tibert, Ysengrin, etc.) n'a laissé de trace dans la langue.

Le patois angevin appelle, en outre, le renard *sapias* (Rolland, I, 161), propr. souillon, à cause de la mauvaise odeur qu'il exhale (cf. Mayen. *sapâs*, souillon), et répondant à *souiro*, le surnom provençal du loup.

Les noms sardes méridionaux du renard se rapportent tantôt à son caractère rusé: *margiani* (Logoudore *mariani*), synonyme de l'it. *mariolo*, matois (à l'instar de l'anc. esp. *marota*); tantôt à sa taille basse: *lodde* (cf. *lodditu*, bassotto).

2. Le provençal possède, à côté de *reinard* (catal. *ranart*), deux autres noms de formation indigène, à savoir: *guèine* (anc. pr. *guiner*, catal. *guinèu* et *ghinarda*), propr. aboyeur (cf. Aveyr. *gouina*, grogner, et catal. *guinyolar*, hurler, glapir), et *mandre* (f. *mandro*), probablement martre[2] (cf. Isère *matre*, wall. *madré*), à cause de la ressemblance des deux bêtes (cf. prendre *martre* pour *renard*).

L'hispano-portugais a produit, à son tour, deux autres appellations: *raposo*, qui fait allusion au caractère rapace[3] de l'animal (cf. *rapar*, enlever de force), et *zorro* (zurro), qui traduit simplement

---

[1] Brehm, *Les Mammifères*, I, 508.

[2] Diez rapproche *mandro*, renarde, du comasque *malandra*, prostituée.

[3] Cobarruvias tire *raposo* de *rabo*, queue, étymologie admise par Diez et reprise par Nigra (*Archivio*, XIV, 373); cf. catal. *rabosi*, raposino.

le hurlement[1] du renard (cf. *zurrar*, braire), à l'instar du galicien *bravio*, renard (f. *brabun*), de *braviar*, beugler. L'anc. esp. *gulhara* (Ruiz), catal. *guilya*, et le sarde mérid. *mazzone*, sont d'origine obscure.

3. Les noms du renard désignent:

En zoologie, des poissons, des mollusques, des insectes, etc.:

cône (espèce de): fr. *renard;*

courtillière (cf. Chien, 38e, et Loup, 3e): Pontarlier *vourpe*, propr. renarde (Forez *vourpa*, id., 1), à l'instar de l'allem. *Moldwolf* ou taupe-loup, flamand *moldworp;*[2]

merlan (espèce de): pr. *mandre;*

requin bleu: fr. *renard marin*, pr. *reinard*, it. *volpe de mar*, Venise *pesce volpe*; cf. allem. *Fuchshecht.*

4. En botanique:

aconit (cf. Loup, 4[a]): it. *erba della volpe*;

ajonc (cf. Loup, 4[b]): Côtes-du-N. *queue de renard* (Roll., IV, 90);

alopécure (dont l'épi ressemble à une queue): fr. *queue de renard* et *vulpin*, pr. *co-de-reinard* et esp. *cola de zorra*; cf. allem. *Fuchsschwanz*, angl. *fox-tail;*

astragale (à cause des poils qui garnissent ses feuilles): fr. *barbe de renard*, pr. *barbo-de-reinard*; cf. allem. *Fuchsbart*, id.;

mélampyre (à cause de la forme de ses bractées en épis): fr. *queue de renard;*

molène (à fleurs de couleur purpurine): pr. *co-de-reinard;*

morelle (cf. Chien, 52): catal. *pansas de guinèu* et esp. *uva de raposa* (raisin de renarde);

prêle (ses rameaux effilés ressemblent aux crins d'une queue): pr. *co-de-reinard;*

parisette (cf. Loup, 4[a]): fr. *raisin de renard;*

raisin (variété de): it. *volpola*, port. *maroto*, propr. renard (2) et roum. *vulpe*; cf. allem. *Fuchstraube*, angl. *fox-grape*, id. (le renard aime beaucoup le raisin).

5. En agriculture, réjouissance rustique (cf. Loup, 6): Bresse *renard* (et *prendre le renard*, finir la moisson, Rolland, I, 170); cf. Suisse allem. *Fuchs*, dernière gerbe.

6. Applications techniques:

a) Relatives à l'ensemble du corps du renard:

chariot bas (cf. Loup, 7[a]): port. *zorra;*

[1] Cobarruvias tire *zorro* de *zurrar*, corroyer, parce que le renard change son poil l'été (étymologie admise par Diez), tandis que Gerland (Gröber, *Grundriss*, I, 331) le fait venir du basque *zurra* (zahurra), sage, prudent; Rönsch (*Zeitschrift*, I, 420) avait rapproché *zorra* du lat.-gr. *psora*, gale (maladie du renard).

[2] Schuchardt (*Zeitschrift*, XXVI, 396) dérive le fr. dial. *vourpe* du flam. *(mold)worp*.

épouvantail (pour les oiseaux): Lyon *mandrille*, propr. petite renarde;

masse de fer (cf. Loup, 7^c^): fr. *renard*; cf. allem. *Fuchs*.

b) Relatives à une partie de son corps;

cheville (cf. Loup, $7^b$): pr. *boupilho;*

coussinet (d'ancre): port. *raposa;*

croc (cf. Loup, $7^b$): fr. *renard* (du débardeur), pr. *reinard*; cf. allem. *Fuchschwanz*, harpon des poulieurs;

crochet de fusil (cf. Loup, $7^b$): fr. *renard;*

fronde (cf. Chien, $70^a$): catal. *mandrá;*

manivelle: fr. *mandrin* et catal. *mandret* (du pr., v. tourillon);

palonnier de charrue (cf. Loup, $7^b$): Poit. *renard;*

perçoir: fr. *queue de renard;*

planchette (sur laquelle le pilote indique la direction): fr. *renard;*

poinçon (cf. perçoir): pr. *mandrin*, d'où fr. *mandrin* (1690), propr. petit renard,[1] répondant à *boupilho* (v. cheville); catal. *mandri* (du pr.);

rouleau de bois (au bas d'une grande scie): fr. *renard;*

tenaille (cf. Loup, $7^b$): fr. *renard;*

tourillon (cf. poinçon): fr. *mandrin*, pr. *mandre* et *reinard* (ce dernier, tour de charette); it. *mandriale*, esp.-port. *mandril* (empruntés au fr.).

c) Spécialement à sa queue:

corde (agglomérée sur un câble raccommodé): pr. *reinàrdo;*

fil à plomb: fr. *renard*, pr. *reinard* (et fil de fer au sortir de la filière);

époussettes: esp. *zorros* (renards);

touffe (de racine qui se développe dans un tuyau de fontaine): fr. *queue de renard*, pr. *co-de-reinard;*

verveux (cf. Loup, $7^c$): fr. *renard*.

7. Epithètes:

avare (cf. Loup, $10^b$): pr. *reinard;*

enjôleur (v. rusé): esp. *zorrocloco*; it. *avvolpacchiare* (aggolpacchiare), *avvolpinare*, enjôler; cf. pr. *tricoudin* („tricheur", surnom du loup), allem. *fuchsen*, duper, tricher, et *fuchsschwänzeln*, flagorner;

indolent (v. paresseux): pr. *gueinard*, Lim. *gueinolo* (renarde);

ivre (cf. Loup, 8): esp. *zorra*, cuite, port. *raposeira*, id.; de là:

migraine (à la suite d'un excès de boisson): esp. *zorrera;*

sommeil profond (cf. esp. *dormir la zorra*, cuver son vin): esp. *zorro*, pr. *raposeira*;

lâche: anc. pr. *volpilh*; anc. fr. *goupiller* et *faire la renardière*, mod. *renarder*, se sauver, et *faire les renards*, faire l'école buisson-

[1] Bugge (*Romania*, III, 154) fait remonter le fr. *mandrin* au lat. *mamfur*, outil de tourneur (dans Festus), par l'intermédiaire d'un type **manfurinum*.

nière, Norm. *tirer au renard*, reculer; catal. *guillarselas*, se sauver (de *guilla*, renard); cf. esp. *mandria*, poltron, emprunt [1] fait au catalan (v. paresseux);

lambin: esp. *zorronglon*, et *zorro* (zorrero), lourd, pesant (d'un navire lent dans sa marche); Yon. *renarder*, lambiner;

niais (rusé qui fait le): pr. *gueinard*, esp. *zorro* (zorrocloco);

paresseux: Forez *vourpa* (renard), et pr. *mandriasso*, catal. *mandra*, paresse, d'où esp.-port. *mendria*, id. (port. *mandrião*, paresseux); cf. allem. *den Fuchs schleppen*, travailler en paresseux;

rusé (on a fait du renard le type de l'astuce): fr. *renard* (et *renaré*), d'où *renarder*, ruser (anc. *goupillier*), et *renardie*, ruse; pr. *mandre* et *reinard*; it. *volpe*, *volpone*; esp.-port. *raposo*, *zorro*;

vagabond: Lim. *gueinard* et pr. *mandri* (voleur).

**8.** Maladies:

alopécie (les poils du renard tombent l'été): anc. fr. *renarde* et anc. pr. *raynart*, it. *volpe*; cf. anc. gr. *ἀλώπηξ* (renard), id., allem. *Fuchsräude* et angl. *fox-evil*;

altération du vin (en vieillissant): Berr. *renarder*, devenir aigre; cf. angl. *to fox*, id. (et *foxy*, aigre, du vin, de la bière);

courbature (cf. Chien, 46): Bresse *renards* (avoir les), être fatigué des reins après la moisson;

dévoiement (surtout des bestiaux): Berr. *renarde;*

menstrues (par allusion à la couleur): pr. *reinard;*

nielle (maladies des céréales qui les teint en rouge): it. *golpe* et *volpe* (d'où *volposo*, charbonné);

vomir (après une débauche, cf. Loup, 11): fr. pop. *renarder*, *écorcher le renard* (Rabel., I, 11; anc. *escorcher le gourpil*) et *faire des renards*, pr. *faire lou reinard*.

9. Emploi péjoratif:

a) Appliqué aux personnes:

bâtard (cf. prostituée): port. *zorro* (renard);

commissionnaire d'un four (cf. entremetteuse): pr. *mandroun;*

entremetteuse: pr. *mandrouno*, propr. renarde ou femme rusée;[2]

gamin (polisson): port. *maroto*, f. *marota* (= renarde, 2);

marmaille: pr. *mandrilho* (engeance de renards);

mendiant: pr. *mandri*, *mandroun* (et *mandrilho*, gueux);

prostituée (cf. entremetteuse): Pas-de-C. *mandroule*, pr. *mandrouno*, it. *mandracchia* (d'un primitif *mandra*, renarde,[3] emprunté au pr.), esp. *zorra* et port. *marota*, primitivement renarde (2);

voleur: Lyon *mandrille*, For. *mandrot*, pr. *mandrilho* (v. mendiant).

[1] Larramendi dérive l'esp. *mandria* du basque *emandrea*, femme débile (étymologie admise par Diez).

[2] Diez rapproche *mandrouno* du comasque *malandra*, prostituée.

[3] Pieri (*Miscellanea Ascoli*, p. 421) fait remonter *mandracchia* à un type **meretracula*, de *meretrix*, id.

b) Appliqué aux choses:

chambre remplie de fumée: pr. *reinardiero* (tanière de renard) esp. *zorrera*, id.;

fourneau d'affinage: fr. *renardière*; cf. allem. *Fuchs*, tuyau du four à réverbère;

guenille: Lyon *mandrille*, du pr. *mandrilho* (petite renarde);

moquerie (cf. Loup, 9): fr. *queue de renard* (Oudin) et *crier au renard*, se moquer de quelqu'un (Id.); cf. allem. *fuchsen*, berner (jadis, les grands seigneurs s'amusaient à berner les renards);

sornette (= moquerie): pr. *gueino*.

10. Applications isolées:

cavité (formée par un éboulement): pr. *reinardiero* (renardière)

jeu (où il y a douze poules): fr. *renard* (nom de la pièce qui attaque les poules), pr. *reinardoun*; cf. allem. *Fuchs- und Hühnerspiel*, id. cf. anc. fr. *a escorcher le renard*, jeu mentionné par Rabelais (I, 22)

trou (d'un canal par où l'eau se perd): fr. *renard*; cf. allem. *Fuchsloch*, id., par allusion à son terrier profond percé de plusieurs issues et creusé dans des ravins ou entre des racines.

Ajoutons cette superstition gasconne relativement au renard il fascine la nuit les poules et dindons qui tombent sous son regard, les tue et s'en repaît à loisir; dans la commune de Questembert (Vannes), on croit que les sorcières prennent la forme d'un renard.[1]

---

[1] *Mélusine*, IV, 570.

## Le Porc.

„De tous les quadrupèdes, le cochon paraît être l'animal le plus brut; les imperfections de la forme semblent influer sur le naturel: toutes ses habitudes sont grossières, tous ses goûts sont immondes, toutes ses sensations se réduisent à une luxure furieuse et à une gourmandise brutale, qui lui fait dévorer indistinctement tout ce qui se présente, et même sa progéniture au moment qu'elle vient de naître. Sa voracité dépend apparemment du besoin continuel qu'il a de remplir la grande capacité de son estomac; et la grossièreté de ses appétits de l'hébétation des sens du goût et du toucher.“

A ce tableau de Buffon, il faut ajouter que le porc a, de tout temps, joué un rôle important dans la vie économique du paysan et du pauvre, pour lesquels il constitue une véritable fortune: les patois de Bessin et de Guernesey le désignent simplement par *avé*, avoir (anc. fr. *aver à soies*); c'est parfois la bête par excellence, l'animal: Guernesey *anima*, cochon, et Parme *nimal*, id., à l'instar du réto-roman *alimari*. Les langues romanes mettront en évidence et les penchants grossiers et cette importance sociale de la bête.

## Première Partie.

### Noms et cris du porc.

---

### I. Héritage latin.

1. Le latin PORCUS s'est partout conservé: it. et port. *porco*, roum. *porc*, réto-r. *püerc* (pierc), esp. *puerco*, catal. *porch*; les patois français rejettent tantôt la gutturale (Meuse *pour*, Savoie *pwar*, Creuse *pwor* A., fr. *porc*), tantôt la liquide et la gutturale à la fois (Sav. *pwè*, Creuse *pwò*, Loire *po* A.).

Le diminutif PORCELLUS a fourni: it. *porcello*, roum. *purcel*, anc. fr. *porcel*, Aveyr. *poucel*; il s'est parfois substitué au primitif: fr. *pourceau*, au sens de „cochon" (= anc. fr. *porcel*), Lorr. *pou'hè*, *p'hè*, id. (= Meuse *pouché*), réto-r. *purtschi*, Frioul *purcitt*, *purciell*. De là, le besoin de nouveaux diminutifs: anc. fr. *porcelet* (Gard *poucelet*) et *porchon* (ce dernier, au sens de „cochon", dans le Nord de la France), Forêt-Noire *pouchenot* („pourceau"), Aveyr. *porcognòu*, *pourcelòu*, pr. *pourquet*, it. *porchetto*, à côté de *porcellino*, roum. *purceluş*, *porcan* (porculean), *porcaş*, *porcuşor*, *porcuţ*; port. *porquinho*, esp. *porcino*.

Le fém. PORCA est familier à l'anc. fr. (*porque*,[1] qui survit dans la terminologie nautique), au valaisan (*porca*), au pr., à l'it.,[2] au macédo-roum. (*poarcă*), au catalan (*porca*) et à l'hispano-portugais, tandis que SCROFA s'est conservée en it. (*scrofa*,[3] Venise *scrova* et *scroa*), en réto-r. (*scrua*) et en roum. (*scroafă*).

Le nom générique SUS, porc, pourceau, truie, revient en sarde (Logoudore *sue*, truie) et en anc. pr. (*sulha*, porcelet, de *sucula*).

Le lat. MAIALIS, qui désigne le porc mâle châtré, a donné à l'it. *maiale*, id. (f. *maiala*, truie), et au wall. *mayaï* (f. *mayelée*), *mayet*.

Enfin, VERRES s'est également conservé dans tout le domaine: anc. fr. *ver* (auj., Cher A.), pr. *verre*, it. *verro* et *verre* (sarde *berre*), réto-r. *ver* (verl), catal. *verro*, roum. *vier*; et sous forme dérivée:

---

[1] Godefroy s. a. 1462: „Les manans de villaiges n'auront à laisser leurs *porques* hors leurs rangs". Le mot se trouve encore dans Scarron. Aujourd'hui, *porche* est la truie non châtrée, et *truie porchère*, la truie fécondée.

[2] Le bellinzon. *porla*, truie (de *porcula*), répond à l'Aveyr. *poucelo*, truie mère, propr. jeune truie.

[3] Et *scrofano* (scrofanello), porcelet.

fr. *verrat* (1334), Creuse *varà* (et *varè*, *varò* A.), Indre *vrà*, et Béarn *barrat* (Cantal *barà* A.), à côté du Dord. *vorà* (Saône-et-Loire *vwèra* A.), Norm. *verrard*; Berr. *verret* (vret), Aveyr. *berre* et Morv., Montbél. *voret* (Lorr. „cochon“, à côté du messin *beyar*, *biyar*, *bayar*, verrat), anc. fr. *verrot* (Palsgr.), Norm. *verou*, Béarn *berrou*;

it. *verrocchio;*

esp. *barraco* (et *barri*, jeune verrat), *berraco* (et *verraco*); port. *barrão* et *varrão* (Galice *berron*, Algarve *borron*, à côté de *barrasco*, *varrasco*).

2. Un certain nombre de créations nouvelles se rapportent au même fond. C'est ainsi que MASCULUS sert encore à désigner le verrat en roum. (*mascur*), répondant au pr. *mascle*, fr. du Nord *mâle* (Valais *mahlo*, Ain *molo* A.), id., à côté du girondin *porc integre*, verrat A.

Le frioulan *temporal*, porc, désigne primitivement le cochon de la saison (anc. it. *temporale*), et l'it. *tempaiuolo*, le cochon de lait, à l'instar du valaisan *prinmarò*, porc né au printemps, porc de l'année, et du genevois *evarnon*, porcelet qu'on garde pendant l'hiver pour l'engraisser (I. Jeanjaquet), Saône-et-Loire *ivernon*, porcelet de quelques mois.

La truie porte, en outre, le nom de *novella*, en réto-r.,[1] et répond au pr. *primo*, jeune truie (à côté de *fraisso*, propr. fraîche).

Le cochon de lait s'appelle en anc. fr. *laiton* (auj., Norm., Berr., Poitou), Gard *lachen*, esp. *lechon* (auj., cochon, primitivemant cochon de lait = *lechoncico*), Saintonge *lolo*, id. (enfantin); Berr. *nourrin*, propr. alevin (wall., porcelet à l'engrais, pr. goret), et Côte-d'Or *neurisson*, pr. *nourridoun*, c.-à-d. qu'on nourrit de lait, à côté du Clairvaux *lanceron*, à cause de sa forme élancée avant d'être engraissé (en fr., jeune brochet), et du Lorr. *penant*, id., propr. sevré.

L'anc. fr. *porc* désigne toute l'espèce (à l'instar du gr. ὗς et de l'esp. *puerco*, porc et sanglier): le porc sauvage et le porc domestique, ce dernier appelé spécialement *porcel* (dim. *pourchelet*). Le porc sauvage (sarde *porcabru*, c.-à-d. *porcum aprum*, frioul. *griott*, macédo-r. *porc agur*, ou sauvage) porte, dès le XII^e^ siècle, le nom de *sengler* (anc. pr. *senglar*), du lat. SINGULAREM, à l'instar de l'anc. gr. *μόνιος* (épithète du sanglier et du loup) et du sarde *sulone*, c.-à-d. *solitaire*, nom que le sanglier porte, dans le langage des chasseurs, à partir de sa septième année. La forme moderne *sanglier*, qui remonte au XVI^e^ siècle (cf. Vosges *hinguié*, wall. *singlé*, pr. mod. *singlié*, catal. *singlar*), a été influencée par *sangle*, le pelage des jeunes sangliers étant rayé longitudinalement (*Baucent*, c.-à-d. tacheté de blanc et de noir, est le nom du sanglier dans le *Roman de Renart*). Cette particularité physique explique également les formes correspondantes italiennes: *cinghiale*, *cignale*, sanglier (de *cinghia*, *cigna*, sangle), et Abruzz. *cignato*, id., propr. sanglé.[2]

[1] Valais *noé*, *noué* (= *novellu*), porc de l'année (comm. par I. Jeanjaquet).
[2] C'est aussi l'avis de Bianchi (*Archivio*, XIII, 230).

## II. Cris d'appel et de chasse.

3. Les cris qui servent à appeler les porcs, sont:

a) Simples:

*biya-biya!* (pour les gorets), à côté de *bilot-bilot!* et de *bouyou-bouyou* (pour les cochons), Bresse;

*chè-chè!* Sicile (*qué-qué!* H.-Bret.) et *chiù-chiù!* (Bessin *quio-quio!*), à côté du Mayen. *quiao-quiao!* (pr. *couï-couï*, cri des porcelets) et du bernois *quèila-quèilé!* (Jeanjaquet);

*ci-ci! cinci!* Italie (Naples: pour minets et petits chiens, Arbedo: pour les petites chèvres), à côté de *cia-cia! cio-cio! ciu-ciu!* répondant au Sav. *tchou-tchou!* pr. *chou-chou!* Gasc. *cho-cho!* Rétie *tschuï-tschuï!* port. de Valpacos *chua-chua!* (v. *Rev. Lusit.*, II, 257);

*crè-crè!* (crèa-crèa!) Sicile; Abruzzes, Provence *gri-ri!* (pour les gorets);

*ggi-ggi!* Abruzzes (Sicile *jè-jè!*), à côté de *zze-zze!* et *zo-zo!* (sarde *fagher zo-zo*, grogner);

*gna-gna!* Monferrin (pour les cochons de lait); wall. *gneu-gneu!* (cri du cochon);

*ho-ho!* Normandie;

*ri-ri!* Abruzzes, et *rou-rou!* Deux-Sèvres;

*sou-sou!* Provence (cf. ci-dessus *chou-chou!*);

*tá-tá!* Auvergne, *té-té!* Provence (pour les porcelets), *ti-ti!* Suisse, H.-Bret. (Mée); *tiá-tiá!* Poitou, Savoie, *tiè-tiè!* Sicile, Savoie, Calvados; *tio-tio!* Bessin, et *tiou-tiou!* Normandie, Poitou, Savoie;

*tcha-tcha! tchatchon! tchachet!* Valais (Jeanjaquet).

b) Amplifiés, à l'aide d'une gutturale, dentale ou liquide:

C (cf. gr. *κοΐ*, en rapport avec l'allem. *quik!*): *bico-bico! bicá-bicá!* (bicá-tó-tó-tó!) Portugal; *begui-begui!* Poitou;

*ciacco-ciacco!* Pistoie, *cicco-cicco!* Naples, *cicchi-ciccù!* Abruzzes, *tschuk-tschuk!* Rétie; *chico-chico!* Portugal; cf. lette *čuk-čuk!* lithuan. *čukut!*

*nicu-nicu!* Sicile, *niquia-niquia!* H.-Bretagne; cf. allem. de Coblenz *Nückes*, cochon (Nemnich);

*reco-reco!* Portugal;

*zichì-zichijje!* Abruzzes.

N: *cin-cin!* (cina-cina!) Bellinzona; Valais *tchantchan!* et Frib. *tchantchon!*; *tyan-tyan!* Savoie (en claquant de la langue);

*nin-nin! nanin-nani!* Valais; *nino-nino!* Pistoie; *zin-zin!* Côme.

R: *bouri-bouri!* Poitou (en Savoie, pour les canards);

*cherì-cherì-cherillo!* Naples, *chiri-chiri!* Cosentino, *cori-cori!* Sicile (Forez *quore-quiere!*; en Savoie, pour les canards);

*ciura-ciura!* Bellinzona;

*gueri-gueri!* Provence (pour appeler les gorets et les caresser en les grattant) et *gourri-gourri! gourrou-gourrou!* Morv. *gori-gori!* (pour les gorets et les oies; cf. Suisse allem. *guri-guri!* pour les canes et les oies);

*gnerignigné!* Sicile (compromis entre *gneri* et *gnine*; cf. it. *nino)*;

*peri-perille!* Abruzzes (v. Finamore s. v. *ri)*;

*tier-tier!* Bresse (*ter!* Provence, pour chasser), à côté du berrichon *trr-trr!*

*zziri-zziri! zziri-riri!* Abruzzes („voci per chiamare e per carezzare il maiale", Finamore).

T: *coutou-coutou!* Pas-de-Calais, *quetou-quetou!* Normandie (Clairvaux *qu'tia!*), à côté du Frib., Vaud. *guedi-guedi!* et du Guernes. *guedot-guedot!*

*ritou-ritou!* Aveyron (Berne *retè-retè!*), et *rotou-rotou!* (pour les gorets).

Et de même: *cocho-cocho!* Provence (cf. russe *čuš-čuš!* id.), et *gojo-gojo!* à côté du galicien *cache! gache!* (pour faire avancer un cochon), et du Trasmontan *coche-coche!* (v. *Rev. Lusit.*, IV, 40), Berne *couss!* (Neuchât. *coutchi!*) et Frib. *gouzi! vouzy!* (Jeanjaquet); *zolla-mi!* Abruzzes.

4. Voici maintenant les cris servant à chasser la bête:

*brou-brou!* Provence; *chiena-chiena!* H.-Bretagne; *cisse!* (cisce! chisce!) Abruzzes;

*hou-hou!* Côte-d'Or, *houche!* Yonne, *houï!* Provence (*ouïtse!* Bas-Valais), roum. *huideo!* (cf. Lisieux, Calvados, *aïe-du!* pour chasser un chien);

*schi-schiá! scu!* Sicile; *sou! sou-ci!* H.-Bretagne; *sou-sou!*[1] Calvados (Montchamp);

*tyo-tyo!* Normandie; *tô! tô d'ahi!* Portugal; *touï-touè!* Manche;[2]

*trou-trou!* Normandie, Saintonge; *trucci-là!* Toscane; *troun-troun!* Bessin (pour faire marcher le cochon); Mil. *ptrusc-ptruscia!*

*zicchie! zzu!* Abruzzes, Sicile.

## III. Le grognement et ses inflexions.

5. Lorsqu'il est paisible ou qu'il a faim, le cochon pousse un cri sourd, rendu en latin par GRUNNIRE et GRUNDIRE. Ce cri est familier à tout le domaine (excepté le roumain): anc. fr. *gronnir* (XIIe s.), *grogner* (XVe s.: *groigner*, Berr. *greugner*) et *grouiner*, à côté de *grondir*, *grondre* (mod. *gronder*); anc. pr. *gronir*, *gronhir*, mod. *grouni*, *grougna* (graugna) et *groundi* (groundina); it. *grugnire* et *grugnare*, réto-r. *grognar*, esp. *gruñir*, port. *grunhir*.

Le point de départ de ce cri *gru* — anc. gr. γρῦ — est susceptible de diverses amplifications, qui tendent à rendre plus sensible sa sourde intensité. On obtient ainsi les inflexions suivantes:

*groucier*, anc. fr., à côté du Berr. *agracer*, Jura bern. *groncener* (grouncener), roum. du Banat *grăoți*; cf. anc. gr. γρύζειν et allem. *grunzen* (à côté du suisse *grunnen*);

[1] Communiqué par Ch. Guerlin de Guer.
[2] Idem.

*groffiller*, anc. fr. (XVe s.: „un grant nombre de porcs *groffillans* et mangeans des noix"), it. *gruffolare*, roum. *grohăi* (cf. tchèque *hrochati*); anc. argot *grubler* (= grufler);

*grouillier*, anc. fr., répondant au pr. mod. *gourrioula*; cf. anc. gr. γρυλλίζειν (et γρῦλλος, cochon).

6. Une seconde série de termes pour „grogner" a son point de départ dans le cri *rou*, parallèle à *grou*, d'où:

*rouï* (rouire) et *rouvi* (ravouire), pr.; esp. *arruar* (du sanglier), Plancher-les-Mines *rodji*;

*ruffolare*, it.; Aveyr. *rofoleja* et Forez *rafoula*; cf. allem. *rocheln*, *rücheln*, id.;

*ruignier*, anc. fr. (pr. *rougna*, *raugna*, Marches *rognecó*), à côté de *ruïner* (Du Pinel: le *ruin* d'une truie), Montbél. *rouener*; Calvados (Montchamp) *roinzoner*;[1] Piém. *rogné* (raogné); sarde *raunzare*;

*rullier*, Forez, it. *rugliare*, Savoie *rula*, à côté de *ràla*, *rèla* (relya), crier comme le porc (et crier d'angoisse);

*runer*, anc. fr. (Suisse *rauna*, *ronna*, Sav. *ranna*, *rouna*), pr. *rena* (anc. *rainar*, *renar*), esp. *reñir*;

*roncar*, esp., pr. *rounca* (rouncha, rouncla), *rounga*, Poit. *rongoglier* (rongouiller), Sicile *runguliari*;

*roundi*, Brive (Rolland, V, 223), *roundina* (Gard), catal. *rondinar* (cf. *groundina*, 5);

*rounsa*, pr., et Clairvaux *rouincer* („pousser des cris aigus comme les petits cochons");

*routeler*, *ruteler*, Picardie, et Metz *ruter*.[2]

7. Lorsque le cochon est blessé, le grognement se change en un cri aigu, prolongé, et qui devient grave et alterné, quand sa vie est en péril. Ce cri particulier est rendu par *couï-couï* (anc. gr. *κοï-κοï*) ou bien par *ouin-ouin* (port. *on-on!* anc. fr. *hoing*, grognement), *wann-wann!* d'où anc. fr. *guannir*, *guanir*, et esp. *guañir*, grogner, Béarn *arreganha* (pr. *gagnoula*, it. *guagnolare*, *gagnolare*, catal. *guinyolar*, glapir, cf. Chien, 7). Ce cri revêt, en outre, les aspects suivants:

a) *couiner*, Berry („le porc qu'on tue, *couine*", Jaubert), Guern. *couinaïr*, Jura *coinner* (Poit. *couïner*, du cri du lièvre et du lapin); pr. *couïna*, à côté de *couenassa* (Dauph.), *cuina* (Clairvaux *cuiner*) et *caïna* („pousser un cri aigu");

*quener*, Saintonge, et Gasc. *quená* („geindre"), à côté du Lyon. *quiner*, Forez *quina* („grogner");

*chouiner*, Morvan, et *chouner*, *chianner*.

b) *couigner*, Mayenne („crier") et Yon. *coigner* („grogner"), Savoie *couigna*;

*chouigner*, Clairvaux;

---

[1] Communiqué par Ch. Guerlin de Guer.

[2] L'anc. pr. *ruzer*, grogner, se rattache au lat. *rudere*, mugir.

*couinquer*, Poitou, et Lyon *quincher*.

c) *gouïna*, Aveyron („grogner") et Côme *guiná*, id.; Saintonge *guener* („gémir");

*gouigner*, Mayenne („pousser des cris aigus"), et wall. *guigner*, glapir (à l'instar du catal. *guinyolar*);

*gouincer*, Mayenne.

d) *houiner*, Normandie (Calvados *honner*), et *ouïner* (Bagnard *ouena*), à côté du Berr. *vouiner*, Fr.-Comté *vouinner*;

*hougner* (hoigner, hougner) et *hongner*,[1] anc. fr. (Messin *hogner*, Norm. *houigner*, Pas-de-C. *ouigner*), à côté de *vuingnier* (XIIIe s.), Fr.-Comté *vougnier*, *vogner* (wall. *wigni*, glapir);

*houincher*, *ouincher*, Normandie; Vosges *vouinquer*.

e) *couïler*, Berry (Genève *coueler*, *coualer*, *couailler*, et Savoie *couèla*, *couèlya*); cf. pr. *quïèula* (quièuna), glapir;

*gouailler*, Genève (= *couailler*); cf. Norm. *guiler*, crier d'une voix aigue.

f) *couasser*, Yonne („appeler des petits"), Bas-Maine *couisseter* („crier de détresse", des petits animaux) et *cusser*, *queusser* („gémir"); roum. *coviţăì* et *chiţăì* („crier comme un petit cochon"); cf. anc. gr. *κοΐζειν*, allem. *quiken*, *quiksen*, *quitschen*, crier comme un petit cochon; *kvičati*, grogner (de la truie), ruthène *kovičati*, id.;

*gouïssa* (gouïcha) et *guissa*, pr. („pousser un cri perçant"), roum. *guiţă*, grogner; port. *guinchar* („jeter un cri perçant").

**8.** Les verbes suivants pour „grogner" remontent à la même source imitative:

*carrinca*, *carinca* (crinca), *carragna*, pr.; cf. lat. *quirritare* (des verrats) et allem. *kürren* (kirren), grogner, *gorren*, *gurren*, id. (propr. crier *gurr!*);

*chillar*, esp., répond au pr. *quilà*, pousser des cris aigus;

*miller*, *remiller*, Bresse, crier de douleur (du cochon) et Sicile *rimuriari*, id., sarde *murrunzare*;

*rebudiar*, esp. (du sanglier), à côté de *refunfuñar* et *rezongar* (du cochon).

**9.** Certains des verbes mentionnés s'appliquent également au cri des animaux dont la voix se rapproche plus ou moins du grognement, à savoir:

à l'âne: anc. fr. *runer*, grogner et braire, pr. *rena*, id. (Dauph., hennir), wall. *rûter*, braire, et Metz *ruter*, grogner; l'anc. fr. *quanner* (canner) ou *channer* (auj. Yonne), qui traduit le grognement (cf. *couener* et *chouiner*), de même que ses composés *requanner* (recanner, pr. *recana*), *riquanner* (ricaner), *rechanner* (rechener) et *rechaignier*, à côté de *rejaner* (auj. Morvan), signifient proprement „braire";

[1] Diez et Mackel renvoient, pour *hogner*, à un type germanique **humjan*, bourdonner.

au chat: pr. *rena* (se dit à la fois du chat, du chien et du porc), et *rangoula*, Fr.-Comté *rougnier*, gronder (du chat), à côté du sicilien *runguliari*, id. (du porc), Béarn *gnourra*, grogner (en pr., miauler); fr. *router*, ronronner, et Pic. *routeler*, grogner;

à la chèvre: Savoie *queler*, bêler (et *couèla*, grogner), *ralyer*, bêler (et *relya*, crier d'angoisse);

au chien (cf. anc. gr. κλάγγη, du chien et du cochon): anc. fr. *hogner*, Pas-de-Cal. *ouigner* (Bessin *ouiner*) et Savoie *couèla* (s'appliquent aux jappements plaintifs des chiens et aux cris aigus des cochons), Genève *rioler*, *riouler* et *ronner*, Suisse *groncener* (gronder et grogner), Châlon *couïner* (du chien), pr. *caïna* et *quina* (geindre, des chiens et des cochons); Brive *dzingla*, grogner (Rolland, V, 223), répond au pr. *gingla*, glapir, et Aveyr. *giscla*, grogner (pr., glapir); pr. *ragagneja*, grogner, et esp. *regañar*, gronder (du chien); Quercy *regaula*, grogner et hurler; Venise *rugnire*, grogner et aboyer, sarde *zerriai*, grogner et hurler (*zèrriu*, grognement);

à la grenouille: pr. *rena*, grogner et coasser, à l'instar du Mayen. *groler*, crier (de la truie);

au pigeon: pr. *grounda*, roucouler (cf. *grangroun*, grognement, et *grougrou*, cri des pigeons), et *groundi*, grogner; Forez *goungouna*, grogner, et roum. *gungunì*, roucouler; it. *ragliare*, grogner, et esp. *arrullar*, roucouler; cf. anc. gr. γρῦ, cri de la cigogne et du porc, allem. *girren*, *gurren*, roucouler (mha. braire) et *kirren*, grogner.

## IV. Noms hypocoristiques.

10. Une première catégorie de ces noms dérive des cris dont on se sert pour appeler ou, plus rarement, pour chasser la bête:

a) *baque*, Berne, truie (cf. anc. fr. *baquier*, cochon qu'on engraisse), et *beque*, id., Fr.-Comté (Damprichard) *boque*, truie qui a des petits (= *baque*); port. *bácoro* (Galice *vácoro*), Algarve *bácaro*, porcelet (dim. *bacorinho*), et *bácara*, jeune truie;[1] à côté du dial. Santa Margarida, *bacro*, cochon (Alemtejo: porc sevré, *Rev. Lusit.* II, 245);

*bagga*, *bagua*, Suisse, truie, et Romagne *baghin*, cochon, à côté du poitevin *begui*, id. (pr. *beget*, *begin*, goret) et du Piém. *biga*, truie cf. bas-allem. *bigge*, goret, holl. *big* (Nemnich), angl. *pig*, cochon goret;

b) *bitou*, Béarn, pourceau, et *bitouno*, jeune truie; cf. souabe *Botschel*, cochon;

c) *ciacco*, toscan,[2] pourceau (f. *ciacca*), Abruzz. *ciocche*, goret

[1] On dérive généralement *bácaro* de l'arabe *bakhôr*, précoce (Coelho) l'accent et le sens s'y opposent également.

[2] Cf. Ménage: „Carlo Dati deriva *ciacco* da *ciàch-ciach!* che il porco fa nel mangiare".

Arezzo *cioncarino* (cité par Ferrari), à côté de *cionco*, *cioncolo*,[1] id.; Valais *tchatchon* (tchatchet) et Frib. *tchantchon*, cochon;

*cicco*, Naples, cochon, Crotone *cincolo*, goret (cité par Ferrari), Abruzz. *zichèlle*, cochon;

*čukel*, réto-roman, cochon; cf. lette *čuka*, id., russe *čuška*, goret, et allem. d'Augsbourg *Suckel*, cochon (Nemnich);

d) *chou*, pr., cochon, et *chouchou*, id., *chouchet*, goret; Arbedo *ciuciu*, cochon;

e) *choun*, pr., goret; Côme *cion*, dim. *cionel*, it. *ciuino*, porcelet,[2] Galice *chin*, cochon;

*sun*, Bergame, cochon (f. *sona*), Brescia *si*, id. (= *sün*), f. *sina*, à côté de l'it. *saïno* (cf. *ciuino*);

f) *cozet*, wallon, petit cochon, Namur *couzet*, Berne *couss*, id.; cf. souabe *Kosel*, truie;

*gozen*, Parme, cochon (dim. *gozinen*), Frib. *gouzy*, *vouzy*, cochon, roum. du Banat *goadzin*, id.;

g) *coutou*, Pas-de-Calais, porc, Norm. *quetou*, porcelet; Champ. *coteau*, *cotron*, porc;

*guten*, Romagne, goret;

h) *gnac*, Monferrin, cochon de lait (cf. *gna !* 3[a]) et Béarn *gnicou-gnacou*, porc;

i) *godi*, wallon, verrat (Aoste *gadin*, cochon et verrat A.), Morv. *godot* et H.-Bret. (Mée) *godillon*, porcelet; Vaud, Valais *gouda*, truie A., Vaud *guedi*, porcelet, et Guernesey *guedot*, cochon; catal. *goday*, porc, et *godayet*, porcelet; roum. *godac*, porcelet (sans équivalent slave)[3] et Samos *godin*, cochon; cf. allem. dial. *Kodde*, goret (Nemnich);

j) *gojo*, pr., cochon, et Vaucluse *goujo*, truie; Mantoue *gogin*, goret, Piacenza *goggiö*, id., et Pavie *gogiöl*, porcelet;

k) *houret*, *houri*, Meuse, pourceau (Labourasse);

l) *nani*, Valais, cochon, et Vaud *nin-nin*, id. (Jeanjaquet); *ninèn*, Bologne, cochon (cf. *nino !* 3[b]);

m) *quiao*, Mayenne, petit cochon, et *quiqui*, cochon de lait, Clairvaux *quiaquia* et H.-Bret. *quiouquiou*, cochon;

n) *reco*, port. dial., cochon;

o) *retè*, Berne, cochon;

p) *rourou*, Deux-Sèvres, cochon;

q) *tatar*, Auvergne, Forez, cochon (cf. *ta ! ter !* 13[a, b]);

*tiaci*, Morvan (= tia-ci !), cochon; Basses-Alpes *tyou*, id.;

*tiautiau*, *tiétié*, porc, Calvados, et *toutou*, Norm. d'Yères, petit cochon; réto-r. *tudel*, cochon engraissé;

---

[1] Caix (*Studi*, 101) voit, dans *cioncolo*, un reflet du lat. *suculus*, goret.

[2] Caix (*Studi*, 112) voit, dans ces termes, un compromis du lat. *suinus* et du germ. *swîn*, porc. En fait, c'est un dérivé de *ciuire* („del sibilo che fanno certi animali come i topi, i porcellini d' India e simile", Fanfani), qui répond au fr. dial. *chouïner*.

[3] Voir Cihac (II, 123), où les termes slaves cités diffèrent par la forme et par le sens.

r) *tòi*, Piémont, cochon, et Aveyr. *touysso*, truie;

s) *vigo*, wallon, porcelet (cf. Hague *vico-vico!* cri pour appeler les canards, v. 14), et Landes *vingo*, vieille truie (Rolland, V, 216); cf. flamand *wigge*, porcelet;

t) *zin*, Côme, porc, à côté de *zon*, id., et *zina*, truie (cf. *sina*, 10 e).

11. Les deux noms qui désignent la femelle, *truie* et *coche*, paraissent également remonter à une origine hypocoristique.

Le premier, propre au domaine gallo-roman,[1] se trouve déjà[2] dans le Glossaire de Cassel (VIIIe s.: *troja*, suu), et représente ainsi le plus ancien exemple du nom de la truie, tiré du cri dont on se sert pour la chasser, à l'instar du pr. *troutrou*, nom enfantin du cochon et de la truie.[3] Voici ses types phonétiques:

a) Mayen. *tra* (wall. *trawie*) et *trè* (Norm. *traie*), Berry, Morv. *treue* (Lorr. *treuille*, H.-Vienne *treuyo*), anc. pr. et Aoste *troya* (Char. *troyo*, pr. *troi*, *troio*), Norm., Sav. *trouille* (trouye), Landes *trouyo* A., Char. *tru* A., Berr. *true*, Lorr. *truye*, pr. *truio;*

b) Pr. *truecho*, *trecho* (Dord. *tretso* A.), *truejo*, *trejo* (Puy-de-Dôme *trèdzo*, Corr. *treudzo* A.), *troujo*, catal. *truja* (Hér. *troutchya* A.), *trueso*, *treso*, à côté de *truéio* (Clairvaux *trouée*, *truée*), Aveyr. *trulo*, Pas-de-C. *troule*, anc. fr. *truynesse* (1355: une fourrure de ventre de *truynesse*) et Pas-de-Cal. *truite* A.

Ces dernières formes amplifiées reviennent déjà dans le bas-lat. *troica* (844, v. Littré), *troga*,[4] et dans l'anc. pr. *truiga* (à côté de *troya*), phénomène du reste familier aux formations de ce genre (cf. 3b).

Le second terme, *coche* (XVe s.), qui désigne spécialement la truie châtrée, a un point de départ analogue: pr. *cocho-cocho!* cri d'appel (3b), à l'instar de l'allem. dial. *kusch-kusch!* (Leipzig) et *küsch-küsch!* (Aix-la-Chapelle). Cette origine enfantine[5] du nom explique son existence non seulement en roman, mais dans certains idiomes germaniques (Aix-la-Chap. *Küsch*, cochon, *Küschchen*, goret, à côté du carinthien *Gatschele*, id.), en slovène (*kočey*, goret) et en magyar (*kotza*, coche). Ses aspects littéraires et dialectaux sont:

*coche*, fr. et dial. (Creuse, Allier et Nord, „truie", wall., Poit., „truie châtrée", Gasc. „pourceau", H.-Loire *coutse*, cochon A.);

---

1 L'it. *troia* (vén. *trogia*) est considéré comme un emprunt fait à l'anc. pr. *troya*, d'où dérive également, par l'intermédiaire du catalan, l'esp. *troya*, maquerelle (propr. truie); le sarde *troju*, sale, dérive de l'it. dial. *troju*, cochon (v. Tommaseo).

2 Les textes cités par Brachet (*Dictionnaire étymologique* s. v. *truie*) sont empruntés à Ménage et reposent sur des méprises: le témoignage indiqué de Messala Corvinus est imaginaire, et le texte juridique qu'il cite est de Cujas, c.-à-d. remonte au XVIe siècle.

3 Cf. Monti s. v.: „*Trôja*, porca... onomatopea: il grugnito del porco è *tru*".

4 On le rapproche habituellement de l'irlandais *torc*, verrat.

5 Behrens (*Zeitschrift*, XIII, 413) voit également, dans *coche*, un cri d'appel, analogue à l'allem. *kuf!* qui est aussi devenu le nom du cochon; v. encore Schuchardt (*Ibid.*, XV, 96).

pr. *coch*, *cocho*, Corr. *coutso*, truie; esp. *cocho*, cochon (dim. *cochastro*, marcassin, et *cocha*, truie);

*cache*, Lorr. (Vosges *catche*) et *coache* (Morv. *coiche*), coche; port. d'Algarve *cacheiro*, verrat;

*cocoche*, *coucouche*, Hainaut, truie (enfantin);

*cuche*, Namur, cochon;

*goche*, Vendée, coche, Loire-Inf. *gouche*, id. A.; esp. *gocho*, id. (souvent en fonction d'adjectif), et *gocha*, truie.

Le masculin *cochon* (1339), aujourd'hui synonyme de porc, signifie en anc. fr. (Ol. de Serres, 333: „Plus de *cochons* porte et nourrit une *truye*, plus tost envieillit") et en morvandeau (*coichon*), jeune porc ou porcelet (cf. anc. fr. *porcel*, mod. *pourceau*, même sens que porc), le mâle étant conçu comme le petit de la femelle: *cochon*, c'est le petit de la *coche*, à l'instar de l'allem. *Schwein* (aha. *swîn*), porc, diminutif de *Sau* (aha. *sû*), truie. Voici ses nuances patoises:

*cochon*, fr. et patois du N., *cotchon*, Jura (verrat), à côté de *couchon*, anc. fr. et dial. (Lorr.), H.-Alpes *coutchioun* A.; Morv. *coichon* (Palsgr.: *coychon*), Pic. *coichon*, et les diminutifs: wall. *couchet*, porcelet, Yon. *coichot* (couechot), goret, Lorr. *cochenot*, cochon de lait (fr. *cochonnet*), Lang. *quechon*, cochon; esp. *cochino*, cochon, *cochina*, truie;

*colson*, Rhône, et Puy-de-D. *coutsoun*, Cantal *coutsou*, cochon; Valais oriental *catson*, id. (*catsonet*, porcelet, et *catsoneche*, truie);

*cosson*, fr. du N. A., cochon, Morv. *coisson*, porcelet, à côté de *coissot*, wall. *cosset*, id., Yon. *coussi*, goret.

12. Une seconde catégorie des noms hypocoristiques du cochon dérive des verbes exprimant le grognement, le cochon étant simplement conçu comme la bête qui grogne, comme le *grognon*:

a) *carrin*, Piémont (Giaglione), porc;

*courrin*, *courin*, Alpes, goret; Piémont (Finestrelle) *curin*, id.;

*crüin*, Piémont (f. *cruina*), porc, Val-Soana *crune*, id.; cf. celt. *cruina*, cochon, tchèque *chruna*, id.;

*crin*, Piémont, porc (f. *crinna*), dim. *crinet* (de *crinè*, grogner, répondant au pr. *crinca*, *carrinca*, id., 8);

*grin*, Piémont (Mondovi), cochon, Piacenza *grein*, id., f. *greina*, dim. *grinèn*; cf. celt. *grein*, porc.

b) *chiri*, Sicile, cochon, Galice *quiro*, id.; cf. anc. gr. *χοῖρος*, id.;

*ciro*, it., cochon, à côté du pr. *chourro*, id. (cf. *charra*, gronder).

c) *gara*, Savoie, truie (qui a eu plusieurs portées), Châlon *garroille*, truie salie; Lim. et catal. *garri*, f. *garrina*, gorret (cf. Berr. *jarraud*, cochon de lait = *garraud*), à côté de l'anc. fr. *garrot*, ragot (Rolland, I, 75); port. dial., Trasosmontes, *garra*, *garrenta*, cochina (*Rev. Lusit.*, V, 92); pr. *gouari*, goret, et esp. *guarro*, porc;

*gueri*, pr., goret (Rouerg. *goueire*, truie), Landes *guirre*, vieille truie (Rolland);

*gor*, Poitou, cochon; anc. fr. *guorré* (Nicot), truie, *gorre* (et Poitou), *gore* (et Morvan), *gaure* et *waure* (Sav. *vora*, truie mère); pr. *goro*, *gorro*, *gauro* (Rouergue), id., et *guori*, goret;

*gourre*, anc. fr., truie, Berr. *goure*, id., pr. *gouro*, id.

Formes dérivées: Poit. *goraille*, espèce porcine, Morv. *gorelle*, truie, anc. fr. *gorreau* (auj. Poitou), pourceau, *gorrel*, *gorel*, *goherel* (1285: „une biche, deus bichiaus et un *goherel*"), à côté de *goret*,[1] *gorret* (1297, et anc. pr.), *goreton*, cochon de lait, Creuse *goiret*, goret, Vendée *gorette*, truie (Deux-Sèvres *gorretante*, truie portière, et Saintonge *goretière*, id.), pr. *gorri*, *gori*, goret, Poit. *gorillon*, porcelet; anc. fr. *gorin*, cochon de lait (1451, auj. Berr., Poit.; Bessin „cochon", Loiret „porcelet"), anc. pr. *gorrin*, goret; anc. fr. *goron*, *gorron*, goret (Poit. *goronaille*, espèce porcine, et *goronnière*, truie pleine); Mil. *goran*, Pavie *goranèi*,[2] goret, esp. *gorrin*, id. (et porc);

*gourat*, Aude, verrat A. (Loiret: porcelet), Berr. et fr. du Nord *gouret*, goret, pr. *gourret* (f. *gourreto*, truie); Berr., Lorr., Yon. *gouri*, *gourri* goret (Savoie: cochon), Côte-d'Or *gourichon* et Plancher-les-Mines *gouril*, porcelet; Mayen. et pr. *gourrin*, goret, Indre-et-Loire *gourine*, truie A.; anc. fr. *gouron*, *gourron* (1418), goret, Poit. *gouraon*, cochon (et *gourounante*, truie pleine); Velay *gourilhou*, *groulhou*, porcelet, et esp. *guarrin*, id.; cf. gr. mod. *γουρούνι*, cochon, *γουρούνα*, truie.

d) *calya*, Alpes, Savoie, truie (H.-Sav. *calyen*, cochon A.), Dauph. *calhoun* et Langued. *calhou*, porc (Gard: porcelet); cf. fr. dial. *coualer*, *couailler*, grogner (7e);

*caya*, Alpes, Savoie (dim. *cayeta*), truie qui n'a pas des petits, pr. *caio*, truie, Lyon, Forez *caye* (caille), id., et *cayon* (Dauph., Bas-Val., Sav.), cochon (anc. fr. et Bresse: porcelet, Ain: verrat[3] A.), Rhône *queyon*, pr. *caioun*, cochon (Isère: verrat A.), et *caiastre*, jeune porc (cf. esp. *cochastro*, 11), à côté du valésan *cayena*, truie, *cayenet*, porcelet;

*gale*, H.-Marne, truie (Jura *mergale*, truie mère) A., Morv. *galène* (galegne), *galine*, truie qui a porté plusieurs fois, et pr. *galeso*, id.;

*gaille*, Jura, Morv., truie (et pr. *gaio*, id.), *gaillot*, cochon, à côté du Montbél. *goillot*, id.; Berne *guèya*, cochon;

*gouaille*, Côte-d'Or, truie, et *gouillou*, cochon (Rolland, V, 213);

*gueille*, Morvan, truie, et Lyon *guillorda*, vieille truie.

---

[1] Cf. Littré s. v. *goret*: „Il est singulier de rencontrer cette coïncidence: La province de Carthuel a quatre villes seulement, Gory, Suram, Aly et Tiflis... on dérive le nom de Gory d'un terme qui signifie cochon, parce qu'il y est abondant et excellent (Chardin, *Voyage en Perse*)". La singularité disparaît devant le caractère onomatopéique du mot, qui exprime le bruit sourd du grognement (cf. 3b): *gorr!* ou *worr!* parallèle à *gonn!* ou *wonn!*

[2] Nigra (*Archivio*, XIV, 112) voit dans le romagnol *gor*, rougeâtre (du vin), le point de départ du padouan *goranèi* et du fr. *goret*.

[3] Haute-Savoie *cayon pa copo*, verrat (= cochon coupé) et Aoste *cayon pa tsacro*, id. A., répondent au pr. *vercouat*, pourceau châtré (= verrat écaudé).

e) *gana*, Dauph., truie (dim. *ganet*, goret); à côté de *janes* (f. *janeso*), Rouerg. *jone* (f. *jouono*), se dit des pourceaux dont les soies sont dirigées du côté de la queue; et la forme renforcée Sav. *ganda* (Suisse *ouanda*), truie qui nourrit encore sa portée;[1]

*ghen*, Piém., Monferr., cochon;

*ghin*, Piémont, cochon, et *ghinna*, truie;

*gona*, Aoste A., truie, et Frib. *gouna*, id. A.;

*guenne*, Jura, truie.

f) *gagno*, Limousin, truie, anc. pr. *ganhon*, goret, Lim. *gagnoun* (gagnou), cochon;

*gogne*, Berry, truie (anc. fr. dans Borel, à côté de *goignon*, cochon), Creuse *gogno*, id., et Aveyr. *gognou*, petit cochon gras; Piacenza, Parme *gogn*, cochon, *gognin* (gognèn), goret;

*gounh*, Bordeaux, cochon de lait, Rouerg. *gougnou*, goret;

*gouagnòu*, Aveyron, goret (à côté de *gougnòu*) et Lim. *gouignoun*, cochon (Honnorat);

*gouine*, Fr.-Comté, truie, et Neuchâtel *gouèna*, id. A., répondant au pr. *gogno*, id. (Aveyr. *gouïna*, grogner, 7[c]).

g) *guagoin*, anc. fr., cochon de lait (1301), en rapport avec le Montbél. *gocoyer*, grogner de tendresse (de la truie allaitant son petit);

h) *hogné*, Metz, cochon, Lorr. *hougnet* et Meuse *hougnat*, porcelet (de *hogner*, grogner, 7[d]);

*hon-hon*, porc, et *oin-oin*, porcelet, Calvados;[2]

i) *ringo*, pr., truie qui a nourri (*rounga*, grogner, 6); cf. allem. *Range*, truie mère (du mha. *ranken*, braire);

j) *ròi*, Côme, cochon, et *ròja*, truie (cf. pr. *rouï*, grogner, 6);

k) *roin(zoin)*, porcelet, Calvados,[2] et Montbél. *rouné*, cochon (Lorr. *renée*, petite truie), répondant au pr. *renaire*, Aveyr. *roundinayre*, cochon, propr. grognon.

13. Une troisième série de ces noms, concernant principalement la truie et le sanglier, remonte à la notion „boue, mare", le bauge du sanglier étant un marécage et la truie aimant à se vautrer dans la fange (cf. XIIIe s., dans Littré: il resemblent la truie qui de boe est cargie). De là, les noms suivants:

*bedat*, Vendée, verrat, en rapport avec *bède*, boue (Pic. *bedoule*, boue liquide); cf. allem. *Watz*, cochon, avec *waten*, marcher dans la boue;

*liapa*, Valais, vieille truie maigre (cf. pr. *lapo*, *lapio*, boue, vase);

*logia*, Piém., Milan, Pavie, truie, et Venise *loja*, id., en rapport avec l'it. *loja*, boue, Tarn *lojo*, limon;

*marcassin* (1496: *marquesin*), sanglier au-dessus de six mois

---

[1] D'un verbe *guanda*, *wanda*, grogner (cf. *gana*, pour *guana*, de *gouïna*, grogner), à l'instar du fr. dial. *mianner*, *miander*, miauler.

[2] Communiqué par Ch. Guerlin de Guer.

(Mayenne: porc à peau noire, Malmédy: goret), en rapport avec anc. fr. *marquais*, bourbier, Norm. *marcasse*, id.;[1]

*ragot*, sanglier de deux ans (wall. *roguin*, porcelet), anc. fr., auj. Vaud, *raguot*, cochon de lait (1411: trois petiz *raguoz*); cf. May. *ragat*, eau bourbeuse, et Poit. *ragotère*, ornière (Saint. *ragouiller*, patauger);

*souère*, Berry, truie en chaleur, et Lorr. *soure*, troupeau de jeunes cochons (cf. cochon de *saure*, de deux à quatre mois), Clairv. *sourie*, *souriat*, id., répondant au pr. *souiro* (soueiro), bauge, bourbier; port. dial., Trasosmontes, *surrenta* („porca, espessa, atolada en çujidar", *Rev. Lusit.*, V, 106).

14. Certains appellatifs du cochon et de la truie se trouvent étymologiquement en rapport avec ceux d'autres animaux plus ou moins apparentés, s'appliquant également:

à l'âne (9): Rouergue *grougnaire*, âne, propr. cochon; Naples *cicco*, porc, et it. (Sicile) *cicco*, âne; cf. mha. *gurren*, âne, avec fr. dial. *gorron*, goret;

au blaireau (qui rappelle le porc par son museau[2] et par l'odeur qu'il exhale): pr. *tessoun*, cochon (Landes: porcelet, Lot-et-Gar.: verrat A.), propr. blaireau, Aveyr. *tessou* (Gard *techou* A.), porcelet, f. *tessouo*, jeune truie (Gironde *tesse* A.), pr. *tessouno* (Cantal *techouno* A.), id.; Ariège *toussin*, porc A., et Béarn *touchin*, sanglier;

au bœuf (dont le mugissement se rapproche du grognement): wall. *godi*, verrat ($10^{i}$) et Champ. *gode*, vache, Meuse *godin*, bouvillon (anc. fr. et Lorr.: jeune taureau), et Pléchatel *boucaut*, petit taureau et jeune porc; anc. fr. *guagoin*, cochon de lait ($12^{g}$) et Meuse *goguette*, vache; Meuse, Lorr. *maquin*, *maiquin*, verrat, en rapport avec l'allem. *Mocke*, *Mucke*, truie (gaël. *muc*, porc), de *moken*, gronder, mugir; fr. *ragot* (13), sanglier, avec Yon. *ragot*, taureau (Berr. *raguin*, agneau de l'année);

au canard (qui barbote dans la boue comme le cochon qui s'y vautre): Lyon *canot*, porcelet, propr. petit canard, et *malot*, pourceau (Cotgr.), avec *mallon*, canard sauvage;

au chat (9): Gasc. *gnoun*, cochon (Alpes-Mar. *gnougna*, miauler) et pr. *màuro* (màuryo), truie mère, assimilée à une chatte gravide (Aveyr.: vieille truie qui a porté plusieurs fois), Saint-Pol *maousse*, id., Eure *mahouse*, Namur *marhouse*, répondant au pr. masc. *miarro*, *gnarro*, goret, à l'instar de l'esp. *marrano*, port. *marrão* porc et cochon de lait, *marrana*, truie, Galice *marrá* (marrau), *marran* (marrancho), du verbe *marrar*, *morrar*, gronder (du chat en rut et du cochon);

à la chèvre (9): Berne *bèque*, truie ($10^{a}$), et Poit. *bèque*, chèvre; Piém. *biga*, truie ($10^{a}$), et Yon. *bigue*, chèvre, pr. *chouno*, truie et

[1] C'était déjà l'opinion de Diez.

[2] Cf. Jura *tesson cochon* et catal. *taixon porqui* (Rolland, I, 49), répondant au fr. *blaireau à tête de cochon*.

chèvre; Jura *gaille*, truie ($12^d$), et Lorr. *gaille*, chèvre; Berry *gazelle*, truie, et Langued. *gazelo*, chevrette; it. dial. *saïna*, truie ($10^e$), et Brescia *saïna*, chèvre, à côté du comasque *zina*, truie ($10^t$) et Lomb. *cina*, chèvre;

au chien (9): Creuse *cagno*, truie A., propr. chienne, à l'instar de l'esp. *gacha*, truie (= chienne), et inversement anc. fr. *gaignon*, mâtin, à côté de *goignon*, porc ($12^f$); *hire*, vieille truie (anc. fr. grondement de chien); cf. allem. *Käuler*, sanglier, lith. *kuilys*, cochon (f. *kiaule*), irl.-erse *coilleach*, cochon, et *cuilenn*, petit chien;

au crapaud (cf. 9): Brive *bobo*, vieille truie (Rolland, V, 216), et Lyon *bobo*, crapaud;

à la louve (comparée à une truie pour sa lascivité): Berr. *loriande*, truie (à côté du Morv. *loure*, louve) et Engadin *liufa*, truie (à côté de *lüfa*, louve);

au rat (cf. roum. *chiţăi*, guiorer et grogner): Berr. *rat* (petit), pour appeler les cochons („il existe une certaine ressemblance de forme et d'allure entre le rat et le porc", Laisnel de la Salle); Sav. *raton*, Genève *ratyon*, cochon (Montbél. *raitot*, porcelet), et pr. *ratoun* („rat"), mot pour appeler les porcelets; Lim. *garri*, petit cochon et gros rat, à l'instar de l'abruzzois *zocchele*, goret et gros rat; it. *ghiro*, loir, et dial. porc (v. Petrocchi).

15. Une dernière catégorie de ces noms populaires dérive de certaines particularités physiques; elle est tirée:

du boutoir (avec lequel le cochon fouille le sol pour y chercher la nourriture): Guernes. *couturier*, cochon (anc. fr. *couturer*, sillonner la terre), et *fouilleau*, le plus petit de la ventrée; pr. *fousin-fouseire*, cochon, propr. celui qui fouille; Venise *busegat* (busegatolo), Mantoue *bosgat*, cochon (pr. *bousigadou*, boutoir), Reggio *razza*, truie (de *razzè*, gratter la terre); roum. *rîmător*, cochon (de *rîmá*, fouger); cf. lat. *scrofa* et gr. *γρομφὶς*, truie, sanscrit *bhûdara*, porc („qui fouille la terre"), appellations qui traduisent la même image;

des défenses ou dents tranchantes du sanglier (appelées encore *broches*, *dagues*, *limes*): wall. *daille*, sanglier (de l'anc. fr. et dial. *daille*, faux), Pas-de-C. *dale*, verrat; cf. *miré*, sanglier dont les défenses sont recourbées par la vieillesse (de l'anc. fr. *mires*, défenses de sanglier, Cotgr.);

de la graisse ferme (qui est entre sa chair et sa peau): Berr. *lard*, cochon gras (bas-lat. *lardum*, porcus saginatus, ustulatus et salitus), et Loiret *larre*, truie (Rolland, V, 216), Genève *lar*, porc engraissé; port. dial. (Rio-Frio) et Galice *larègo* („porco muito novo"), Miranda *lharego* (v. *Rev. Lusit.*, I, 213); esp. *cachigordillo*, ragot (sanglier), propr. gros et gras, à l'instar du roum. *grăsun*, marcassin (= grassouillet), et *corezuelo* (cueruzuelo), porcelet (de *cuero*, lard); catal. *tocino*, cochon (esp.: lard), dim. *tocinet*, porcelet; inversement, anc. fr. *bacon*, chair de porc salé, flèche de lard (pr. *bacoun*, porc gras, lard entier), du holl. *bac*, cochon (catal. *bacó*, id., et *baconet*, porcelet);

de sa peau: Forez *pella*, truie, et Sav. *pelaira*, id.;

de sa robe (bariolée, grisâtre ou gris noirâtre, au Midi): Genève *bête noire* (Suisse *bita neira*), pr. *bestio negro*, Sic. *nigru* et Abruz. *negre*, cochon (cf. fr. *bête noire*, sanglier au-dessus de six mois); Metz *russon*, verrat (= roussâtre); Ariège *marello*, truie mère A. (= noirâtre), Poit. *mirole*, truie (Morv. *miré*, bariolé), et pr. *ragat*, cochon salé, propr. rayé; esp. *jaro*, métis de porc et sanglier, propr. roux;

de ses soies ou poils raides (qui couvrent le dos et le cou du porc): pr. *poilo*, truie, esp. *cerda*, id. (et soie de porcelet), esp., port. *cerdo*, cochon et crin de porc;[1]

de sa taille: roum. (porc) *mistreț*, sanglier, propr. cochon nain (de l'albanais *mistrets*, nain).

Certains noms de la truie mère font allusion à sa luxure, tels que: Poit. *gaupe*, vieille truie (anc. fr.: prostituée) et *houlère*, id. (anc. fr.: *holière*, prostituée, de *hole*, bordel).

16. Une série d'épithètes, plutôt plaisantes, complète cette nomenclature:

*auribait*, Béarn, oreille basse, l'animal aux oreilles larges et tombantes, et esp. dial. (montañes) *uno de la vista baja*, cochon, la bête à la vue basse (ses yeux étant petits, oblongs et fendus obliquement); cf. sanscrit *talekshana*, porc („qui a les yeux dirigés en bas“);

*baron*, Berry, porc, et *noble*, id. (par allusion à la soie dont il est couvert), à côté de *habillé (vêtu) de soie*, pr. *pè pelu* („pied poilu“), Norm. *gentilhomme*[2] et Morv. *monsieur*, porc à l'engrais (parce qu'il demeure oisif); H.-Bret. *syndic* et réto-r. *salvanori* (= salvo honore,[3] Gartner), cochon;

*bêtot*, Blaisois, cochon, et Vaud *bétyon*, id. (ailleurs, spéc. porcelet), Berr. *cadet*, *cadi*, verrat; pr. *manit* (manidou), Blais. *méniau* et Guyen. *megneque*, pourceau (= mignon), Meuse *privé*, id.;

*cerco-rabassos*, pr., cochon,[4] propr. chercheur de truffes (dont les cochons sont friands);

*clapon*, Dombes, porc (parce qu'il fait claquer la langue en mangeant), à l'instar de l'allem. *Matz*, id.; pr. *gnico-gnaco*, *gnifo-gnafo*, surnoms du cochon gras (d'après sa voracité);

---

[1] Mme C. Michaelis (*Miscellanea Caix-Canello*, p. 164) fait remonter *cerdo*, cochon, au lat. *sordidus*, sale.

[2] La Fontaine, VIII, 12: *Dom pourceau*. Cf. Taine (*La Fontaine*, p. 193): „Le cochon est un hidalgo et s'appelle don Pourceau, parce qu'il a „son toit et sa maison“, et qu'il y vit fièrement, oisif et dans la crasse“.

[3] Cf. Montesson s. v. *porc*: „Quand on parle de ces animaux, on ajoute: *Sauf vot' respé*...“; Suisse, Valais *iz atro*, id. (= les autres; Jeanjaquet).

[4] „Dans toute la région de la Falaise (Calvados), où l'on appelle les cochons au moyen du cri *quien-quien!* remarquer que le mot *quien-quien* signifie pomme de terre: on donne encore, et l'on donnait surtout jadis, des pommes de terre aux porcs; de même, à Bernières-sur-Mer, les pommes de terre sont les *ti-tizes*, d'après le cri *tî-tî!* pour rappeler ces mêmes porcs“ (Ch. Guerlin de Guer).

*fressin*, anc. fr., jeune pourceau, et *fressangue*, jeune truie (Sic. *frisinga*, id.), propr. truie fraîche (Aveyr. *fraysso*, id.), répondant au réto-r. *novella*, id. (2); cf. allem. *Frischling*, goret;

*galavard*, pr., porc (= gourmand), et Toul. *groumet*, goret (= goulu); Loire *bifa*, truie (fr. dial. *biffer*, manger goulûment), et Marne *gobette*, id. A. (de *gober*, dévorer);

*gamelle*, Morvan, truie qui a déjà porté (= auge à porcs), et Dauph. *gavo*, Drôme *gavilho*, goret (= id.), répondant à l'it. *gavanello*, cochon (Duez);

*mère*, truie (Puy-de-Dôme *mère troyo*, Allier *mère truie* A.), Morv. *mérande*, id., Berr. *mère Michel*, sarde mérid. *mardi*, truie (= matrice); cf. allem. *Mutterschwein*, truie mère.

Ajoutons les termes facétieux: Vaud *canari d'ebouaton* (d'étable), Piém. *canarin a giand*, fr. *rossignol à glands*, etc.; Vaud *anglais*, Valais *français*, Frib. *polonais*.[1]

Et finalement, quelques dérivés des noms propres: Auvergne *carsi* (cassi), *clarsi*, porc de Quercy (à la chair ferme), pr. *bourguignoun*, surnom du porc (v. Mistral; cf. it. *borgognone*, sale); Sic. *'Ntoni*, cochon, c.-à-d. compagnon de saint Antoine, et Parme *zana*, truie (= *Giana*; cf. Venise *Zanni*), *zanen*, porcelet (cf. Côme *Zanêla*, *Gianello*, dim. de Giovanni).

17. Voici maintenant les noms argotiques du porc:

argot français: *bacon* (cf. 15), *bouant* (il se vautre dans la boue), *grondin* (anc. *grohan*; cf. roum. *grohăi*, 5) et *roant* (H.-Bret. *rohan*), propr. grognon, à côté de l'anc. *copin*, c.-à-d. camarade (cf. Loiret *hôte*, id., Rolland, V, 214, le sanglier n'étant qu'un hôte, c.-à-d. ne se fixant pas dans un certain endroit);

argot des terrassiers de la Tarentaise (Savoie): *chenard*, cochon (vilain chien, en limousin) et *tian* (cf. *tia!* cri d'appel, $3^a$);

argot espagnol: *gruñente*, propr. celui qui grogne;

argot portugais: *grulha*, cochon („grognon"), *reco*, *reichelo* ($10^n$) et *to*, id. (cf. $10^r$);

argot italien: *bigazo*, porc (de *biga*, truie, $10^a$), et *grugnante*, porc et français (cf. il porco parla francese), par allusion à *oui*, *oui*, mots que le Français répète constamment et qui ressemblent aux cris du cochon (Duez); cf. Clairvaux *oin*, *ouin*, espèce d'oui grognard, ironique.

18. La nomenclature romane du porc ne connaît qu'un très petit nombre d'emprunts d'importance secondaire: anc. fr. *marso*, *marsouet*, pourceau d'un an, à côté de *bacon* (15), du germanique; Berne *seuilé*, porcelet (du suisse allem. *Säuli*, id.; Jeanjaquet); roum.

[1] „Un nom facétieux très répandu dans la Suisse romande est *Anglais de Payerne*, qui désigne proprement les cochons de race rouge, dont l'élevage se pratique beaucoup dans la région de Payerne (Vaud), d'où également *payernâ*, cochon rouge; *anglais*, tout seul, s'emploie aussi pour porc en général (Fribourg, Vaud), à l'instar de *français* (Miège, Valais) et *polonais*" (Grandvillars, Fribourg; I. Jeanjaquet).

*burlinc* (burlan), *brulinc*, marcassin (allem. *Brüling*, porcus anniculus), et *mistreț*, sanglier, de l'albanais (= nain, 15); esp. *jabalí* (port. *javalí*), dim. *jabato*, sanglier, de l'arabe *djabalí*, montagneux, répondant au port. *porco montez*.

Les termes suivants sont d'origine obscure:

porc: Malmédy *quista* (cf. roum. *ghistesc*, couvrir la truie); Sic. *androgghiula*; it. *borbora* (Duez), Val-Soana *cheça* et *firfa*, Galice *sincope*;

porcelet: Norm. *tonquin*; port. *farroupo* (Alemtejo *farropo*); cf. anc. fr. *farrin*, bête sauvage (*farroupo* désignerait primitivement le marcassin), et bas-lat. *ferreolus*, porcelet; port. dial., Trasosmontes, *galdrapa* („porca da criação", *Rev. Lusit.*, V, 90);

sanglier: roum. de Banat *gligan* (Moldavie *găligan*), sanglier et marcassin;[1] fr. *laie* (XIIe s., *Vie de saint Gilles*, 1234: „senglers, *lehes* et forz farrins"), femelle du sanglier (mha. *liehe*, auj. *Lehne*, id.);

truie: Bas-Gâtin. *lidoire*, truie en rut (Poit.: chèvre, brebis en rut), Frioul *pignole* (qui n'a pas encore mis bas) et Sic. *strafa*.

19. La plupart des noms hypocoristiques du cochon (un petit stock de termes hérités et un plus grand nombre de noms d'origine inconnue mis à part) dérive, on l'a vu plus haut, tantôt d'un cri d'appel ou de renvoi, tantôt de la voix sourde propre à la bête, et tantôt d'un caractère extérieur, physique ou moral. Comme il s'agit des noms d'amitié donnés aux animaux, il est naturel que l'homme du peuple ait tiré parti des faits immédiats que lui suggérait la nature. Cette manière de voir est pourtant loin d'être admise, et on s'est toujours efforcé de faire venir ces noms du latin,[2] ce qui serait possible au moins historiquement; du grec, ce qui est plus difficile, voire de l'hébreu, ce qui est purement impossible. Il importe de jeter un coup d'œil sur ces hypothèses, ne fût-ce que pour faire ressortir leur côté négatif.

C'est du grec que Ménage dérive les noms italiens: *ciacco* et *ciro*, pourceau. Voici ses paroles: „*Ciacco*... che deriva da σύβαξ, in questa guisa, non credo che se n' abbia da dubitare: σύβαξ, σύβακος, σύακος, syacus, ciacus, ciaco, *ciacco*... Esichio: σύβακα, συώδη, qui porcinis moribus est". — „*Ciro*, porco, da χοῖρος, chirus, cirus, *ciro*".

Ces étymologies méritèrent l'approbation de Diez, et passèrent de Diez à Körting. On répète ainsi, depuis deux siècles, une dérivation que ni le sens (le mot grec signifie „semblable à un porc"), ni la forme (la sifflante initiale changée en palatale), ni surtout l'historique (le terme d'Hésychius est absolument isolé) ne saurait légitimer.

---

[1] En bulgare *glik*: le nom dériverait du cri de la bête (cf. Hasdeu, *Cuvente*, I, 283, et *Supplément*, p. 61, 81).

[2] Voir plus haut les dérivations proposées par Caix pour *cioncolo* et *ciuino*, porcelet; cf. Abruz. *ciocche*, de *succula* (Finamore).

En réalité, le florentin *ciacco* est proche parent du napolitain *cicco* (10^c^), de même que *ciro* est inséparable du pr. *chourro* (12^b^).

L'esp. *marrano*, cochon, a été de bonne heure appliqué aux non-chrétiens, aux Maures et aux Juifs qui ne mangent pas du porc, pour la même raison méprisante qui fait que les Turcs, à leur tour, appellent „cochon" *(domouz)* les mangeurs de porc, les chrétiens. Or, au lieu de voir dans ce sens d'hérétique ou d'infidèle (Maure ou Juif converti) une application secondaire de la notion *cochon*, on est parti de celui-là pour en déduire celui-ci. C'est ainsi que *marrano*, cochon (primitivement grognon, 14) et marane, a été mis en rapport avec la formule chaldaïque *maran atha*, „notre Seigneur est venu" (*Corinth.*, XXVI, 22), sorte d'imprécation contre les impies. Cette étymologie, déjà proposée au XVII^e^ siècle par La Popelinière (dans Ménage), a été récemment reprise et développée.[1]

Une interversion sémantique analogue est admise par Settegast pour le fr. *coche*, truie, qui dériverait du bas-allem. *Kotze*, prostituée.[2] En réalité, cette dernière acception est une application fréquente de la première (33^a^, 46^a^).

Mais la plus caractéristique de ces étymologies traditionnelles est celle du fr. *truie*. Macrobe, grammairien du IV^e^ siècle, raconte ceci entre autres anecdotes: „Cincius, en proposant la loi Fannia, reproche à son siècle qu'on servait sur les tables le *porc troyen*;[3] on le nommait ainsi parce que ses flancs étaient bourrés d'autres animaux, comme le cheval de Troie était rempli de soldats armés". Cette simple allusion à un *porcus trojanus* a suggéré à Eritreo (dans Ménage, *Origini*) et, indépendamment de lui, à Diez, un *porco di troja* et puis un *troja* tout seul, pour désigner une truie pleine. Et c'est ainsi que le nom de la femelle du porc viendrait du nom d'un plat à la mode, attesté par un compilateur du IV^e^ siècle. En fait, les langues romanes, à l'exception du français et du provençal, ignorent *troia*, et cette considération géographique suffirait, à elle seule, pour écarter une dérivation dont même le point de départ est purement illusoire.

---

[1] Voir Babad, dans la *Zeitschrift*, XIX, 172; et pour d'autres hypothèses, Körting s. v. *marrjan* (le roum. *mucharmatha*, que K. mentionne au n^o^ 5926, est imaginaire). Baist (*Kritischer Jahresbericht*, VI, 315) se rallie, pour *marrana*, à l'étymologie proposée par Saavedra, dans le Dictionnaire de l'Académie espagnole, à savoir l'arabe *maharanna* (qui avait déjà fourni à l'espagnol le terme *majaranna*, porc frais).

[2] *Zeitschrift*, XV, 249. Du reste, le bas-allem. *Kotze*, prostituée, est identique à *Kotze*, tapis de grosse laine, à l'instar du roum. *scoarță*, écorce, tapis grossier et gourgandine *(scorțotină)*, et du pr. *rusco*, écorce et femme de mauvaise vie.

[3] Macrobe, *Saturnales*, II, 9: „. . . quod *porcum Trojanum* mensis inferant; quem illi ideo sic vocabant, quasi aliis inclusis animalibus gravidum, ut ille Trojanus equus gravidis armatis fuit".

## Deuxième Partie.

### Sens des noms du porc.

---

### I. Sens romans de *porcus*.

20. L'italien et le roumain ont, à peu près seuls, conservé la valeur sémantique de *porcus*; dans les autres langues romanes, il a été supplanté par des noms hypocoristiques, qui ont accaparé une portion de son domaine métaphorique. C'est ainsi que, en français, *cochon* a vu sa sphère s'élargir aux dépens de *porc*, qui désigne plutôt l'espèce porcine en général; et que, en hispano-portugais, les sens de *marrano*, *marrão*, l'emportent sur ceux de *puerco*, *porco*.

Cette circonstance nous amène à grouper dans un seul chapitre les images que le roman a tirées de *porcus*, *scrofa*, *verres*. Ces images sont généralement un reflet fidèle de l'animal, envisagé, à tort ou à raison, comme brutal, immonde et luxurieux. En italien, *porco* sert souvent à exprimer ce qui est excessif: *porca stagione* est un temps affreux (cf. allem. *Sauwetter*) et *lavoro porco* (esp. *obra puerca*) est un travail à la fois malpropre et épouvantable (cf. allem. *Sauarbeit*); *porcheria* s'applique non seulement à un ouvrage gâché, mais à un fruit gâté, à une fleur fanée (cf. esp. *verriondo*, flétri, propr. verrat en chaleur), à un vêtement usé, à une grêle causant des dégâts et à toutes les vilenies morales. Le nom y remplit une fonction analogue à celle de *chien* en français.

Les noms *porcus (porca)*, *scrofa*, *verres* désignent:

21. En zoologie,

a) Des poissons qui rappellent le museau, la peau, la queue, la tête de l'animal, ou sa voracité:

blanchaille: Sic. *majatica* et roum. *porcuşor;*

dauphin (allusion à la couche graisseuse qui s'accumule sous sa peau comme sous celle du cochon): Bretagne *porc de mer* et catal. *porc de mar*, pr. *peis porc* (poisson porc); cf. allem. *Meerschwein* et angl. *hog-fish*, id.;

esturgeon: it. *porceletta*, catal. *porcell*, roum. *porcaş*, *porcuşor;*

humantin: Mars. *porc*, pr. *porc-de-mar*, it. *pesce porco*, port. *porco marino*; cf. allem. *Sauhund*, id.;

maquereau: fr. *verrat de mer*, Nice *verrat*, catal. *barrat*, it. *scrofano*, esp. *verraco de mar*, port. *varrasco do mar*; cf. allem. *Schweinfisch*, id.;

marsouin: fr. *porc (pourceau) de mer* (répondant au mha. *merisvîn*, marsouin, emprunt du XV^e siècle), à côté de l'anc. fr. *porpeis* (porc poisson), auj. Guernesey (d'où angl. *porpoise*); pr. *porc marin*, *pourquet*, it. *porco marino* et esp. *puerco marino*; cf. anc. gr. *γρύλλος*, lat. *porculus marinus* et allem. *Saufisch*, id.;

requin: catal. *porc;*

scorpène: Sic. *scrofana* et port. *porca marinha*;

zée (il pousse un grognement quand on le saisit): anc. fr. *porcille* (Rabel., IV, 60) et mod. *sanglier*, it. *cignale*; cf. anc. gr. *κάπρος*, id.

b) Des insectes:

charançon (du pin): pr. *mourre de porc* (museau de porc);

cloporte (à l'aspect immonde): fr. *porcelet* (XVI^e s., Ol. de Serres: „cloportes, autrement *pourcelets de saint Antoine*“) et *pourceau de saint Antoine*,[1] wall. *pourcé d' cave* et Hain. *pourchon de mur*; pr. *pouro* (truie) et *pourquet de croto* (porcelet de cave), Menton *porchet*, it. *porcelletto* (di sant Antonio), esp. *puerca* et port. *porquinha* (de santo Antão); cf. lat. *porcellio* (Cæl. Aurelius) et *porcillaca* (Pline), allem. *Mauerschweinchen* et angl. *sow-bug* (truie-punaise);

coccinelle: pr. *pourquet dòu bon Dieu* (cf. *bête à bon Dieu*);

courtillère (elle fouille la terre avec ses pattes de devant, larges et aplaties): Aveyr. *pourcognòu* (porcelet) et Berry *étrangle-porc* (les cochons qui en mangent, périssent d'une maladie putride, Rolland, III, 296);

larve de hanneton: Hérault *porc* A.;

hanneton (il vit, comme le goret, dans les boues et les fumiers): Sic. *purcidduzzu* („porcelet“);

sauterelle verte (espèce de grande): Valais *verrot* (Jeanjaquet);

scolopendre (se tient en général dans les lieux humides): it. *porceletto*;

sésie (papillon rouge): fr. *petit pourceau* et pr. *pourquet;*

ver à soie (qui se ratatine au moment de filer): pr. *porc*.

c) Des mollusques:

coquille de Vénus: fr. *porcelaine* (XIII^e s.: „*pourcelaines* blanches que l'on trouve en la mer“), coquille et nacre, puis poterie (XVI^e siècle), it. *porcellana*, *porcelletta*, propr. petite truie (par allusion, dit-on, à sa vulve);

escargot (à coquille aplatie et à chair noire): pr. *verre* (verrat).

d) Des oiseaux:

fauvette (à tête noire): roum. de Banat *purcelușă* et *scrofiță* (petite truie);

---

[1] Littré: „Cochon que les peintres représentent ordinairement près de ce saint, parce qu'on prétend que dans sa solitude le diable le troublait souvent sous cette forme“.

merle d'eau (se tient habituellement dans les marais): roum. *purcăruş* (porcelet);

pinson: Montbél. *chiot de por* (crotte de porc);

pluvier: roum. *porcăraş* (à collier) et *porcuşor* (guignard);

râle d'eau (à cause de son cri aigu): it. *porciglione.*

e) De petits mammifères:

cobaye: anc. pr. *sulhon*, mod. *pourcin* (et *porc marin*), Aveyr. *pourou* et it. *porcellino d'India* (c.-à-d. d'outre-mer); cf. allem. *Meerschwein*, id.;

hérisson: fr. *pourceau ferré* et Milan *porchée*; cf. allem. *Schweinigel* et angl. *hedgehog* (pourceau de haie), id.;

hystrix (son corps, comme celui du hérisson, est couvert de piquants raides et aigus qui peuvent se redresser): fr. *porc épic* (XIII^e s.: *porc espi*), propr. porc à piquants, it. *porco spino*, esp. *puerco espin*, port. *porco espinho*, roum. *porc ghimpos*; cf. allem. *Stachelschwein*, id.;

putois: Lorr. *p'hòou* (porcelet).

**22.** En botanique:

a) Des plantes agréables au porc ou qui ressemblent à une partie de son corps, principalement à son museau ou à sa queue:

alopécure (ses graines fournissent un bon fourrage): pr. *poucel* (porcelet);

cirse (la tête de ce chardon rappelle le groin du porc): pr. *mourre-de-porc*; cf. angl. *sow-thistle* (truie-chardon), id.;

colchique (d'automne): pr. *poucelet* et Aveyr. *pourcelòu;*

cyclamen (les pourceaux en sont très friands): fr. *pain de pourceau* (anc.: *pain porcin*, Cotgr.), it., esp. *pan porcino*, port. *pão porcino*, roum. *pita porcului*; cf. allem. *Saubrod*, *Schweinsbrod*, id.;

ellébore: Norm. *herbe à porcs*;

jusquiame (= fève de cochon): fr. *porcelet*; cf. allem. *Saugift*, id.;

peucédane: fr. *queue de pourceau* et pr. *co-de-porc*; cf. allem. *Saufenchel* (fenouil de truie), id.;

pissenlit (les pourceaux s'en repaissent): pr. *pourcin* (et *mourre-pourcin*), à côté de *engraisso-porc*; cf. allem. *Saublume*, id.;

pourpier (propr. pourpier sauvage, agréable au porc): anc. fr. *porchaille*, pr. *porchalho*, it. *porcellana* [1] (d'où fr. *porcelaine*), roum. *porcină*;

renouée (plante que les cochons paissent volontiers): fr. *porcelle*, Berr. *porcine*, pr. *pourcino* (pourchignasso); cf. allem. *Saukraut*, id.;

verveine (désigne spéc. la variété couchée ou épineuse): Abruzz. *purcella mascule.*

b) Des végétaux et des fruits:

bolet comestible (les porcs s'en nourrissent parfois): fr. *porchin* et it. *boleto porcino;*

---

[1] Diez y voyait une altération du lat. *porcillaca*, pour *portulaca*; cependant, les formes parallèles prouvent qu'il s'agit des dérivés de *porca*, truie.

champignon vénéneux (noirâtre): fr. *porcelet brun;*

cerise (variété de): Sic. *majaticu*, propr. gros comme un pourceau;

églantine (ses fruits sont d'un rouge éclatant): Dauph. *porchocuo* (cul de truie);

olivier (variété d'): pr. *poucèu* (pourceau);

poire (sauvage): Calvad. *pere à cochon* et Puy-de-D. *pero de coutsou* (Roll., V, 21), it. *porcino*; cf. allem. *Saubirne*, id.;

prune (variété de): catal. *porquera* et esp. *porcal;*

salade (espèce de): fr. *salade de porc*, it. *porcacchia*; cf. allem. *Sausalat*, *Schweinsalat*, id.

23. En agriculture:

marcotter: port. *alporcar* (et provigner), propr. mettre bas (en parlant de la truie);

sillon très large (comparé à une truie qui fouge le sol en le retournant avec son groin): it. *porca* (d'où *apporcare*) et roum. *porcan*; esp. *porca* (d'où *aporcar*, port. *alporcar*), terrain élevé entre deux sillons (sens déjà du lat. *porca*), propr. truie, à l'instar de l'allem. *Furche*, sillon (aha. *furuh*, id., en rapport avec *farah*, porcelet, mod. *Ferkel*), et du Henneberg *Range*, truie et sillon;

tas de foin: Allier *pouchon* A., roum. *porcan*, *porcoiŭ* (ce dernier aussi tas en général);

terrain (omis par la charrue): Piacenza *verr* (verrat: „spigoli o lembi di terra lasciati dall' aratro").

24. En astronomie populaire:

étoile du matin: roum. *steaua porculuĭ* (étoile du porc);
pléïades: anc. fr. *porcelettes* et Mil. *porcinelle.*

25. Applications techniques:

a) Engins qui rappellent grossièrement la figure de l'animal:

canon (court et gros): esp. *barraco* (verrat), catal. *barracó;*

pressoir (d'olives): it. *verrocchio* (petit verrat); Abr. *purcelle* (cuve d'un moulin à huile); cf. lat. *porculus*, ferrure du pressoir;

réservoir: fr. *porc* (pour le minerai passé par le lavoir).

b) Ou telle partie de son corps, à savoir:

Ses dents ou crochets (fort courbées et saillantes):

crochet (pour arrêter le câble): it. *porco*; cf. lat. *porculus*, id.;
écrou de vis: Naples *scrofola* et Abr. *scrofele*, esp.-port. *puerca.*

Son museau obtus:

bateau (de pêche): Lim. *mourre-de-porc;*

tarière: pr. *verruno* et port. *verruma*,[1] propr. (museau de) verrat, it. *verrina*; cf. allem. *Schweinsrüssel*, sorte de forêt.

---

[1] Suivant Cornu (Gröber, *Grundriss*, I², 961) *verruma* viendrait du lat. *verrubius* (?).

Son pied, plat en dessous:

barre de fer: esp. *barraganetes* (apotureaux) et port. *varrão* (barre d'écoutille), à côté de *porquetes* (pièce en croix à la poupe);

fer (à battre le pavé): it. *piè di porco;*

levier: pr. *ped-de-porc*; it. *verricello*, treuil, propr. petit verrat;

madrier (au fond d'un navire): fr. *porque* (d'où *porquer*), it. *porche* et esp. *puercas;*

pince de fer: pr. *ped-de-porc* et it. *piè di porco* (à effraction);

poutre (aux créneaux des forts): esp. *puerco.*

Sa queue, mince, longue et enroulée:

outil de sellier: pr. *co-de-porc.*

Sa tête, presque cônique:

botte de chanvre: port. *porquinho* (porcelet);

mesure de capacité: fr. *porque* (1610); cf. angl. *hogshead*, id.

c) Termes spéciaux:

endroit profond d'une rivière: roum. *vier* (verrat), propr. le fond fangeux où il se vautre;

épieu (dont se servent les porchers): anc. fr. *porchiere* et it. (spiede) *porchereccio*, à côté de *verretta* (verrettone), sorte de flèche ou javelot, et de *verruto*, épieu, propr. épieu de verrat; cf. allem. *Sauspiess*, épieu, vouge;

gonflement des cendres (dans la coupelle): fr. *porc;*

masse d'argile: fr. *porc-pâte*; cf. allem. *Sau* et angl. *sow*, masse de fer;

scories de minerai: fr. *porc*; cf. angl. *pig-iron*, id.

26. Faits concernant la vie physique du porc:

accoupler (s'): pr. *pourqui* et *verrá* (Béarn *berrí*), roum. *a se purceli;*

mettre bas: anc. fr. *porceler*, anc. pr. *porcelar*, mod. *poucelá* (d'où *poucelado*, à côté de *pourcado*, portée), it. *scrofolare*, catal. *porcellar;*

châtrer: pr. *pourcha* (une truie) et Abr. *majá* (un mouton);

dévorer: Naples *scrofonejare*, propr. manger goulûment comme une truie;

engraisser: Berr. *porciner* (d'où *aporciné*, gras comme un porc)

griser (se; cf. ivre comme un cochon): pr. *pouchina*, fr. *pourceau*, ivrogne, et *vin de porc*, qui fait rendre gorge (Oudin); cf. roum. *a lua purceaua de coadă*, id., attraper la truie par la queue;

grogner: Naples *scrofonejare*; esp. *verraquear* (et grommeler pleurnicher, des enfants);

marcher en zig-zag (allure des verrats): pr. *verrasseja;*

regarder du coin de l'œil (les yeux du porc étant petits et obliques): it. *far l' occhio del porco;*

ronfler (= grogner): Abr. *scrufilija;*

salir: it. *sporcare* et roum. *spurcare* (du lat. *spurcare*, id.);

vautrer (se): roum. *a se porci.*

27. Et les notions complémentaires:

étable à porcs: anc. fr. *porcil* (auj. Drôme) et *porchiere*, mod. *porcherie* (Norm. *porquerie*); pr. *pourqueirolo*, à côté de *poucièu* et *pourcigoulo*; esp. *porqueriza* (port. *porqueira*), à côté de *pocilga* (= pr. *pourcigoulo*); de là:

bourbier: fr. *porcherie* et pr. *pourqueirolo;*
logis malpropre: fr. *porcherie* et it. *porcaio;*

museau (de porc): Naples *porco.*

28. Faits concernant sa vie morale:

outrager: roum. *a porcăi*, propr. traiter comme un porc;
travailler péniblement: pr. *berraseja* et *pourqueja.*

29. Épithètes:

brutal: fr. *sanglier* et pr. *verre* (verrat; Marseille: abruti par la luxure);

courageux: esp. *barracan, barragan*, propr. vaillant comme le porc sauvage (cf. *Lancelot du Lac*, XVe s., dans Lacurne: „Ilz se deffendirent ainsi comme porcz sauvaiges, quant ilz sont entre les chiens“, et anc. fr. „se defent *a guise de sanglier*“);

gourmand: fr. *porc, pourceau;*

gras (comme un porc): Abr. *majateche* et Sic. *majaticu;*

grossier: fr. et pr. *porc*, roum. *porc* (d'où *porcărie*, obscénité, et *porcos*, obscène);

ladre: pr. *porc;*

poilu: Naples *porco* (homme poilu);

sale: fr. et pr. *porc* (et saligaud), it. *porco* (d'où *porcheria*, saleté), esp. *puerco*, port. *porco* (d'où *porqueria*); cf. allem. *Schwein* et *Sau*, id.;

trapu (le corps du porc est ramassé, court et gros): Piém. *porcheis.*

30. Maladies qui affectent principalement les porcs:

bosse: it. *scrofa* (excroissance sur la tête) et esp. *porquero* (contusion à la suite d'un coup);

cacochymie (espèce de): pr. *mau de porc;*

écrouelles (la jeune truie en est souvent affectée): port. *alporcas* et esp. *puercas*; cf. lat. *scrofa*, truie et écrouelle, d'où *scrofulæ*, it. *scrofole*, propr. jeunes truies, à l'instar de l'anc. gr. *χοιράδες*, id.;

éruption cutanée: fr. *pourcelaine*, pr. *poucelasso*, Sic. *purcina;*

furoncle: Berr. *porcinat;*

vomir (après un excès de boisson): it. *fare i porcellini* (ou *maialini*), Abr. *fa le purchitte* et Berg. *tirá i porsei* ou *porselá* (et roter, d'où *porsel*, rot; cf. roter comme un porc).

31. Emploi hypocoristique:

a) En parlant des personnes:

compagnon: esp. *barracan, barragan* (verrat; v. courageux, 29);

gros bonnet: pr. *lou premier porc au nauc;*
homme: Abr. *berre* (verrat), mot d'argot.

b) Des jeux enfantins:

boule (jeu de la): anc. fr. *au pourceau mory* (Rabel., I, 22);
crosse (jeu de la): Aveyr. *pourcelo,* Mil. *porcola,* roum. *de a poarca.*

32. Emploi euphémique:

épouvantail: anc. fr. *ver* (verrat), dragon, serpent, bête malfaisante (*Partonopeus,* ap. Godefroy: „De serpenz et de wivres grans Et de venimos *vers* volans");

jurons: it. *porco maiale! porco me! porco cane!* et roum. *por(c)-de-căine!* pr. *oh! d'aqueu sacre porc!*

33. Emploi péjoratif:

a) Appliqué aux personnes:

célibataire: esp. *barracan, barragan,*[1] port. *barregão,* propr. verrat (cf. anc. fr. paillard comme un verrat, Cotgr.);

coquin: it. *porco-cane,* et roum. *por(c)-de-căine*; cf. allem. *Schweinshund,* id.;

prostituée: Lucques *scrofia* (= *scrofa*), Abr. *verrinie* (coche), répondant à l'esp. *barracana, barragana,* concubine (v. célibataire); cf. anc. gr. *κάπραινα,* laie, truie et débauchée;

rustre (v. grossier, 29): anc. fr. *verart,* paysan (Norm. verrat);

sbire: esp. *porqueron* (porcher);

virago: pr. *verre* et it. *scrofa.*

En anc. fr., on appelait *porcs de nostre Seigneur,* les chanoines (Cotgr.), et *porcs du roy,* les financiers (Oudin).

b) Appliqué aux choses:

bévue: it. *scrofa*; cf. allem. *Sau,* id.;

camelote: it. *porcheria* (cf. 20);

cassade (manquement de parole): pr. *ped-de-porc* (cf. en fr. *faire le pied de grue,* attendre vainement) et mauvais tour;

raccroc (au billard): esp. (bola) *puerca* et roum. *scroafă*; cf. allem. *Schwein,* id.;

travailler mal: Forêt-Noire *poucheler,* pr. *pourchilha* (et rapetasser), *pourcateja, pourqueja* (et barbouiller), *verrasseja*; catal. *porquejar.*

34. Applications isolées:

brûler (se): Forez *se porqueta* (cf. flamber un cochon);

coup: Venise *porcola*; cf. allem. *Sauhieb,* coup du ventre;

dent (qui naît au-dessus d'une autre): esp. *barraco,* propr. dent de verrat;

---

[1] Diez tente d'identifier *barragan* avec le nom de l'étoffe bourracan (esp. *barragan*) et Cornu (dans Gröber, *Grundriss,* I², 970) rapproche le fém. *barragana* du gr. *παλλακή,* concubine, par un type **pallacana.*

pâté d'encre: pr. *porc* (d'où *pourqueja*, tacher d'encre); cf. allem. *Schwein* et *Sau*, id.;

saleté (du moût de vin): esp. *barraco* (verrat).

## II. Sens des noms hypocoristiques.

35. Ces noms, ainsi que les autres appellatifs non-latins, désignent:

En zoologie,

a) Des poissons:

humantin (21[a]): fr. dial. *cochon de mer* (Rolland, III, 86);

marsouin (21[a]): Somme *cochon de mer* (Ibidem);

morse (bête à la grosse dent): pr. *gagnolo* (porcelet);

rouget (dont le corps et les nageoires sont d'un rouge plus ou moins vif): fr. *cochon* et *grondin* (argot: cochon);

scorpène (21[a]): anc. fr. *truette*, mod. *truie de mer;*

trigle: fr. *grondin*, pr. *grougnàu* (graugnau, grugnau), à côté de *gournau* (d'où fr. *gurnau*, *grenaut*, anc. fr. *guourneau*, Rabel., IV, 60), Jersey *grounard* (Rolland, III, 175), parce que, tourmenté, il fait entendre un sourd grognement;

zée (21[a]): anc. fr. *truée* (Morelius, éd. 1558: „Zeus, un poisson qu'on appelle doree, *trueie*, gal, jan"), mod. *truie*, pr. *trueio*; cf. anc. fr. *gal* et *jan* (v. citation ci-dessus), id., avec H.-Marne *gale*, truie (12[d]) et Dauph. *gana*, id. (12[e]).

b) Des insectes:

cloporte (21[b]): fr. *cochon* (de saint Antoine), Châlon *cochon de cave*, Meuse *cochenot*; Bas-Gât. *gorette* et dial. *truie* (petite truie, truie pelée, etc.), Norm. *treucuôde*, propr. queue de truie; pr. *caion*, *trueio* (trueto) et *trejo de croto*, catal. *trujeta*; Parme *gozinen* (= porcellino) et *zanen* (id.); esp. *cochinilla* (de *cochina*, truie), et dial., Biscaye, *gorrigorricho* (porcelet);

cochenille (originaire du Mexique, elle fut introduite en Europe vers 1523 par les Espagnols): fr. *cochenille* (Cotgr.), à côté de *couchille* (Ol. de Serres), propr. petite coche[1] ou truie (par allusion à la couleur rougeâtre), it. *cocciniglia*, emprunté, comme le terme français, à l'esp. *cochinilla* (v. cloporte);

courtillière (21[b]): Saintonge *treue* (truie);

hanneton: esp. dial. (Biscaye) *cochorro* (goret);

larve de hanneton (21[b]): Vienne *treue;*

mite: pr. *mauro* (truie) et Mantoue, Ferrare, Reggio *zanin*, Monferr. *gianin* (de fromage), Lucques *gianino* (des fruits), dim. de *zan* (gian), cochon;[2]

---

[1] On met généralement l'esp. *cochinilla* en rapport avec le lat. *coccinus*, couleur d'écarlate, et on voit dans l'anc. fr. *couchille* le diminutif du lat. *coccum*, grain d'écarlate (v. Scheler).

[2] Pieri (*Miscellanea Ascoli*, 422) dérive *gianin*, mite de fromage, directement du nom propre *Giovanni* (cf. 16), en rappelant *tonchio*, ver des légumes, équivalant à *Antonino* (cf. Sic. *Ntoni*, cochon, 16).

mouche (porcine): Saint., Poit. *gouine*, propr. truie (12[a]); cf. allem. *Schweinlaus*, espèce de pou qui se trouve sur les porcs;
scolopendre (21[b]): Côte-d'Or *treue* (Rolland, III, 250), esp. *cochinilla*, propr. petite truie (v. cloporte), et *garri* (porcelet), catal. *baconet* (id.);
ver à soie malade (21[b]): esp. *gorron*, primitivement goret;
ver luisant: Berr. *trée* (truie).

c) Des oiseaux:

appeau (oiseau de couleur rouge): Gasc. *choun* (goret);
canard clangule (son cri aigu et retentissant a été comparé à celui du sanglier): fr. *garrot*, propr. petit sanglier (12[c]);
draine (grosse grive): anc. fr. *troye* (XVe s.: „Le doux rossignol et la *troye*"), auj. Berr. *trée*, propr. truie;
pie grièche: fr. dial. *agache gorière* et Pic. *agasse treuelle* (Rolland, II, 148);
râle d'eau (21[d]): Mil. *grugnett*, propr. grognon.

d) Des mammifères:

cobaye (21[e]): fr. *cochon d'Inde* et *cochon de mer*, c.-à-d. venant des pays lointains, Reims *gouri* (porcelet), pr. *caion de mar*; it. *ciuino* (10[e]);
hamster (rongeur pourvu d'abajoues): fr. *cochon de blé;*
hystrix (21[e]): port. *cacheiro* (dial. cochon châtré, 11);
oryctérope (sa tête allongée est terminée par une sorte de boutoir): fr. *cochon de terre* (Buffon).

36. En botanique,

a) Des plantes:

cuscute (plante parasite à fleurs rougeâtres): Sav. *gora* (truie), Côme *grin* (Piém.: cochon); cf. allem. de Hennegau *Range*, truie et cuscute;
pissenlit (22[a]): pr. *grougn* (groin);
renouée (22[a]): Berr. *herbe à cochons*.

b) Des arbres:

églantier (dont le fruit est bon pour les cochons): Norm. *cochon* (Bessin *cochonnet*) et *ronche cochonnière;*
pommier (sauvage): roum. *(mĕr) mistreț*; cf. allem. *Sauapfel*, id.

c) Des fruits:

aubépine (fruit rouge et charnu): Bessin *cochon;*
figue (espèce de): fr. *goureau* (Poit.: pourceau);
nèfle (v. aubépine): Bessin *cochon* et Orne *cousson* (Rolland, V, 181, 237);
olive (22[b]): pr. *caiouno*, propr. petite truie;
pomme de terre (on la donne souvent aux cochons): Calvad. *quien-quien* et *ti-tize* (v. 16 note);

prunelle (d'une saveur acerbe et astringeante): Aube *prune à cochon* et Orne *cochon* (Rolland, V, 349).

37. En minéralogie:

caillou poli et arrondi (cf. fr. *cochonnet*, 45[c]): esp. *china*, propr. truie (10[e], primitivement boule de jeu, palet, 45[c]);

carbonate de chaux (en cristaux hexaèdres): fr. *dent de cochon;*

gueuse (de charbon): Forez *gora* (= truie).

38. En agriculture:

labourer: Berr. *goreter* (mal tracer son sillon comme le goret lorsqu'il fouille la terre) et Yon. *faire un goret* (en labourant); Suisse *bacouna*, enlever la superficie du terrain pour le fertiliser (propr. enlever le lard), et Vaud *cayon*, bout de sillon mal retourné par la charrue (Jeanjaquet); Sic. *ciaccari* (labourer la première fois), d'où *ciacca*, fossé (= sillon) et fente;

tas de foin (23): Allier *caille* A., propr. truie, et wall. *cosset* (petit cochon);

terrain entre deux sillons (coussinet omis par la charrue, 23): pr. *trueio* (et moissonneur qui marche le dernier), Aveyr. *truejo*, *mauro* (= truie).

39. Applications techniques:

a) Engins qui rappellent grossièrement la figure de l'animal:

machine de guerre (sorte de bélier): anc. fr. *truye*,[1] Béarn *troye*, it. *iroja;*

pressoir (25[a]) et ses pièces constitutives, à savoir:

gros chantier engagé dans les jumelles du pressoir et appuyant sur les madriers nommés „cochons" (image de la truie couvrant les petits marcassins): Berr. *treue* (truie) et Sav. *trouille*, Lyon *caye* et pr. *caio*, *gaio* (truie); Piém. *troiet*, moulin d'huile (= petite truie);

madriers placés au-dessus de la motte de vendange soumise au pressoir: anc. fr. *gorron* (1465: „les *gorrons* du troil"), auj. Aunis, Berr. *cochons*, Lyon *cayon*, pr. *caioun*, à côté de *gougnard* (du Rouerg. *gougnou*, goret), traverse au moulin à soie;

réservoir (25[a]): fr. *coche* (voirie dans les abattoirs) et esp. *cocha* (servant au lavage des métaux); de là:

encrier: Pic. *goret;*

tonneau: anc. fr. *truie.*

b) Ou bien une partie de son corps:

Ses dents ou crocs:

anneau de la charrue (= crochet): it. *gogno* (et en artillerie, cercle de fer), du piacentin *gogn*, cochon;

bourrelet (pour retenir les jupes): Berr. *gogne* (= truie);

---

[1] Froissart, II, 11, 5: „Un grant engin que on appelle *truie*, lequel engin estoit de telle ordonnance que il jetoit pierres de faix, et se pouvoient bien cent hommes d'armes ordonner dedans".

carcan (où l'on attache les malfaiteurs): it. *gogna* (dial., truie);
collier de cheval (et licou): anc. fr. *goherel*, *gorrel*, *gorreau*, *gorriau* (1391), primitivement collier de goret;
couteau (semblable au croc de l'animal): anc. fr. *truie* (qui se plie dans le manche); esp. argot *cerda* (= truie);
crampon (aux limonières): fr. *ragot* (v. crochet);
crochet: Clairvaux *ragot* (et pointe): d'où *ragoter*, accrocher.

Son dos voûté:

charpente (pour soutenir): esp. *marrana*, *marrano* (et rangée de pierres de taille pour soutenir un mur), propr. truie, cochon;
pente d'un toit: esp. *jabalon* (petit sanglier); cf. allem. *Schweinsrücken*, grille en forme de toit.

Son museau obtus:

bâton noueux (court et gros): anc. fr. *groignet* (1407: „un baston nommé *groignet*"), propr. petit groin; Clairvaux et Guernesey *ragot*, à côté du fr. *garrot* (XV^e s.: „un *garrot* ou gros baston"), propr. sanglier (12^c); Poit. *troie* (et *trouillon*, trique), Aveyr. *truejo* (crosse) et *pourcelo*, Rouerg. *mauro* (= truie); port. *cacheira*,[1] *cacheiro*, gourdin (de l'Algarve *cacheiro*, cochon, *cacheira*, coche), à côté du composé *cachaporra* (*cachamorra*, esp. *cachiporra*), id., propr. gourdin à groin de porc;
dard (trait d'arbalète): fr. *garrot* (v. bâton);
fourche (à trois dents): anc. fr. *groignet* (v. bâton).

Son pied plat:

levier (25^b): esp. *marrano* (de la presse d'un moulin à huile);
madrier au fond d'un navire (25^b): esp. *cochinata*, propr. porcherie;
pince de forgeron (25^b): it. *cioncone* (de *cionco*, cochon);
pistolet: fr. pop. *pied de cochon;*
rabot (de tonnelier): Fr.-Comté (Damprichard) *gouognou*, propr. cochon, pr. *chouneto* (= jeune truie) et Aveyr. *reno* ou *truejo* (pour amasser, en rasant le sol, le blé de l'aire).

Sa queue entortillée:

balai plat: fr. *goret* (d'où *goreter*, nettoyer avec un goret) et Morv. *gaillaude* (de *gaille*, truie: pour nettoyer le four); pr. *goret gouret* (ploc); cf. allem. *Schwein*, grosse brosse, et angl. *hog* (cochon), balai de navire;
tarière (terminée en vrille): fr. *queue de cochon.*

Sa tête arrondie:

clou: pr. *choun* (goret);
cylindre métallique: fr. *cochonnet* (dans la fabrication des toiles imprimées);
rouleau d'étoupe (25^b): Clairvaux *couchon* et Piém. *cocion*; esp. *cerda* (truie), poignée de lin non peigné.

[1] Coelho (*Diccionario* s. v.) dérive *cacheira*, gourdin, du thème *cacha* de *escachar*, fendre, briser.

c) Termes spéciaux:

filasse (rebut de): Suisse *cotchon* (cotson) et pr. *trueio* (bourre de fil); gonflement des cendres ($25^{c}$): fr. *cochon* (dans la coupelle); scories de métal ($25^{c}$): fr. *cochon* (obstruant le fourneau).

40. Faits concernant la vie physique du cochon et de la truie:

mettre bas: fr. *cochonner*, Pic. *cochoyer*, Berr. *cocheter*, à côté du wall. *coseler*, *cosseler*; Poit. *goreter* (Berr. *goureter*) et *gorillonner*, *gourrouner* (May. *goriner*, Aunis *goronner*), pr. *gourreta*; wall. *troï*, pr. *truia* et it. *troiare*; pr. *caiouna* (Sav. *cayená*), *gagnouna* et *goujouna*, Velay *agroulhouna* (= Poit. *gorillonner*) et Aveyr. *lochinta* (de *lochintou*, cochon de lait); catal. *garrinar* et *godayar*; de là:

portée: fr. *cochonnée*; Guern. *fouillère* (de *fouilleau*, porcelet), Lorr. *litaïe* (= fr. dial. *laitonaille*) et Montbél. *niaie* (= *gniée*, de *gnieu*, cri du cochon); Aveyr. *mourado* (de *màuro*, truie), *tessounado* et *trujado*;

accroupir (s'): Lyon *s'agrogni* et pr. *s'agrougna*, propr. s'accroupir en grognant, Naples *arrognare* (et se cacher);

agiter (s' = se démener à la façon des truies ou des porcelets): Lyon *se dégogner* (de *gogne*, truie) et pr. *degoudilha* (Valais *gouda*, truie), it. *acciacciarsi* et *acciaccinarsi* (de *ciaccino*, porcelet);

boire avidement (cf. boire comme un pourceau): Berr. *treuiller* et pr. *s'atruia* (boire au réservoir, se gorger), à côté de *chouna;*

dévorer (manger goulûment ou salement): Norm. *gourrer* (gourer), May. *gorer* (de *gore*, truie) et Poit. *engouillonner* (de *gouillon*, pourceau), Lyon *chouní* (pr. *choun*, goret); it. *ciaccare* (Duez) et *gruffolare* (v. fouiller);

écacher (enfoncer avec le boutoir): it. *acciaccare* et *ciaccherare* (Duez), Piém. *ciché;*

chatouiller (= gratter): Saint. *gouiner*, dorloter, Lim. *gouiná* (de *goïno*, truie) et *gourrina*, à côté du pr. *gueret-gueret* (faire), *gueri-gueri* ou *gri-gri-gri* („mot dont se servent les nourrices lorsqu'elles chatouillent leurs nourrissons", Mistral) et *guerin-guerin-gaio* („jeu de nourrice qui chante aux petits enfants en leur chatouillant la paume de la main", Id.), répondant au sarde *chiri-chiri* (cori-cori), propr. cri d'appel et porcelet ($3^{b}$); Gers *couchinos* (fa) et Puy-de-D. *gouchen* (fa) A., pr. *gandimello*, chatouillement (de *ganda*, truie, la finale influencée par *gatimello*, id.);

ébouler (s'): Poit. *gourrouner* (d'une terre, d'un mur, d'un bâtiment) et Aveyr. *truejo*, éboulement (d'un mur), comparé à une truie qui vient de mettre bas;

égorger des porcs: port. dial., Santa-Margarida, *acacheiner* (v. *Rev. Lusit.*, II, 243); Bas-Gâtin. *gonier*, égorgeur de porcs (de *gogne*, truie), et Galice *matàchin*, id. (de *chin*, cochon);

gratter (et égratigner): Poit. *égrogner* (et ébrécher), pr. *graugna* (grougna), à côté de *raugna* (rougna), propr. se frotter en grognant;

grogner: pr. *gourrieula* (= crier comme les gorets); de là:

bavarder (v. grommeler): fr. *ragoter*, propr. grogner comme un ragot ou sanglier (Oudin: *ragotter*, grommeller à toute heure), d'où *ragot*, cancan, commérage;

gémir (et pleurnicher): anc. fr. *hogner*, *hoigner* (Duez, 1664: „*hogner*, faire hon hon et criailler comme font les enfants quand ils voudraient bien avoir quelque chose"), Norm. *hougner* et *houiner* (Pas-de-C. *honner*, *ouïner*), à côté de *vougnier*, *vouïner*, *ouincher*; — Berr. *couïner* (Montbél.: et saigner, du cou), Genève *coinner*, Poit. *quener* (d'où *quenée*, gros soupir), Gasc. *quena* (Dauph. *couenassa*), Lyon *quiner*; Morv. *chouiner* (chonner, chienner), Lyon, Yon. *chougner* (Berr., Vosges *chigner*), Lorr. *sugner* et pr. *souïna*; — pr. *cagnoula*, *gagnoula* (d'où *cagnolo*, *gagnolo*, pleurard), Côme *sguagní*, Saintonge *guener*, Poit. *reguegnouner* (cf. pr. *gagnoun*, cochon); — Genève *gouailler* (Vaud *goualer*, *voualer*, *oualer*) et pr. *gouissa*, à côté de *raugna* (rougna), *rená*; Piém. (Val S.) *gandir* (= geindre comme une truie) et Monferr. *gnero*, enfant pleurard (= pr. *gnarro*, porcelet);

grincer (= gémir): anc. fr. *hogner*, Pas-de-Cal. *ouïgner* (des roues, charnières), Berr. *couïler*, Bessin *couincher* (d'une porte), Jura, Petit-Noir, *couïner* (des roues non graissées, des souliers neufs); pr. *raugna* (des portes);

grommeler: anc. fr. *hogner* (Guern. *hoigner*) et *groignoier*, mod. *grognonner* et *rognonner*; pr. *couina* et *graugna* (raugna);

gronder (réprimander): anc. fr. *grongner* (XV^e s., Charles d'Orléans: „Fortune tousjours me *groingne*"), d'où *groin*, reproche, mod. *grogner* (Sav. *grogne*, réprimande) et *gronder*, pr. *groundina*; anc. fr. *hogne*, reproche, et Hain. *goure*, réprimande;

grouiller (des intestins): anc. fr. *grouillier* (grogner), mod. *grouiller*, anc. pr. *grulha*, mod. *gourrièula* et *garrouna* (propr. grogner, des porcelets); cf. Bessin *treuler* (de *treue*, truie), pousser un rot prolongé (cf. 30);

palpiter: port. *bacorejar*, *bacarinhar* („metaphora tirada do bater apressado do coração dos bacorinhos ou do seu grito", Coelho);

serpenter (cf. marcher en zig-zag, 26): pr. *gourra*, *gourrina*, propr. imiter l'allure du goret;

vagabonder: pr. *gourri*, *gourrina* et *gandaia* (d'où esp.-port. *gandaya*, vagabondage);

vautrer (se, 26): Hain. *troulier* (de *troule*, truie) et Metz *se gourier*; it. *ciacchillarsi*; cf. pr. *chouno*, plongeon dans l'eau.

41. Et les notions complémentaires:

museau (27): anc. pr. *groingn* et *grulh*, mod. *grougn* (groun), à côté de *bousigadou* (mousigadou), boutoir; fr. *groin* (anc. *groing*, *groignet*) et *boutoir* (XIV^e siècle, ap. Littré: „le groing du pourcel qui partout *se boute*"), Montbél. *fourrignot*; it. *grogno*, *grugno*, à côté de *griffo*, Abr. *carufe*; esp. *hocico*, port. *focinho* (de *hoz*, *foz*, gorge de montagne); de là:

fouiller: pr. *bousiga* (mousiga), labourer avec le groin; it.

*griffare* (griffolare), *gruffare* (gruffolare), *gruffignare* et *rufolare*, Abr. *scarufá*; esp. *hozar*, port. *foçar;*

moue (et vilaine figure): fr. *groin*, pr. *grougn*, it. *grogno*, *grugno*;

porcherie (27): esp. *cochiquera* et *cochitril*, à côté de *chiquero* (de *chico*, pourceau) et *gorrinera*.

42. Faits concernant sa vie morale:

amuser (s'): pr. *chourrá* (de *chourro*, porc), propr. prendre ses ébats (et festiner), fr. *cochonner* (faire bonne chère, bien traiter);

lambiner: wall. *troïeler*, pr. *chourra* (lanterner) et esp. *cerdear* (tergiverser);

outrager (28): Morv. *aicaiouner* (poursuivre à coups de pieds), propr. maltraiter un cochon, et Sav. *gandeyi* (chasser quelqu'un en l'injuriant, de *ganda*, truie); it. *acciaccare* (v. écacher, 40) et *acciacco*,[1] outrage, d'où esp. *achacar* (calomnier), à côté de *acochinar*, confondre, humilier (= égorger un cochon);

prosterner (se): pr. *achourra* (mettre la face contre terre) et *s'achourri* (tomber dans la prostration);

quereller (v. gronder, 40): pr. *rena* (d'où *reno*, querelle, anc. pr. *rayna*, de *rainar*, grogner), esp. *reñir*, *riñir* (d'où *riña*, querelle), anc. fr. *groigne*, querelle, à côté du suisse *rogne* (Vosges *rogner*, bougonner), pr. *rougno*, it. *rogna* (dispute, primitivement gronderie);

tromper (et voler): anc. fr. *gorer*, *gorrer* (auj. Poitou), *gourrer*,[2] pr. *gourri* (cf. *juga 'n ped de caioun*, manquer de parole, trahir, v. *ped-de-porc*, 33[b]) et Milan *gora* (sgora), voler (mot introduit par l'argot); fr. mod. *gourer*, falsifier une drogue (d'où *goure*, attrape et drogue[3] falsifiée).

43. Epithètes:

a) Relatives au physique de l'animal:

bancal (les jambes du cochon sont minces et élancées): Berr. *garraud*, *jarraud* (= cochon de lait, 12[c]), pr. *garrel* (boiteux) et *garrouié*, *gouarré* (cagneux), à côté de *caioun* (qui a les jambes en dedans, propr. cochon); esp. *cerdear* (boiter, par faiblesse des épaules);

camus (le boutoir du cochon est obtus): Piém. *gnac* (Monferr: cochon de lait, 10[h]);

gourmand (29): Pas-de-C. *coutou* (cochon) et Bourg. *godard* (Morv. *gode*, truie); it. *ciacco*, catal. *goday* (cochon);

gras (29): fr. *coche* et *truie* (femme grosse et grasse), wall. Namur *godale* (grosse femme), de *godi* (verrat);

---

[1] Sur les hypothèses étymologiques, v. Körting.

[2] Le bas-latin *gorinare*, voler (1395), de *gorinus*, escroc (Lyon *gorrin*), en est une variante; le terme anc. fr. pénétra de bonne heure dans l'argot: *gourer*, *gourrer*, qu'on trouve dans une ballade du XVe siècle (attribuée à Villon: „Gueux gourgourans par qui gueulx sont *gourez*") et dans Bouchet (III, 199: „Pour m'engarder d'estre affiné [qu'ils appellent *gourré*] des matois qui mattent, je voudrois bien entendre leur jargon et savoir leur langue").

[3] Littré et Scheler tirent *goure* de l'arabe *ghar*, tromper.

ivrogne (cf. griser, 26): Yon. *coissot;*

louche (v. regarder, 26): Pic. *gognou* (cf. Berr. *gogne,* truie) et it. *cirusco* (de *ciro,* cochon);

petit (v. trapu): it. *cicco,* propr. pourceau,[1] esp.-port. *chico,* répondant à l'abruzzois *zicche* (porcelet), homme petit et maigre;

raboteux (rude comme les soies de cochon): Béarn *gourrounche* (inégal, froncé);

sale (29): fr. *cochon* (homme malpropre) et *goret* (enfant malpropre), Norm. *houret* (pourceau) et Berr. *treu* (mâle de la truie), Poit. *quiquiou* (femme sale) et Sav. *caion* (cochon); pr. *gourrin* (goret); Piém. *giuiro* (souillon = pr. *gourro,* truie); esp. *cochino* (saligaud), *cochambre* (saleté) et *cochinada* (catal. *baconada*), id.;

trapu (29): fr. *ragot* (et du cheval), *ragotin*; Piém. *gnec* (= *gnac,* pourceau) et *gnar* (cf. pr. *gnarro,* cochon); en roumain, *gligan* (găligan), sanglier, se dit, au contraire, d'un homme très grand.

b) Relatives à sa vie morale:

débauché: fr. *gouin* (et matelot qui se conduit mal), masculin refait sur *gouine* (v. prostituée, 46[a]), et Berr. *gouinard,* Sav. *caion* et pr. *gourrin,* Béarn *bitoun,* luron (pourceau);

maussade (bourru comme un cochon): anc. fr. *malengroin* (Rabelais) et *malengroigné* (Oudin), Pas-de-C. *malengrogne* (Sav., Mons *grogne*), pr. *mal graugnat* (et *engrougna,* rendre de mauvaise humeur); it. *ingrognare* (et *tenere il grugno,* bouder); fr. *ragot* (homme d'humeur chagrine), Clairvaux *chouignard* (de *chouigner,* grogner), May. *chognard*; pr. *chourro* et *gnarro;*

mignard: Romagne *ghin,* propr. cochon (*ghina* „sdrucciolo");

parasite: it. *ciacco* (pourceau);

paresseux: fr. *cochon* (et *se cochonner,* des petits enfants qui font le cochon en dormant, Oudin), wall. *troieler,* paresser; Béarn *guitou, gouri* (gouriné), pr. *gourrin,* à côté de *carsi* et *porlo* (= truie: *goino,* id., paresse); Piém. *gniar* (= pr. *gnarro,* cochon); esp.-port. *gandaya,* paresse (du pr. *gandaio, gando,* propr. truie);

sot (cf. bête comme un cochon et avoir une tête de porc): Pas-de-C. *dalu,* niais (de *dale,* sanglier); pr. *chourro* (= pourceau); cf. allem. *saudumm* (très bête) et *Schweinskopf* (nigaud).

44. Maladies qui affectent principalement les cochons:

abcès: Norm. *goreau* (ulcère, primitivement, de pourceau) et pr. *gor*; catal. *truja* (contusion à la suite d'un coup, propr. truie); Parme *gogna,* sarcoma (= troja);

écrouelles (30): Bessin *goreau, goureau* (v. abcès);

syphilis: anc. fr. *gorre* (Le Maire: „*gorre* ou la verole grosse", d'où *gorrier,* syphilitique), auj. Suisse (d'où *engorra,* donner le

---

[1] Depuis Ménage, on dérive l'it. *cicco,* petit, du lat. *ciccum,* membrane de la pomme. Le napolitain *cicco,* cochon, répond à un esp. dial. *chico,* id. (d'où *chiquero,* porcherie).

mal vénérien); Poit. *cousson*, bouton de petite vérole (= cochon); cf. allem. *Schweinspocke*, grain de lèpre;

vomir (30): Côme *fa i cionin* et Parme *far i gozen*, propr. faire les porcelets.

45. Emploi hypocoristique:

a) En parlant des personnes:

apprentie (d'une filature): pr. *gnarro* (goret);

chef ouvrier (cordonnier): fr. *goret*, pr. *gourret;*

fille (jeune): anc. fr. *gouge* (Rabel., I, 3: „belle *gouge* et de bonne troigne"), encore dans Oudin („une grosse *gouge*, une grosse femme"), auj. au sens péjoratif (46ª), du pr. *goujo*, propr. truie (Gasc. *gouyo*), anc. pr. *goya*, jeune fille, Béarn *gouge* (goge), fille ou femme non mariée, et *gouye*, servante, pr. mod. *gourrouneto*, fille toute petite (= jeune truie); esp. *china*, fille indienne avant qu'elle se marie (= truie);

garçon: Lyon *gone* (f. *gonelle*; cf. *gona*, truie, 12ᵉ), à côté du Berr. *ganet*, *ganillon*, gamin (Clairv. *ganelle*, gamine), propr. porcelet, Piém. *gognin*, (it. *gognolino*, polisson), Naples *guagnone* (= Aveyr. *gouagnòu*, pourceau); pr. *goujat* (Limousin: gars, Béarn: fiancé), Gasc. *gouyat* (d'où Saintonge *gouyat*, jeune homme), et *chourro*, à côté de *gandoun* et *gourrinot* (polisson); Brescia *gnarel*, polisson (= porcelet);

homme (31ª): Piém. (Val S.) *gori* (f. *goria*), propr. goret.

b) Des animaux:

agneau (d'un an): Vendôme *gandin* (porcelet); cf. angl. *hoggerel*, brebis de la deuxième année (= porcelet);

bouvillon: pr. *gorri* (gorret).

c) Des jeux enfantins et autres:

boule servant de but (et que l'on se renvoie avec un bâtonnet): fr. *cochonnet* (Rabel., I, 22: „il jouoit à *cochonnet* va devant"), Lorr. *gourret* (cité par Ménage), Forez *couchon* et Piém. *cocion* (du fr.), Abr. *zicchelle* (pourceau);

dé (à douze faces): fr. *cochonnet*; cf. allem. *Sau*, as;

crosse (jeu de la), par comparaison avec une truie qu'on cherche à ramener dans une porcherie: anc. fr. *à la truie* (Rabel., I, 22), Berr. *treue* et Fr.-Comté (Damprich.) *boque* (= truie), Poit. *gorre* (jeu de la), Yon. *gougne* („truie"), Jura *gaille* et *guenne* (= truie), Châlon *gueugne* (jeu de gobilles), Suisse *gouda* („truie"); Lim. *gagno* (truie) et pr. *mauro*, *trueio*; cf. allem. *Sauball*, balle placée au milieu des joueurs dans un creux;

palet (petite pierre servant de but dans ce jeu): Berr. *galine* (truie, 12ᵈ) et esp. *china*, propr. truie (*tocarle la china*, avoir de la chance; cf. allem. *Sau haben*, id.);

quille (servant de but dans le jeu du bouchon): Norm., May., Berr., Yon. *galine* („truie") et *galoche*, Poit. *gailloche*, Vend. *gagnoche* (cf. Lim. *gagno*, truie); Côme *cion*, *zon*, „rulli", propr. cochon.

46. Emploi péjoratif:

a) En parlant des personnes:

canaille: Genève *gogne* (crapule) et *gougnaud* (personne ou chose de rebut), pr. *gourinaio* (anc. *gorrinalha*) et esp. *marranalla;*

mendiant: Lyon *cougne* A. (de *cougni,* mendier en gémissant = *couiner,* 7 [a]), pr. *gourrin* (d'où *gourrina,* truander);

prostituée (33 [a]): anc. fr. *gorre,* propr. truie (Molinet appelle Isabeau de Bavière *la grant gaurre*), auj. Poitou, Lyon et pr. *gorra, gorrina,* Piém. *goria*; Eure *mahouse* et Namur *marhouse* (14); Berr. *gouge* (45 [a]), *gogne* (= truie; argot *gougne,* tribade), Jura *gone* et fr. *gouine* (du rouergat *goino,* truie), Forez *guirande* (= vieille truie); Genève *trouille, truiásse* (truie), Hain. *troule,* id.; — it. *ciaccola, cionna* et *troja,* esp. *gorrona* et *marrana* („truie", d'où anc. fr. *marrane*); cf. allem. *Saumensch,* id.;

servante: anc. fr. *gouge* (1337), pr. *goujo* et *gouyo,* propr.[1] truie (v. jeune fille, 45) et esp. *china,* servante métisse (45);

valet de ferme: Berr. *lorandier*[2] (de *lorande,* truie), anc. fr. *gougeat,* domestique (XVe s.: „les *gougeas* de l'hostel"), et *goujart,* valet d'armée (auj. Norm.: valet de ferme), fr. mod. *goujat* (aide-maçon et rustre), du pr. *goujard, goujat* (aide-berger), propr. porcher, à côté de *chourro* et *gnarro,*[3] jeune valet, propr. pourceau;

voyou: it. *ciacchero* (= porcher).

b) En parlant des animaux:

anguille (de qualité inférieure): pr. *chouchou* (pourceau);

brebis (vieille): Béarn *gourre* (= truie);

chèvre (vieille): Lyon *gorra* (v. vache);

rosse: Yon. *gaille* et pr. *gorro* (truie);

vache (vieille): pr. *gorro* (Piém. *giora*) et *ringo* („truie"); Côme *rôja* (truie).

c) En parlant des choses:

automne (entrée de l'hiver): pr. *gorro,* propr. truie (it. *porca stagione,* 20);

détremper fort (la farine ou la chaux): pr. *faire gourreto, faire la trueio* (t. de boulanger: noyer le meunier), propr. faire la (petite) truie;

étoffe grossière: pr. *gorro* et port. *cacheira* (à longs poils, esp. *cachera,* couverture de cette étoffe), propr. truie;

gâter (ou faire maladroitement): fr. *cochonner,* wall. Namur *cocheler* et Berr. *goureter* (cf. Genève *s'en aller en chair de truie,* se détériorer); Vaud *cayouná* et pr. *gagnouna,* propr. mettre bas (de la truie); Piém. *criné* (= grogner);

---

[1] Huet (dans Ménage) fait venir *gouge,* servante, de l'hébreu *goye,* servante chrétienne (et cette étymologie fut adoptée par Diez).

[2] On a rapproché le mot tantôt de *arare* (par *aranda,* terre labourable, avec l'article fusionné) et tantôt de *laborare* (par *laboranda,* etc.; v. Körting).

[3] Hennicke (dans son glossaire de *Mireille*) dérive le pr. *gnarro,* jeune valet, du lat. *ignarum,* ignorant.

haillon: Berne *gaille* (gouaille), propr. truie (May. *dégailler*, déchirer ses habits), et Montbél. *goillot* (= cochon); it. *ciracchio* (de *ciro*, cochon);

rime (mauvaise ou pauvre): anc. fr. (rime) *goret* (XVI^e^ s.); cf. angl. *doggerel rhymes*, vers rabotés (= rimes de chien);

sonner faux (d'un instrument): esp. *cerdear*, propr. grogner comme un cochon; Piém. *crinna*, contre-basse (= truie) et *crineire*, racleur de violon (= grognon);

viande: Clairv. *tiatia* (enfantin = cochon de lait) et For. *gorre*, viande de vache salée (= truie); cf. argot *quiqui* (= cochon), os et restes de viande ramassés dans les restaurants pour en faire du bouillon.

47. Emploi euphémique:

a) Êtres imaginaires:

bête-noire: Aveyr. *gorrognau* (garragnau), propr. bête qui grogne.

b) Jurons (32): oh! le vilain *cochon!* etc.

c) Sobriquet donné au juif et (jadis) au maure qui ne mangent pas du porc ou simplement par mépris (cf. pr. *li porc negre*, sobriquet des habitants de Saint-André-de-Sagonis, qui sont en général protestants): pr. *gourret*, propr. goret,[1] Béarn *gnarrou* (= pourceau: „terme injurieux, particulièrement à l'adresse d'un juif"), Piém. *ghinouja* (dim. de *ghin*, cochon) et esp. *marrano*, port. *marrão* (propr. cochon), maure, juif, d'où maudit, hérétique (arabe ou juif converti): le terme pénétra en Languedoc (nom des Maures devenus chrétiens qui y passèrent de l'Espagne), en Italie et en France (XV^e^ s.; cf. 1589: ville *marrane!* c.-à-d. maudite).

48. Applications isolées:

coup (34): anc. fr. *gorrette* (Bouchet) et Romagne *gora*; Lim. *gouina*, taper;

dent (34): pr. *gnarro* (surnom), propr. pourceau;

pâté d'encre (34): pr. *cocho* („cochon");

ruban: anc. fr. *gorre* (et pr. *gorro*, parure de femme), propr. truie (cf. 49), et *truillet*, id.

49. On a déjà remarqué le caractère péjoratif de la notion *porc*. En français, une *vie de cochon* (esp. *vita de cerdo*) est une vie de paresse et de débauche (cf. allem. *Sauleben*), et *cochonnerie* désigne à la fois une grande malpropreté, un acte ou un propos déshonnête et un aliment de mauvaise qualité ou mal préparé. Ajoutons néanmoins que la défaveur constante dont la langue accable le chien, est à peu près étrangère à la notion *porc*.

Certains termes qui s'y rattachent ont subi un changement sémantique qui n'est pas sans intérêt. C'est ainsi que l'anc. fr. *gorre* (= truie) signifie faste, pompe, élégance, ainsi que ses déri-

---

[1] Cf. Mistral s. v. *aurilho:* „*Negre bardaian, vaqui l'aurilho de toun paire*", noir mécréant, voilà l'oreille de ton père! (insulte que les polissons adressent aux juifs en figurant avec le pan de leur habit une oreille de cochon).

vés: *gorrier*, élégant, coquet (XVI^e s.), et *gorrer*, se parer, se pavaner (auj. en Normandie).

Ce changement de sens pourrait dérouter à première vue, mais la coexistence des acceptions intermédiaires fait ressortir les étapes successives que le terme a parcourues avant d'arriver à son évolution finale. C'est ainsi que l'anc. fr. *gorre* (gaurre), luxe, élégance, signifie en même temps mal vénérien et femme galante (Norm. *gaure*, grosse femme sans souci). C'est la notion de „débauche" qui sert de départ à ce développement sémantique: le libertin est à la fois viveur, galant et élégant.

Le français *gandin*, jeune dandy, n'a pas une origine plus noble.[1] *Gandin* est inséparable du pr. *gandoun*, vagabond, *gando*, vagabondage, paresse (d'où esp. *gandaya*, id.), Suisse *ganda*, coureuse, Lyon *gandille* et Sav. *gandine*, prostituée, propr. truie.[2]

50. Ajoutons, en dernier lieu, quelques détails sur les superstitions relatives au porc. Le diable prend souvent, dans les croyances populaires, la forme d'un cochon. Dans les anciens romans de chevalerie, le verrat est parfois pris pour le diable *(aversier, vif maufé)*. Dans la *Vita di S. Antonio*, il est dit: „Venne a lui il Dimonio in forma di *ciacco*"; et Dante donne le nom de *Ciriatto sannuto*, c.-à-d. de Cochon aux dents solides, à l'un des démons de son *Enfer* (XXI, 122), à côté de *Cagnazzo* et *Graffiacane*. Dans le Poitou, on est persuadé qu'il faut soustraire la *grouaie des gorillons* ou pourceaux à tous les regards, surtout à leurs voisines qui leur veulent du mal: „elles les *ensabatteraient*, et ils périraient tous" (Favre). En portugais, le diable porte l'épithète de *porco sujo*, ou cochon sale, et en napolitain *spireto de porco* est équivalent de „essere diabolico".

Le sanglier passe également pour un animal diabolique; en Bretagne, les sorcières prennent sa forme, ou celle d'une truie noire,[3] d'où Rouerg. *goino*, sorcière (= truie); et en Portugal, le diable se montre dans les ruisseaux sous la forme d'une truie à sept cochons de lait *(porca com sete leitões)*.[4] En Haute-Bretagne, le lutin prend aussi parfois la forme d'un cochon.[5]

---

[1] Ce mot, d'origine dialectale, apparaît d'abord dans les *Parisiens*, de Th. Barrère (1854); on l'interprète comme signifiant un habitué du boulevard de Gand.

[2] Schuchardt (*Zeitschrift*, XXVIII, 135 note) rapproche les termes de cette famille, particuliers au franco-provençal, de l'arabe *gandour* ou *gandoul* (d'où esp. *gandul*), élégant, fat, coquet, terme spécialement mauresque: „Ce terme est très caractéristique; il n'existe dans aucune autre langue, il peint toute une classe de la société arabe ou de la société andalouse (Dozy)".

[3] Cf. Sébillot, *Traditions de la Haute-Bretagne*, I, 289—297; Monseur, p. 93: (magie enfantine) „Je vous enchante d'une sorcière toute blanche, d'un cochon-sanglier, pour vous ensorceler".

[4] J. Leite de Vasconcellos, *Tradicões*, p. 174; cf. Grimm, *Mythologie*³, 948.

[5] Sébillot, *Traditions de la Haute-Bretagne*, II, 85. Cf. angl. *hedgehog*, petit lutin (= cochon de haie).

## Appendice.

### C. Les Batraciens.

Le crapaud, cet animal immonde, difforme et (suivant la croyance vulgaire) venimeux, a fourni à la langue quantité d'images curieuses. Ses nombreuses espèces (les naturalistes en comptent 105) expliquent le grand nombre d'appellations populaires qui ont résisté jusqu'ici à l'investigation étymologique. Sans prétendre dissiper ces obscurités, nous tâcherons d'en circonscrire les limites et d'y jeter, peut-être, quelques lueurs par un nouvel examen des faits envisagés dans leur ensemble.[1]

1. Le latin BUFO, crapaud, revient dans le sicilien *buffa*, femelle du crapaud, anc. it. *boffa* (Duez), masc. *bufone*; et peut-être *SAPA, SEPA (σήψ), sorte de petit lézard (Pline), conservé avec ce sens dans l'albanais *šapi* (d'où le roum. *șopîrlă*, lézard), survit-il dans l'hispano-portugais *sapo, sapato*, crapaud, Aragon *zapo*, Béarn *sapou*,[2] à côté du pr. *sabau*, *sabatas*, Morv. *sabot*, crapaud (Lyon: têtard), et *sibot*, id. (Meuse *raine sibourette*, rainette), Vosges *savate*, rainette (cf. esp. *zapata*).

Ajoutons RANA, qui s'est conservé dans tout le domaine, à l'exception du roumain: it., esp. *rana*, port. *rãa*, pr. *raina*, *rano*, *rone*, anc. fr. et dial. *raine*, *raigne*, à côté des formes diminutives plus populaires: it. *ranocchia*, anc. fr. *renouille* (Marie de France, *Fabl.*, 26: „D'un estanc plain de *reines*, ou de *reinoilles*"), devenu plus tard, sous une influence analogique,[3] *grenouille* (à partir du XVIe siècle,

[1] Nos sources (outre les dépouillements des lexiques patois) sont: la monographie du Prince Lucien Bonaparte sur les noms romans des reptiles (dans les *Transactions of the Philological Society*, London, 1882), la partie correspondante du *Polyglottenlexikon* de Nemnich (auquel nous empruntons les noms patois allemands) et principalement les diverses cartes de l'*Atlas linguistique* (crapaud, grenouille, lézard, rainette, têtard, tortue).

Pour l'histoire naturelle: F. M. Daudin, *Histoire naturelle des rainettes, des grenouilles et des crapauds*, Paris, 1802; le VIIIe volume (Batraciens) de l'*Herpétologie générale*, de Duméril et Bibron (1841), et *Les Reptiles*, de Brehm.

[2] V. Diez, et *Zeitschrift*, XXVII, 612. Dans ce cas, le basque *zapoa* viendrait de l'aragonais, et non inversement, comme le suppose Gerland (*Grundriss*, I, 331). Cf. sur le rapport crapaud-lézard, 8.

[3] Celle de *graine*, à cause de l'aspect granulé de la bête. L'anc. pr. *granolha*, mod. *granoulho* (*graoulho*, *graulho*, *groulho*) et *gragnoto* (*engragno*), accusent la même influence.

unique forme moderne), à côté du dialectal (Isère) *randouly* A., répondant à l'it. dial. *rantolo*, petit de la grenouille (Parme *rantoč*).

Ce sont à peu près les seuls termes traditionnels dans cette nomenclature exubérante, toute romane d'origine, toute indigène. Il s'agit préalablement de rechercher les quelques points de vue généraux qui ont présidé à sa formation et de grouper ainsi les faits correspondants. Il restera toujours un stock de termes d'origine inconnue.

2. Le premier critère de cette nomenclature nous est fourni par la voix même de la bête, par son cri sonore et monotone, le coassement, commun aux grenouilles et aux crapauds. Chaque espèce a son chant particulier et très distinct, qu'elle fait entendre surtout au temps du frai. Le chant mélancolique du crapaud accoucheur, par les belles nuits d'été, est une voix douce et flûtée imitant le son lointain d'une clochette de cristal; le crapaud sonneur a un chant voisin, mais plus timide, et l'onomatopée *hou-hou-hou!* en rend l'effet. Il prélude par un ramage assez varié, mais très faible, semblable d'abord au gazouillement d'un oiseau qui rêve, mais qui peu à peu se renforce, se modifie et passe avec ménagements à ses habituels *hou-hou*. Au moment de la ponte, il fait entendre nuit et jour, mais surtout vers le soir, son coassement plaintif, sorte de gémissement lugubre *(crrra-crrra! quera-quera!)* qui rappelle l'aboiement du chien.[1]

Ce cri, bruyant et rauque, ressemble tantôt au beuglement d'une vache, tantôt au grincement d'un essieu,[2] et parfois il est empreint d'une grande douceur, d'une modulation quasi-musicale: de là, des surnoms tels que *chanteur*, *criard*, *musicien*, *sonneur*.

Voilà la source immédiate où l'on a puisé une première catégorie des noms du crapaud. Certains de ces cris primitifs sont susceptibles tantôt d'un renforcement final (à l'aide d'une gutturale) et tantôt d'un redoublement, procédés familiers aux créations onomatopéiques. A cette catégorie appartiennent les noms suivants, dont la plupart désigne le crapaud chanteur:

a) *ba*, Messin (Rémilly); *beu*, Vienne A.; *bi*, Messin (dans *bi-caoué*, têtard, 6); *bo*, Valais, Vosges, etc. (Jura *boa*, anc. fr. *boit;* H.-Sav. *boua*, rainette A.);

*babi*, pr. anc. et mod., et *babi*, *babbi*, H.-Italie (bas-lat. *babbius*), Aoste *babé* A.; *bobo*, Lyon, et *boûbou*, H.-Loire (cf. *ase boubou*, têtard à tête d'âne) A.; cf. Suisse allem. *Baben*; — *pabi*, Côme, et *pabbi*, Milan; cf. saxon *Powwe;*

*mou* (= *bou*), Berry, et *mou-mou*, Vendôme, Berry.

---

[1] D'après Fernand Lataste („Les batraciens et particulièrement ceux d'Europe et de France"), dans la *Feuille des jeunes naturalistes*, tome IX, 1878, p. 61 à 62; cf. Brehm, *Reptiles*, p. 544, 608, etc.

[2] Victor Hugo (*Le Rhin*): „Le crapaud agite sa hideuse crécelle". Cf. Marchangy (ap. Littré s. v. *raine*): „On n'y entendait dans les soirées d'été que la crécelle des raines dans les eaux des fossés".

b) *boc*, Genève, et *bocain*, Semur (Rolland, III, 46); cf. saxon *Bock*, *Pocke*, crapaud, basque *puka*, id. (v. *Zeitschrift*, XI, 495), magyar *béka*, grenouille, tatare *baka* et caucasien *baqaq*, id. (gr. mod.,[1] Epire, *μβακάκας*);

*boug*, anc. fr. grenouille (Cotgrave, Oudin); cf. saxon *Pogge*, scandinave *Pogga*.

c) *clouc*,[2] Limousin, et *cloc* (clioc, cliot), Poitou; *coulouque*, Namur, *clouc-clouc*, wallon, et les formes diminutives: wall. *clouqueté*, *glouquetège*, *clouquetré*; Ardennes *clicherou*, à côté de *cloche*, crapaud (son cri rappelant le tintement d'une clochette); Agen *cancarignol*, têtard (de *cancarna*, jouer des cliquettes);

*coucasse*, H.-Gar. A., crapaud, et Querci *cuco*, rainette, Gasc. *coucourougnoun*, têtard; cf. allem. dial. *Kucke*, crapaud, et gr. mod. (Skyros), *κακαρᾶς*, id.;

*gouglin*, Yonne, crapaud.

d) *craque*, Mayenne, petit crapaud (Deux-Sèvres: rainette A.), et wall. *crouquetré*, id. (dimin. de *crouque*); Guyenne *carcanet*, rainette (*carcaná*, coasser).

e) *dò*, Berry, Yonne, crapaud.

f) *huchet*, Mayenne, petit crapaud; cf. bas-allem. *Utsche*, rhénan *Hutsch* et Suisse allem. *Hatsch*, *Hotsch*, crapaud.

g) *lu* (lut), *lulu*, Yonne, crapaud;

*lurou* (lirou), Charente, et Sav. *leurou*, crapaud, *lorieu*, têtard A., wall. *lureté* (v. ci-dessus *clouqueté*); cf. bas-allem. *Lork*, allem. *Lurch*, crapaud;

*lutaud*, Yonne, et Berry *loutaud*, crapaud.

h) *rac*[3] *(arrac)*, Béarn, et Vienne *raquette*, rainette (Dauph. *ranqueto*, grenouille), Sienne *racanella*, id., roum. *răcán*, *răcănel* (à côté de *răcățel*), id.; Pas-de-Cal. *roquet*, grenouille (cf. wall. *roqui*, râler, avec Berr. *raquer*, coasser), et Deux-Sèvres *roquette*, rainette A.;

*rágana*, *raganella*,[4] it., rainette, Milan *ragagella*; Pignerol *rangoulha*, grenouille (= *ragoulha*; cf. ci-dessus *ranqueto*); Lorr. *régal*, espèce de grenouille.

i) *tà* (tac), Normandie, crapaud (Indre: têtard A.), *tè*, Morvan, Lorraine; *tou*,[5] Morvan;

---

[1] L'exemple du grec moderne et ceux qui suivront, sont extraits d'un article de Gustav Meyer sur les noms néo-grecs du crapaud (*Indogerm. Forschungen*, VI, 108).

[2] Brehm, p. 583: „Depuis le commencement d'avril jusqu'aux premiers jours de septembre, le crapaud accoucheur fait entendre, surtout lorsque le temps est doux, le son *clock*, qu'il répète le soir, ainsi que pendant la nuit, à des intervalles plus ou moins rapprochés".

[3] „Ainsi appelée parce qu'elle fait entendre son cri *rac-rac-rac!*" Monduyt (cité dans Rolland, III, 74).

[4] Pieri (*Miscellanea Ascoli*, 430) rattache l'it. *raganella* au lat. *raucus*, enroué.

[5] Rolland, *Faune*, III, 63: „On dit que quand les *tous* chantent, c'est signe de beau temps; on leur dit: *Tou-tou-tou!* amène le temps doux!"

*tàtà*, Normandie (it. *tatto*, crapaud, Duez), et *toutou*, Morvan, id., Puy-de-Dôme *toute*, rainette A.; cf. angl. *toad* (dial. *tade, tode*).

j) *toquar*, Calvados, crapaud (Guerlin de Guer);

*toujou* (= touchou), Annecy (Rolland); cf. Suisse allem. *Totsch, Tatsch*, Brême *Tuutz*, danois *tudse*, crapaud.

3. Une deuxième catégorie de ces noms dérive de la notion de „gronder", le cri du crapaud étant sourd et rauque:

*chirp*, Guyenne, crapaud, et Landes *quierpo*, id. A. (cf. pr. *charpa*, gronder);

*cholo*, Gers, et *cholou*, Gascogne, crapaud, à côté du rouergat *chor*, rainette (de *chol, chor*, cri rauque);

*croisset*, anc. fr., rainette (Duez), de *croasser*, qui se dit à la fois du corbeau et du crapaud (p. ex. La Fontaine, II, 4, et XII, 24), Valais *croacher, crachier*, coasser; à côté de *croiset*, id., Gard *grazan*, id., Gironde *grazacou*, grenouille A. (cf. pr. *greisá*, Berr. *agracer*, grogner);

*gouac*, H.-Garonne, têtard A. (cf. allem. *quaken*, coasser);

*quinaut*, Dauphiné, gros crapaud (de *quinà*, glapir);

*râle, râlet*, Berry (Morv. *rollet*), crapaud, Charente *râle* (Cher *râlette*), rainette A., à côté de Tarn-et-Gar. *rascle, rasclet*, id. A. (du pr. *rasclá*, fr. *râler*, d'après sa voix désagréable et prolongée).

4. Une troisième catégorie remonte à la notion générale de boue ou vase, séjour habituel des batraciens:

*barbou*, H.-Alpes, têtard A. (cf. pr. *borba*, bourbe), et anc. fr. *barbelotte, barberotte*, crapaud ou grenouille (Oudin), de *barbelotter*, patauger;

*bosa*, Milan, têtard (cf. Piém. *bosa*, „paludello");

*bot*,[1] f. *bote*,[2] anc. fr. et dial. (Berry, Champagne, Suisse), dim. *botel, boterel, bouterel* (Morv. *boterot*, Meuse *boteri* A., Lyon *boteron*), à côté de *boutel* (Loire *bouteron*, têtard A.), Messin *bat* (Vaud *bot*, têtard); pr. *boto*; Bol. *bot*, it. *botto* (Naples *vuotto*), f. *botta* (bas-lat. *bottus, botta*), dim. *bottelone* (Chiana) et *butaraza* (Romagne, Imola), au sens de „crapaud": — cf. bas-lat. *bota, botta*, mare, Tarn *boto*, id.;

*bod, bad*, Vosges, Lorraine; Lucques *bodda, boddacchino*, Bellun. *búdol*; cf. fr. dial. et pr. *bod*, bourbe (Lorr. *bodère*, Lim. *boudel*, Bergame *buder*, id.);

*gargouio*, Loire, têtard, et Basses-Pyr. *gargoulho*, grenouille A., Lyon *gargolhon* (Forez *gourgouillon*), têtard de grenouille; cf. Saône-et-Loire *gargouille*, limon, et Lozère *gourgue*, id. A.;

---

[1] „Parfois une distinction est établie entre les mots *bot* et *crapaud*. Ainsi on a *bot*, gros crapaud gris (Rosinière, Vaud), *bot*, crapaud vert (Vaulion, Vaud), *bot*, gros crapaud (Gruyère, Fribourg), et *bot*, petit crapaud à ventre jaune (Aire-la-Ville, Genève)." Communication de I. Jeanjaquet.

[2] On dérive habituellement anc. fr. *bot*, it. *botto*, crapaud, d'un radical germanique **botan*, frapper.

*goulheret*, Suisse, têtard qui vit dans les flaques des eaux stagnantes (Montbél. *guilleri*, *guillerotte*), et Périgord *engoulhaudo*, grenouille; cf. Jura *goulye*, boue, mare, et *guilhe*, crotte;

*marais*, Berr., crapaud (collectif), propr. marécage; cf. Tarente *maravuett*, grenouille (= crapaud de marais?);

*molyon*, Savoie, têtard (cf. pr. *moulho*, marécage), appelé aussi *pissat;*

*pacciana*, Modène, crapaud: cf. it. *paccia*, boue;

*pacot* (paquot), Plancher-les-Mines, têtard: cf. Suisse *pacot*, limon;

*patonchia*, Sicile, grenouille: cf. it. *patta*, boue, mare;

*pognu*, Mayenne, petit crapaud (cf. *pognasser*, salir de boue);

*pot*, d'où *potaud*, *poutaud*, Mayenne, crapaud (*poter*, *pouter*, coasser), et Montbél. *pouterot*, têtard: en rapport avec wall. *pote*, flaque (Dauph. *pot*), it. *potta*, bourbier; cf. frison *Pudde*, crapaud, holl. *pad*, norrois *padda*, angl. *paddock*, id. (angl. *paddle*, *puddle*, patauger).

5. Une autre catégorie de cette nomenclature est tirée des particularités physiques de l'animal, et principalement de son corps, couvert de verrues et d'aspérités. Le crapaud est par suite désigné par des qualificatifs, tels que galeux,[1] rugueux, verruqueux, etc.; de là, les noms suivants:

*crapaud* (XIIe s.: *crapot*), avec les variantes:[2] *crapeux* (Pic., Sav.), *crapou* (Norm., Bray, anc. *crapoud*), *crépaud* (Lorr., Jura, anc. *crepault*) et *cropaud* (Lorr., Jura); f. *crapaute* (wallon), *crapaude* (Voltaire), et dim. anc. fr. *crapaudin*, *crapoudel*, mod. *crapelet*, Berr. *crapi*, *crapuche*. Le terme dérive de l'anc. fr. *crape*, gale (auj. wall. et picard, croûte et crasse), de sorte que *crapaud* ou *crapeux* signifie couvert de croûtes, galeux,[3] répondant au pr. *grapelous*, rugueux; d'où la série parallèle: anc. pr. et fr. *grapaud* (auj. Berry, Poitou), pr. mod. *grapaou*, Lim. (et catal.) *grapal* et *grapard*, Rouerg. *gropal* (Suisse *gropp*, crapaud et têtard). Et pourtant, la forme catalane *gripau*, à côté de *grapal*, se prête à une autre interprétation (cf. Béarn *grape*, patte, et *grapa*, *gripa*, griffe): la bête qui s'accroche en rampant,[4] sens corroboré par l'Ain *graboulhaou*, crapaud A.;

*escuerzo*, *escorzon*, esp., à côté du galicien *escorzo* et de l'anc. esp. *coguerzo*[5] (= coüerzo), propr. rugueux comme l'écorce d'un arbre;

---

[1] Cf. roum. *broască rîioasă*, crapaud (= grenouille galeuse); serbe *gubavitsa*, bulgare *krastava*, pol. *ropucha*, id., propr. (bête) galeuse.

[2] Les formes bas-latines *crapaldus* (= crapaud), *crapollus* (= crapeux), sont des transcriptions du français. Cf. pour le sens du suffixe *-aud*, les dérivés parallèles *courtaud, noiraud, pataud*, etc.

[3] Suivant l'interprétation de Schuchardt (*Zeitschrift*, XXVII, 611); cf. *Romanische Etym.*, I, 28.

[4] Cela répond à peu près à l'interprétation de Nigra (*Archivio*, XV, 109) sur laquelle on reviendra plus loin. Grandgagnage et Diez rapprochaient *crapaud* de l'anglo-saxon *creopan*, ramper (cf. fr. dial. *graper, griper*, ramper = catal. *anar a grapats*).

[5] Schuchardt (*Rom. Etym.*, II, 33) voit, dans *coguerzo*, un compromis des types latins *coca* et *cortice*.

*malos*, Frioul, crapaud (cf. pr. *malous*, dartreux, lépreux);

*rapatú*, Brescia, de *rapat*, rugueux;

*rosco, rosca*, Vérone (ladin *rusc, ruosc*); cf. it. *rusco*, rude, et *rusca*, écorce (pr. *rusco*, écorce, crasse, et *ruscous*, rugueux); le bas-latin *bruscus* (Papias: rubeta, ranæ genus, *bruscus* dicitur vulgo) en est probablement une forme renforcée (cf. it. *brusco*,[1] bruyère et âpre); de là, roum. *broască*, grenouille (= Padoue *rusca*), gr. mod. *μπράσκα*, crapaud;

*rospo, rospa*, it., identique à *ruspo*, rude, raboteux;

*sué*, anc. fr. (Nemnich, manque dans Godefroy), propr. couvert de sueur et de crasse (comme la peau pustuleuse du crapaud); Frioul *muč*, crapaud (= flasque, mou); Lorr. *crachatte*, Vosges *crochotte*, rainette, Frioul *crassule*, id., et Norm. *craisset*, fr. *grasset, graisset*, (XVIe s.: *gresset*), rainette, pr. *graissan*, crapaud, Terram. *grassello*, graisset.

**6.** Ou bien le nom du crapaud (et de son petit) est tiré d'une partie saillante de son corps:

De sa patte (aux doigts courts, plats et inégaux): catal. *gripau* (v. ci-dessus) et rouergat *escambarlat* (de *escambarlá*, enjamber); cf. russe *lyaguša*, grenouille (de *lyaga*, jambe), et gaël. *magach*, crapaud (de *mag*, patte).

De sa queue, le petit du crapaud et de la grenouille ayant le corps terminé par une queue aplatie: Lorr. *bicawé, bocawé, bacawé*, têtard, propr. crapaud à queue, Hague *racouet*, id. (= rat à queue); Cantal *queue*, têtard A., comparée tantôt à celle d'une poële (Allier *queue de poële* A.) et tantôt au manche d'une cuillère (H.-Alpes *cuiero* A., pr. *cuiereto*, catal. *cullereta* et Morv. *queillerotte*, c.-à-d. petite cuillère, it. *cazzola*, petite cuillère et têtard de crapaud, répondant au pr. *cassuouro*), ou d'un maillet de bois (pr. *masseto*, wall. *maquette, maquelotte*, têtard); it. *ranuzza codata* et esp. *ranacuajo* (renacuajo), têtard, propr. grenouille à queue.

De sa tête, le petit du crapaud ou de la grenouille ayant la tête confondue avec le tronc: de là, fr. *têtard* (1303: *testart*), Indre *têta*, Isère *têtu*, Alpes-Mar. *testassa*, Gard *testaroudo*, Vaucl. *testounas* A., à côté du Lot *capo*, Aude *cáparas*, Béarn *cabos*, Gers *cabosso*, Aveyr. *cabossolo* (Lot *camossol*) et *cabossoro*, Ariège *cabourlat* A., pr. *cabot*, Lim. *chabot* (le wall., norm., Mayen. *cabot*, le wall. *chabot* et le Yon. *jabou*, têtard, viennent du Midi), Char. *chamougne* (= *chabougne*; cf. ci-dessus *camossol*) A., catal. *capgros*. Cette tête énorme est parfois comparée à celle de l'âne (Vienne *tête-d'âne*, têtard, A.) ou à celle du bœuf (Pyr.-Or. *cap de bòu* A.).

Le nom italien et catalan du têtard, *girino* (Sicile *giurana*, grenouille), bas-lat. *gyrinus*, se rapporte aux tours et circuits continuels qu'il fait avec une grande vivacité (à l'instar des insectes appelés *tourniquets*).

---

[1] Cf. Pline (*Hist. Nat.*, XVI, 16, 27): „*Bruscum*, tuber aceris arboris intorte crispum".

7. La couleur du corps joue égalcment un certain rôle dans cette nomenclature (cf. pr. *biset*, mâle de la grenouille, propr. gris), principalement le vert auquel se rapportent les noms suivants:

*ramage* (ramaige), Berr., crapaud, primitivement rainette (verte comme le rameau), Ain *ramette*, *ramotte*, rainette A., répondant à l'it. *ramarro*, lézard vert (v. 8), Terram., rainette;

*verdier*, fr., crapaud (et espèce de rainette), Ticin *verdacca*, id., et pr. *verdanello*, *verdoulaigo*, rainette.

8. Passons maintenant aux rapports du crapaud avec les animaux de la même famille, et en premier lieu:

avec la grenouille, le crapaud n'étant qu'une grenouille plus ramassée et plus lourde (cf. Horace *rana turpis*, crapaud), de là, une synonymie fréquente entre ces deux batraciens:[1] Suisse *bò*, petite grenouille, et Sav. *bou*, rainette (= anc. fr. *bot*, crapaud); Bresse *psachin* („pisse-chien"), grenouille et crapaud, anc. pr. *graissan*, crapaud, et fr. *graisset*, rainette; Queyras *grapaou*, grenouille (= crapaud), et Sav. *groela*, crapaud femelle A. (= pr. *graulha*, grenouille); Lot *crapal pitiou*, rainette A., propr. petit crapaud; sarde *rana*, crapaud (et grenouille); macédo-roum. *broatică* et albanais *bretăk*, crapaud, en rapport avec le daco-roum. *brodtec*, *brotac*, graisset (11);

avec le lézard: Yon. *rainette*, petit lézard, et pr. *reineto*, grenouille verte et lézard gris; H.-Loire *babarena*, lézarde A. (= crapaude-grenouille); Sienne *ràcano* (Abr. *ràchene*), lézard (cf. it. *racana*, rainette, 2[h]), et Arezzo *rágono* (it. *ragano*, *ragagno*, Duez), lézard (cf. it. *ragana*, rainette, 2[h]);

avec la tortue, sorte de crapaud à carapace ou cuirasse osseuse: anc. fr. *boug coupé*, tortue (= grenouille coupée), et Sic. *bufuruna*, tortue (= petite crapaude); Lyon *caille*, tortue, et Berr. *caille*, crapaud (9), à côté du wall. *crapaud de mer*, tortue; Gers *carrec*, grenouille (Rolland, III, 66), Landes *carrec* (Gir. *tyarec*), rainette A., et fr. *carrec*, espèce de tortue; Yon. *lut*, crapaud, et fr. *luth*, tortue à clin (Nemnich); it. *botta scudelaja*, tortue, propr. crapaud à cuirasse (cf. allem. *Schildpatt*, id.), et Galice *sapo concho*, id., propr. crapaud à coquille; esp. *galapago*, tortue, en rapport avec le catal. *galapat* (calapat), Valence *galap*, crapaud (9); macédo-roum. *broască* et alban. *breškă*, tortue (= daco-roum. *broască*, grenouille).

9. Les noms que porte le crapaud ont égalements des rapports avec des espèces animales plus ou moins éloignées, à savoir:

avec le cochon, à cause de l'aspect immonde et par une certaine affinité de la voix qui parfois ressemble à un grognement (cf. pr. *rena*, *raina*, *rana*, anc. *raynar*, grogner et coasser): Berr. *caille* et Isère *caillard*, crapaud, en rapport avec le lyon. et foréz. *caille*, truie; Isère *cayounère*, têtard, et pr. *caiouno*, truie; *galhodo*

---

[1] Cf. gaël. *maiguin*, grenouille et crapaud, danois *padde*, grenouille, et norr. *padda*, crapaud; suéd. *groda*, grenouille (= aha. *chrota*, crapaud), slave *žaba*, crapaud (en russe) et grenouille (en polonais).

(engalhaodo), Charente, grenouille A., en rapport avec le pr. *galho*, truie; Dauph. *garaudou*, crapaud, et Périg. *gueiraudo*, grenouille, Dord. *eguiraudo*, rainette A. (cf. Sav. *gara*, truie); Béarn *pouchon*, crapaud (et pourceau), et Sav. *tessara*, têtard (Gironde *tesse*, truie A.); Lorient *chignonne*, grenouille (Rolland, III, 66), de *chignon*, grognon (dial. et fr. pop. *chigner*, grouiner), et Anjou *godet*, têtard (Rolland, III, 67), en rapport avec le morvandeau *godot*, porcelet;

avec le crabe (à cause de son corps granulé): fr. *crapelu*, variété de crabe (cf. *crapelet*, petit crapaud), et Clairv. *crabosse*, têtard; Lozère *padello*, têtard A., en rapport avec le girondin *(chancre) padelle*, sorte de crabe (Rolland, III, 225), à l'instar du pignerol *pelic*, têtard A., et fr. dial. *pelquié* (= pelletier), crabe étrille; Bessin *tourteau*, crapaud, et fr. *tourteau*, crabe en forme de disque. Le calappe *(calappa)*, principalement le calappe granulé ou crabe honteux, a fourni son nom au catal. *calapat* (Pyr. *calapaout* A.), crapaud, Galice *calapa* (Minorque *calapet*, Majorque *calapot*), à côté de *galapat* (galapet, galipau), id.;

avec l'engoulevent, dont le large bec ressemble à la bouche du crapaud (cf. 14[b]): Berr., Yon. *tette-vache*, crapaud („on prétend que les crapauds et les serpents tettent les vaches dans les champs", Jaubert); Forez *possi-vachi*, id. (Lyon *posse-vachi*, gros crapaud);

avec des insectes, tels que la cigale, dont le chant monotone se rapproche du coassement: Corr. *cigalo*, rainette A.;

avec les oiseaux chanteurs (cf. crapaud *musicien*): Yon. *lulu*, crapaud, et fr. *lulu*, alouette des bois; Montbél. *guilleri*, têtard (fr., chant du moineau);

avec les oiseaux nocturnes, dont la voix rappelle celle du crapaud: May. *poute*, petit hibou,[1] et *poutaud*, crapaud (4); wall., Metz *côrasse*, rainette, et Berr. *couare*, corbeau; Vosges *crâ*, crapaud et corbeau (Suisse *crò*, id.), Plancher-les-Mines *crayotte*, crapaud, et *craille*, corbeau (cf. fr. *croasser*, de la grenouille[2] et du corbeau); Ardèche *graio*, rainette A., et pr. *graio*, corneille;

avec la salamandre: Vosges *crache*, Saint-Amé *crochatte*, salamandre (Rolland, III, 81), en rapport avec le lorrain *crachatte*, crapaud (5); Piém. *ranabot*, salamandre aquatique et têtard (10); anc. fr. *tac* (Pic. *taque*, Suisse *tache*), salamandre (cf. Suisse allem. *Tasch*, *Tatsch*, crapaud), et Norm. *tà*, *tè*, salamandre et crapaud; Loiret *tratte*, salamandre (Rolland, III, 77), en rapport avec l'autrichien *Trautele* (aha. *trota*), crapaud; wall. de Lux. *tette de vache*, salamandre (v. ci-dessus engoulevent);

avec les serpents qui secrètent à la surface de leur corps une

---

[1] Duméril et Bibron, VIII, 676: „Le soir, le crapaud fait entendre, lorsque le temps est beau, un son flûté qui a beaucoup d'analogie avec le chant du petit hibou".

[2] Ol. de Serres: „le *croaxement* des grenouilles", et G. Sand: „La reine verte des marécages *croassait* d'une façon monotone" (v. Bescherelle). En allemand, *quaken*, coasser, se dit égalemert du crapaud et du corbeau (angl. *croak*, coasser).

humeur gluante semblable à celle qui suinte du corps du crapaud: pr. *escourchoun*, vipère, et it. *scorzone* (catal. *escorzo*), id., en rapport avec l'esp. *escuerzo* (escorzon), crapaud (5); H.-Maine *roquet*, orvet (Pas-de-C.: grenouille); Anjou *vlin*, serpent, et Bessin *vlin*, crapaud (= venin), le crapaud passant pour ramasser le venin de la terre; cf. allem. *Unke*, crapaud et couleuvre.

10. La nomenclature romane du crapaud connaît un certain nombre de composés synonymiques,[1] tels que:

*bottarana*, Milan, têtard, et Venise *ranabottolo*, id., Monferr. *ranabò*, à côté de l'Abr. *ranabotte*, crapaud, Naples *ranavuottolo* (cranavuottola, granavuotta), id.;

*caillobot*, Aveyr., têtard (de *caille*, crapaud et *bot*, id.);

*crot-malos*, Frioul, crapaud (de *crot*, id., et *malos*, id.);

*libot*, Côte-d'Or, crapaud A. (= *lu-bot*);

*rabot*, f. *rabote*, wallon, Malmédy, crapaud, forme contractée de *raine-bote*, à l'instar de *nabot*, anc. *nainbot* (c.-à-d. *nain-bot*, 20), et Abr. *rabbott*, crapaud, *rabbuott*, grenouille (= *ranabott*, id., v. ci-dessus);

*teuleu*, Loire, têtard (= *tu-lu*, 2[i], 2[g]).

11. Ajoutons ces quelques appellations isolées:

*ampoule*, Morvan, rainette („on croit que son venin fait naître des tumeurs séreuses", Chambure);

*bermiado*, Basses-Pyr., têtard A., propr. vermisseau, et H.-Pyr. *screpièu*, rainette A., propr. scorpion;

*boč*, Piém., crapaud (= bossu, enflé);

*borgne*, Côte-d'Or (*bâne*), têtard A., et Vienne *guerlingue*, rainette A. (cf. pr. *guerle*, louche);

*camparell*, Parme, grenouille (des champs);

*crebassol*, Hérault, têtard A. (il s'enfle à crever);

*fada*, Mantoue, Parme, crapaud, propr. fée (laquelle, dans les contes populaires, se change souvent en crapaud ou en grenouille);

*majet*, *majat*, Yonne, gros crapaud (du pr. *maje*, fort grand);

*muet*, Berry, crapaud sonneur, le mâle de la *muette*, grenouille rousse (le mâle n'ayant pas des sacs vocaux);

*nadau* (nadou), Yonne, crapaud, propr. de Noël (pr. *nadau*), par allusion au froid grinçant (cf. le proverbe limousin: „Quand Nadau fait *cri-cra*. . .").

*pauvre-homme* (Lorr., Vosges *paurôme*, Mess. *pourôme*), crapaud,[2] nom de pitié inspiré par sa difformité (en fr., *pauvre homme*, Nemnich, est le nom du crabe *bernard l'ermite*);

*roseau*: Vienne *rosette*, rainette (Vendée *crapogne de rouset* et *petite guernoy de rousas*) A., répondant au crapaud des roseaux ou *calamite*;

---

[1] A l'instar des bas-allem. *Quadpogge* (= *Pogge*), *Quadütze* (= *Ütze*), et des suisse *Tasch-Chrotte* (= *Chrotte*), *Taschen-Baben* (= *Baben*).

[2] Certains crapauds symbolisent, dans les traditions populaires du Tyrol, les pauvres âmes qui aspirent à être sauvées.

*sourd*, Berry, crapaud (en fr., salamandre; en Poitou, orvet).

Remarquons que les noms des ranidés ignorent à peu près le emprunts; on pourrait citer comme tels les termes suivants:

*broátec*,[1] *brotác*, roum., rainette, et Sic. *vrotacu*, grenouille, qu remontent au grec byzantin *βρόταχος*, id., anc. *βρόταχος* (*το βάτραχον Ἴωνες, Etym. Magnum*); la variante roum. *buratic* es une altération populaire sous l'influence de *bură*, pluie fine, ca on rencontre ces bêtes sur les chemins apès la pluie (cf. égalemen le *bufo pluviatilis*);

*crot*, Suisse (Vaud), crapaud, Frioul *crott* (Tyrol *crot*), gre nouille, Vicenza *crote* (réto-r. *crot*), crapaud, dérivant du mha. *krot* mod. *Kröte* (Autriche *Krot*);

*harri*, Béarn, crapaud, du basque *harri*, pierre[2];

*mormolòc*, roum., têtard de grenouille, qui répond au gre moderne *μορμολύκιον*, masque, épouvantail (à cause de sa form monstrueuse);

*popioule*, wallon, têtard, du flamand *(quadde)popje*, id.;

*save*, Frioul, rainette; cf. Tyrol *žave*, grenouille, slave *žaba*, ic

12. Finalement, un stock de termes obscurs:

*baggiu*, Gênes, crapaud, à côté du milanais *bagagel*, id.;

*baràuta*, H.-Alpes, têtard A.;

*chacaud*, wallon, têtard;

*chiatto*, it., crapaud (Duez);

*ciambott*, *ciammotto*, Marches, crapaud, et Romagne *zambe* (d'où it. *zambaldo*), id.;

*ciat*, *sciat*,[3] Milan, crapaud (dim. *sciattin*, augm. *sciatton*), Lomb *satt*, Crémone *zatt*, id.; cf. Vendée *chatoly*, rainette A.;

*grèuche*, Landes, grenouille;

*jaën*, esp., crapaud;

*putaus*, anc. fr., crapaud (X<sup>e</sup> siècle, commentaire sur Virgile *Revue des langues rom.*, VI, 435: „Bufo, quod nos dicimus *putaus*", cf. *poutaud*, 4;

*simou*, H.-Vienne, crapaud (de petite espèce) A.

---

[1] Cf. allem. d'Autriche *Broating*, *Breiting*, crapaud (Nemnich): le no est peut-être emprunté au roum. *broatic*.

[2] Suivant Schuchardt (*Zeitschrift*, XI, 495).

[3] Schuchardt (*Zeitschrift*, XXVIII, 318), à propos du milanais *sciat* crapaud: „Un terme désignant quelque chose d'informe ou de globuleux, dan le monde des êtres inanimés ou des plantes (tel que masse, souche, saill rugueuse), a été transporté à des êtres vivants ou à leurs extrémités (moignon pour main, pied); et sa valeur adjectivale, à la forme (d'un côté, gros et cour de l'autre, mutilé), aux mouvements (lourdaud, maladroit) ou à des qualité morales (hébété, niais)".

Flecchia (*Archivio*, II, 34), qui dérive le génois *baggiu*, crapaud, d'u type *babulus*, fait remonter *sciatt* au lat. *exaptus*, en partant de son acceptio figurée: „In alcuni dialetti dell' Italia superiore, *babbio* significa *rospo*, ver similmente per esser rettile di aspetto stupido e goffo. Con nome logicamen analogo i Milanesi chiamarono questo batracoide *šatt*, sciatto, sconcio, malfatto disadatto (= **exaptus*)".

13. L'origine des noms romans du crapaud a été l'objet d'une controverse entre deux maîtres de l'étymologie romane, Nigra et Schuchardt.[1] Ce débat est d'un haut intérêt linguistique, en tant qu'il fait ressortir la part des éléments subjectifs dans l'examen des choses. Nigra, par exemple, aperçoit la marque caractéristique du crapaud dans ses pattes courtes, et s'efforce d'en trouver l'application dans les noms de la bête. C'est ainsi que le catalan *calapat*, crapaud (9), signifierait, d'après lui: „quelle patte!", que l'italien dialectal *ciambott*, crapaud (12), dériverait de *ciampa*, patte, et le fr. *crapaud* (5), de l'it. *grappa*, griffe.

Ce qui frappe Schuchardt à son tour, à la vue d'un crapaud, ce ne sont pas ses pattes, mais l'extérieur de la bête, sa peau rude et pustuleuse, et il cite plusieurs exemples, empruntés au roman et au slave (cf. 5), dans lesquels le crapaud est qualifié de galeux ou de verruqueux.

En fait, le critère de Nigra revient moins fréquemment en roman que celui de Schuchardt, mais l'un et l'autre caractère ne constituent au fond que de simples accidents dans l'ensemble des motifs qui ont présidé à la formation de cette riche nomenclature. Bien qu'ils ne l'embrassent pas dans sa généralité, les deux illustres romanistes ne visent pas moins à une application très large, trop large peut-être, de certaines vues prises isolément. On ne saurait assez insister et sur la multiplicité des images qui ont fourni cette nomenclature indigène, et sur l'avantage de l'envisager dans son ensemble.

14. En passant aux sens, les noms romans du crapaud, etc., désignent:

En zoologie,

a) Des poissons à grosse tête qui rappelle celle du têtard:

anarrhique (à la peau muqueuse): fr. *crapaudine;*

baudroie (remarquable par sa forme laide et par sa tête énorme): fr. *crapaud de mer* ou *crapaud pêcheur* et *grenouille de mer* (grenouille pêcheuse); esp. *rana marina* et Galice *peixe sapo*; cf. allem. *Krötenfisch*, id.;

chabot (irrité, il renfle sa large tête en remplissant d'air ses ouïes, ce qui le fait ressembler à un têtard de crapaud): fr. *chabot*, anc. fr. (auj. wall., Norm.), *cabot* (XIII$^e$ s.) et *jabot* (v. *Romania*, XXXIII, 558), à côté du Norm. d'Yères *sabot*, Forêt-Noire *cabotin*, appelé encore *tête-d'âne* et *têtard*,[2] wall. *chacaud* et *maquelotte* (têtard); Béarn *cabos* (= têtard), pr. *cabot*, Lim. *chabot* et *bot*, f. *boto*, Nice *botta*, Piém. *bota*, Milan, Côme *botta*,[3] *bottina*, Venise *botolo* (v. trigle), propr.

[1] V. *Archivio*, XV, 109 suiv.; et *Zeitschrift*, XXVIII, 318 suiv.

[2] Ces termes sont parallèles à ceux qui désignent simplement la tête: fr. *chavelot* (XIV$^e$ s.) et *chevêne* (XIII$^e$), Pic. *caborgne* et *cavergne*, etc.

[3] Monti: „*Botta*, ghiozzo, detta da *botta*, rospo, cui somiglia nelle macchie e striscie del corpo, nella grossezza del capo e larghezza dalla bocca".

petit crapaud, Pavie *botta, bottola*; réto-r. *rambottel*; cf. allem. *Kaulfrosch, Kaulpadde*, têtard et chabot, *Groppen*, id., angl. *tadpole*, id. (têtard de crapaud);

goujon (a le flanc couvert de petites taches brunes): Suisse *gropp* (crapaud), Piém. *bota* (grassa), Berg., Brescia *bosa*, Milan *boggia* (= têtard);

lotte (appelée aussi *barbote*): it. *bottatrice*, Mil. *bottrisa*, propr. petite crapaude; cf. Lux. allem. *Quack*, id., et allem. *Quappe, Quabbe*, lotte, propr. têtard de crapaud;

scorpène (d'une forme hideuse): fr. *crapaud* et *chabuisseau* (anc. et Char. *chabosseau*), répondant au pr. *caboues*, têtard;

trigle (à tête large): pr. *boto, caboto*, et Cette *cabota volante*, propr. crapaude volante (Rolland, III, 178); cf. bas-lat. *botulus* (Duc.: „pisces minutos, *botulos*, varones, gosengulas...").

vive (aux épines redoutables, subsiste longtemps hors de l'eau): it. *ragana* (têtard).

b) Des insectes:

charançon (de blé): esp. *calapatillo*, catal. *galapatillo*, propr. petit crapaud;

cousin (son sifflement aigu comparé au coassement): Vosges *bouatte*, Plancher-les-Mines *boite* (Rolland, III, 304), propr. crapaude.

c) Des reptiles et des mollusques:

couleuvre: it. dial. *mangiarospi, mangiabotte* (Rolland, III, 23);

strombe (à tête large): fr. *crapaud ailé; grenouille* et *ranelle* (nom de coquilles), à côté de *patte de crapaud* (espèce de coquille).

d) Des oiseaux:

busard (espèce palustre): fr. *grenouillard*; cf. allem. *Froschweihe*, id.;

chauve-souris (considérée comme oiseau par le peuple): Vosges *crapaud volant, bot volant* et *volanbot* (v. engoulevent); Ariège *randoulo* A. (= Isère *randouly*, grenouille);

émouchet (sa voix comparée à un coassement): Bresse *rainette* (Rolland, II, 13);

engoulevent (dont le large bec est semblable à la bouche du crapaud; cf. 9): Poit. *clouque* et pr. *sabat* (crapaud); fr. *crapaud volant (crapaud de vigne)*, Meuse *bo volant* et pr. *grapaud voulant* (cropal boulant) ou *auset-crapaut* („oiseau-crapaud"); fr. *foule-crapaud* (l'engoulevent foule les crapauds qu'il saisit dans ses chasses nocturnes) et pr. *chaucho-grapaud, esquicho-bot* ou *craco-babi*, Turin *carcababi*, Gênes *carcabaggi*, Piém. *scanababi*, it. *calcabotto*; cf. allem. *Froschmaul*, holl. *vliegende pad*, id.

15. En botanique,

a) Des plantes:

coquelicot (par allusion à la couleur): pr. *flour-de-babi* (fleur de crapaud);

cresson (croît au bord des eaux): Milan *sciatton* (gros crapaud); fève (des marais): Anjou *pois à crapaud* (Rolland, *Flore*, IV, 218); iris (des marais): pr. *testo-d'ase* (têtard);
joubarbe (petite): pr. *rasin babi* (raisin de crapaud);
lycope (croît aux bords des eaux): Piém. *erba di babi;*
menthe (des ruisseaux): Metz *menthe de ba* (de crapaud);
muguet (dont le rhizome est couvert de cicatrices): fr. *grenouillet;*
orchis (dont les feuilles sont parsemées de taches noirâtres): Avranches *bouterolle* (petite crapaude);
oseille (croît dans les terrains pierreux): Plancher-les-Mines *bot-de-pierre* et Hague *surele à crapauds* (oseille sauvage), Piém. *azivola di babi* (oseille des crapauds);
pied d'oiseau (plante herbacée naine): Meurthe *patte de crapaud* (Rolland, IV, 248);
porcelle (à longues racines): pr. *pel-de-grapaud;*
renoncule (des marais): fr. *grenouillette* et Norm. *patte de raine*, pr. *grapaudino*, à côté de *erbo de grapaou*, it. *morso di rana* (Duez), roum. *floare broștească*; cf. anc. gr. *βατράχιον*, lat. *ranunculus* (d'où *renoncule*) et allem. *Froscheppich*, id. (Nemnich);
riccie (nage à la surface des eaux stagnantes et leurs frondes s'étalent en forme d'étoiles d'un vert glauque): pr. *erbo di granouio;*
sidérite (plante fétide): fr. *crapaudine;*
vulpin (des prés): fr. *racouet* (têtard).

b) Des végétaux et des fruits:

champignon (vénéneux): Plancher-les-Mines *bot*, Bessin *pain de crapâ* et fr. *potiron* (1542), gros champignon, Berr. *poteron*, propr. petit crapaud,[1] répondant au pr. *grapaudin*, id., à côté de *boutarel*, *poutarel* (poutaro), potiron (= anc. fr. *boterel*, petit crapaud; cf. Haute-Bretagne: „Où il y a de gros *potirons*, champignons, il y a de gros crapauds“, Sébillot, II, 230); cf. allem. *Krötenpilz* et *Krötenstuhl* (bas-allem. *poggenstol*, flam. *paddenstol*), angl. *toadstool*, id. (= siège à crapauds);
courge (grosse): fr. *potiron* (v. champignon) et Piém. *bota;*
figue (variété de): pr. *grassano* (d'où fr. *grassane*), propr. femelle du graisset;
melon (par allusion à la forme ovoïde): it. *zatta*, terme d'origine dialectale (Crémone *zatt*, crapaud);
poire fondante (de forme ramassée): fr. *crapaudine* et Gasc. *grapaudino;*
pomme (tachetée comme la peau de la grenouille): fr. *rainette*, *reinette*; cf. allem. *Froschapfel*, rainette.

---

[1] Devic (dans Littré, *Suppl.*) et Schuchardt (*Zeitschrift*, XXVIII, 130) font venir *potiron* du sémitique *pitra*, arabe *foutr*, champignon: le mot aurait été importé (suivant Schuchardt) par les médecins arabes ou juifs, et affublé d'une désinence gréco-latine.

c) Termes généraux:

bouture (de vigne): pr. *cabot, chabot* (d'où anc. fr. et Berr. *chabot*), propr. têtard, à côté de *grapàud*, drageon d'un cep de vigne;

végéter (pousser lentement): Genève *botasser*, d'où *botasson*, rabougri (des enfants et des plantes), Pas-de-Cal. *s' caboter*, id. (des arbres et des hommes; Hain., du bois vert qui se contracte en séchant), Norm. d'Yères *cailleboter* (fleurir lentement, sans vigueur, du pommier); fr. *bouder*, venir mal (des plantes), représente une image analogue (Lorr., Vosges *bod*, crapaud; v. 19); cf. bavarois *Butt*, têtard de crapaud et rabougri, et allem. *Tatsche*, fruit resté en arrière (= crapaud).

16. En minéralogie:

noyau: *crapaud* (dans un bloc de marbre et tache noire qui dépare le diamant), pr. *grapaudas;*

pierre dure: fr. *crapaudine* (XIIIe s., on la croyait formée dans la tête du crapaud et être un contre-poison), Berr. *grapàud* (et anc. fr.); wall. *rabot*, pierre à feu (qui fait partie du mort terrain), fr. pierre employée au pavage (anc. *ribot*); cf. angl. *toad-stone.*

17. En agriculture:

labourer: H.-Bret. *soulever les crapiaux* (Sébillot, II, 226) et May. *piquer le crapaud*, mettre le boût du manche d'une fourche à terre pour soulever les fourchées; cf. Poit. *trevire-crapaud* (renverse-crapaud), surnom donné au mauvais laboureur;

moissonner: Berr. *manger le crapaud*, c'est en moisson finir sa tâche le dernier („Les moissonneurs disent à celui qui coupe la dernière poignée d'un champ ou qui ramasse la dernière javelle: Tu mangeras le crapaud!" Jaubert);

tas de foin: Norm. *cabot*; Hain. *crapaud* (fagot de bois de chêne); cf. allem. *Frosch*, brassée d'épis coupés.

18. Applications techniques:

a) Divers outils, d'après leur forme aplatie:

affût de mortier (sans roues): fr. *crapaud*; cf. Suisse allem. *Chrott*, brouette sur deux roues, et allem. *Protze*, avant-train (d'affût), en rapport avec le bavarois *Protz*, crapaud;

bateau plat: it. *chiatta, sciatta, zatta*, propr. crapaude (dans les patois; cf. Côme *sciat*, crapaud et aplati);

bouille (de pêche): fr. *rabot*, it. *bodolo* et Parme *zambott* (tous, noms du crapaud); cf. pr. *granouiero*, engin pour pêcher les grenouilles;

bouteille (plate): Champ. *crapaud* (pleine d'eau chaude) et pr. *grapaud* (carrée à anchois);

cadenas: anc. fr. *crapault* (1495: „la clé du *crapault* d'icelle porte"), auj. en argot, et *crapoudel* (1521: „les *crapodiaux* qui tiennent les fléaux de la porte"); Poit. *crapaud* (cadenas-enferges pour les pieds du cheval) et pr. *grapaud* (gâche de serrure); roum.

*broască*, id., propr. grenouille; cf. allem. *Frosch*, id., et angl. *padlock* (crapaud-loquet);

canon (sorte de): anc. fr. *crapaudin*, *crapoudel* (XVe s.: *crapodeau*), mod. *crapaudine*; [1]

chenet (sans branches): pr. *grapaud;*

crible pour fontaine: pr. *granouio* (grenouille);

fauteuil (très bas): fr. *crapaud* (pour s'asseoir au coin du feu);

plane: fr. *rabot* (XIVe s.), Mayen. *ribot*, propr. crapaud [2]; roum. *broască* (rabot à dégrossir);

pompe à eau: Parme *zambott* (v. bouille);

porte-enclume (billot de fonte): fr. *chabotte* (XVIIIe s.), Berr. *jabotte*, propr. crapaude, répondant au pr. *sabato* (tronçon mis sous un pied droit);

pressoir: pr. *cacho-grapaud* (presse-crapaud) ou *chauchot-bot* (foule-crapaud); cf. fr. *crapaud*, plaque ou tôle percée de trous à l'orifice d'un tuyau;

soupape (d'un réservoir, d'un bassin): fr. *crapaud*, pr. *grapaudino* (= plaque métallique que l'on met à l'entrée d'un tuyau pour empêcher que les crapauds n'y entrent);

trappe: it. *botola*, *bodola* (petite crapaude), formes d'origine dialectale.

b) Ou bien de forme arrondie (semblable au corps globuleux du crapaud):

bande de fer (pour soutenir la barre du gouvernail): fr. *crapaud;*

biberon: pr. *grapaud;*

bourse: fr. *crapaud* (bourse de soldat et bourse de soie dans laquelle les hommes enferment les cheveux par derrière) et *grenouille* (bourse de la masse), pr. *granouio* (et magot, trésor); cf. Suisse allem. *Chrott* (bourse en cuir);

faisceau: fr. *botte* (1316: „une *botte* de feurre"), propr. crapaude, et pr. *boto*; Naples *botta*, id.;

nœud (d'un tissu): fr. *crapaud* et pr. *grapaudas*; it. *bottoli* (nœuds de la soie crue, Duez), propr. petits crapauds;

pièce creuse (où entre le gond): Champ. *crapaud*, fr. *crapaudine* et *grenouille* (qui reçoit le pivot de l'arbre, dans l'imprimerie), pr. *grapaudino* et *granouio*; esp.-port. *galapago* (tortue et crapaud, 9);

pot à tabac: it. *botta* (crapaude);

poulie (d'un bac): fr. *grenouille*, pr. *granouio* et *reineto* (rainette).

c) Par allusion aux pattes du crapaud:

ciseaux (grands): fr. *bottes* (1724, ap. Littré, *Suppl.*: „la seconde tonte se fera avec des forces appelées *bottes*");

mitaines grossières (pareilles aux pelotes qui se forment aux mains du crapaud): Poit. *crapaud* (mitaine en forme de sac).

---

[1] Jean Chartier (dans Lacurne): „Grosses bombardes, gros canons, veuglaires, serpentines, *crapaudines*, couleuvrines et ribaudequins".

[2] Diez voit, dans *rabot*, un déverbal de *raboter*, et, dans celui-ci, un composé de *bouter*, pousser, heurter.

d) Par imitation de sa voix:

crécelle (le chant du crapaud oú de la rainette rappelle le bruit d'une forte crécelle): Bresse *rainette*, crécelle, et Berr. *ralet*, espèce de crin-crin (= crapaud); pr. *rano* et *reineto*, *rasclet* et *raqueto* (grenouille); it. *raganella* (rainette) et Piém. *cantarana*, Abr. *ranocchie* et *rospe*, répondant à peu près au fr. provincial *grenouille* („instrument d'écolier, formé d'une coquille de noix, d'un morceau de parchemin et d'un crin de cheval, le tout tournant au bout d'un petit bâton et imitant le coassement de la grenouille", Littré, *Supplém.*);

toupie à fouet (qui produit un bruit sourd par rotation): anc. fr. *cabot* (XIII<sup>e</sup> s.), Pic. *chabot* et fr. *sabot*,[1] Berr. *râle* („crapaud") et pr. *grapaud*, *granouio* (jouet qui bourdonne en tournant).

**19.** Faits relatifs à la vie physique du crapaud:

accroupir (s' = se mettre à plat à la manière des crapauds): Fribourg *s'abotassi*, Morv. *s'aicrapaudi* (s'affaisser) et Poit. *acrapauder* (être aplati, par suite de la fatigue, d'une longue marche); Piém. *babiesse* (ababiesse), rannichiarsi („dalla posizione che ha molta analogia con quella della rana e del rospo, *babi*", Dal Pozzo);

boire souvent (et se griser): fr. *grenouiller* (= faire le métier de grenouille), avec ce sens dans Oudin; Lyon *granolhi*, demeurer longtemps au cabaret;

culbuter: Piém. *babiá* et it. *cimbottolare* (de *cimbotto*, *cimbottolo*, culbute, propr. crapaud = Marches *ciambott*, 12), répondant à l'anc. siennois *abbottolare*[2] („buttar a terra uno"); esp. *zaparrado*, chute à la renverse (de *zapo*, *sapo*, crapaud);

écraser (comme un crapaud): anc. fr. *escrapoutir*, Poit. *écrapouti*, pr. *egrapauti* et *escrapouchina* (= écraser comme un crapoussin);

enfler (s': le crapaud possède la faculté de se gonfler en accumulant l'air dans ses poumons;[3] cf. lat. *bufo*, gr. *φύσαλος*, crapaud, propr. l'enflé): Sic. *abbuffari* (de *buffa*, crapaud femelle) et *abbuttari*, Naples *abbottare*, répondant au Hain. *boder*, gonfler, pr. *boudougna*, à côté de *boudenfla* (boudounfla, boudifla), ce dernier en composition avec *enfla* (onfla, ufla), enfler; de là:

bouder (= enfler la lèvre, faire la moue): fr. *bouder* (XIV<sup>e</sup> s.), mot d'origine dialectale (Hain. *boder*, gonfler, propr. s'enfler comme un crapaud), Piém. *bodé* („gonfio com' un rospo"), Hain. *caboter* (de *cabot*, boudeur = têtard); pr. *boutigna* (boutina, poutina) et *boutifla*, it. *butenfiare*, Piém. *botenf* (butenfi) et H.-Italie *bodenfi* (budenfi); Norm. *boudsoufler*,

---

[1] Ménage: „On appelle *chabot* en Anjou, et à Paris *sabot*, ce qu'on appelle ailleurs *toupie*; et on appelle une toupie de la sorte à cause de sa grosse tête".

[2] Caix (*Studi*, 93) voit dans le synonyme *butolare* un doublet de *voltolare*.

[3] Phèdre, *Fabl.*, I, 23: „Rugosam inflavit pellem". Cf. *Le moniage Guillaume*, v. 2542: „Laisardes grans et grans *crapoz* enflés".

[4] A côté du thème *bod* (boud), *bot* (bout), il y en a d'autres tels que *bor* (H.-Italie *borenfi*, fr. *borenfler* et *boursoufler*) et *bez*, *boz* (H.-Italie *besinfio*

boursoufler; cf. allem. *protzen*, bouder (du bavarois *Protz*, crapaud);

bouffi (de vanité): esp. *sapo* (= crapaud, cf. it. *gonfio com' una botta*, id.), répondant à l'allem. *Protz*, homme bouffi d'orgueil (propr. crapaud);

gros et gras (= enflé): Lorr. *boudâ*; Piém. *bodèro*, Milan *bodé*, Parme *bodië*, Venise *bodola*, Ferr. *budanfion*, Lomb. *butanfion*, Versilia *botracone*, à côté de l'it. *budenfione*, *butenfione* (et boursouflé), répondant au messin *bot* („se dit de quelqu'un qui a les joues bouffies de colère, de *bot*, crapaud, qui paraît toujours enflé", Le Duchat, dans Ménage); cf. allem. *quabbig*, *quappig*, potelé, dodu (= semblable à un têtard);

moue (bouderie): Ferr. *babi*, Piém. *bodo*, anc. Sienne *butenfio* („broncio");

vessie (le crapaud ventru peut s'enfler comme une vessie): Berr. *boudenfle*, *boutenfle*, à côté de *boudiffe*, *boutif(l)e*, cloche à la peau, ampoule, du pr. *boudiflo*, *boutiflo*, vessie et ampoule;

gratter (la calamite creuse le sol à l'aide de ses pattes de devant): Yon. *crapauder* et Poit. *grapauder*;

grommeler (gronder = coasser): Clairvaux *botteler* (de *botte* crapaud femelle) et *raboter* (de *rabot*, crapaud); pr. *rangoula* (v. râler); cf. allem. *quakeln*, bavarder (de *quaken*, coasser);

grouiller: fr. *grenouiller*[1] (avoir des grenouilles dans le ventre, Oudin) et Berr. *grenouillons* (bruit des flatuosités, dans les intestins du chien); pr. *granouia* (grouiller comme les grenouilles) et Gasc. *groulha*, grouiller, remuer (du Gasc. *groulho*, grenouille);

lambiner: Berr. *crapauder*, travailler à la terre en chipotant, et Poit. *grenouiller*, travailler lentement;

marcher en rampant (les crapauds s'avancent par des mouvements lents et rampants): Norm. *crapoter* (marcher sur les pieds et sur les mains) et Berr. *acrapauder*, *grapauder* (s'attacher au sol en rampant et gravir une montagne en s'aidant des pieds et des mains), Poit. *grapauder* (commencer à marcher, des enfants qui se traînent sur les pieds et sur les mains) et *grapouiner* (marcher difficilement avec les pieds endoloris après une longue marche); de là:

à quatre pattes (en rampant): Versilia *boddoni* (de *bodda*, crapaud), it. (andar) *chiatton chiattoni* (de *chiatto*, crapaud), Côme *a sciat* et *a ranon*;[2]

traîner (en longueur): Berr. *crapauder* (v. lambiner) et Poit. *grenouiller* (travailler lentement); pr. *grapaudeja*, *grapousseja* et *gropolleja* (traîner pour chercher quelque chose);

---

*bisinfio*, roum. *bozumflu*), au sens parallèle, mais d'origine différente. Cf. Mussafia, *Beiträge*, p. 36 note.

[1] Paré (ap. Littré): „Ces humeurs s'amassent au boyau nommé colon, lequel, par ce moyen, se tend et fait un bruit *grenouillant*, presque semblable aux cris des grenouilles".

[2] V. Nigra (*Archivio*, XV, 281, 497).

patauger (barboter dans l'eau comme les crapauds[1] ou les grenouilles): Berr. *grenouiller* et pr. *granouia*; cf. Suisse allem. *chrotten*, id., et allem. *paddeln* („herumbaden"), de *Padde*, crapaud;

râler (faire un bruit semblable à celui des grenouilles qui coassent): pr. *granouia* (de *granouio*, râle de l'agonie, propr. grenouille) et it. *rantolare* (de *rantolo*, râle, primitivement petit de la grenouille, 1), catal. *ranell*, râle; de là:

difficulté qui gêne la voix (ou la respiration): pr. *granouio* (propr. râle);

hoquet d'ivrogne: pr. *grapaud;*

sauter (les membres gros et courts du crapaud sont disposés pour le saut): Yon. *guernouiller* (gambader) et catal. *botar*, sauter, Piém. *bot* (saut, bond de la balle) et esp. *zapateta*, gambade; cf. sauter comme un *crapâud* (sauter d'une manière lourde).

20. Epithètes:

courtaud (homme ou enfant de petite taille, c.-à-d. ramassé ou trapu comme le crapaud): Yon. *bottet*, Sav. *boterot*, Genève *botolion*, *boton* (cf. Clairvaux *i a enfié come in bot*, il est enflé comme un crapaud, à un gamin ou homme court de taille), Vosges *bousse-bot* (= pousse-crapaud) et Clairvaux *courcibot* (wall. de Mons *court et bot*, f. *courte et botte*); fr. *nabot* (XVIe s.), anc. fr. *nambot*[2] (auj. Lyon), *naimbot* (auj. Genève, wall. *niambot*, Sav. *ninbot*), c.-à-d. *nain bot* ou nain comme un crapaud,[3] répondant à l'anc. fr. et Suisse *rabot* (G. de Coinci, dans Godefr.: „un *rabot* qui n'est pas graindre qu'un cabot"), réto-r. *rambottel*, Abr. *rabbotte* et *ranabotte* (Vicenza *ranabottolo*, Monferr. *ranabò*), à côté du Piém. *babiot* (petit crapaud), it. *bodoro*, *botoro*, Lucques *botracchio*, *rantacchio* („fanciullo mal conformato e stento", *Archivio*, XII, 132, propr. petit de la grenouille, *rantolo*, 1) et *ciatto* (Monferr. *ceet*, Mil. *sciatt*), Abr. *ciabbotte* et *ciammotte*, Parme *zambott*, Lomb., Venise *crott*; Suisse *gropp* (crapaud) et pr. *grapaut*; esp. *renacuajo*; cf. allem. *Butt* (bavarois: têtard), d'où *verbuttet*, et bavar. *verkrottet*, rabougri (propr. raccorni comme un crapaud);

engourdi (le crapaud passe l'hiver dans l'engourdissement): esp. *zapo* (estropié, propr. engourdi comme un crapaud);

gai: anc. fr. et Berr. *ralu*, et content (de *rale*, crapaud) et fr. *guilleret* (XVe s.: gente *guillerette*), d'origine dialectale (Montbél.

---

[1] Cf. Benoit, III, 530 (dans Littré): „Plongiez et emborbez sera, Toz jors com *boz* borbetera"; et Montaigne, III, 22: „Pour toutes les maladies, ils se baignent, et sont à *grenouiller* dans l'eau, quasi d'un soleil à l'autre".

[2] Nicot: „*Nimbot*, nanus, homuncio"; Bouchet (*Serées*, III, 253): „Nous ne sommes que *nambots* et avortons". Cf. Berr. *nine*, naine.

[3] Ménage: „*Nabot*, de *napus*, navet, les navets sont gros et courts tels que sont les nabots" (étymologie adoptée par Borel et, de nos jours, par Rolland, *Flore*, II, 52); Diez tire le mot du scandinave *nabbi*, bosse, nœud (étymologie reprise par Joret, *Romania*, IX, 435). *Nabot* avait encore, au XVIIe siècle, le sens de „hotte" de crocheteur (v. Littré), par allusion à sa forme.

*guilleri*, têtard); cf. allem. *krötenvergnügt*, très satisfait (content comme un crapaud);

laid (cf. laid comme un crapaud): fr. *crapaud* et *crapoussin* (XVIIIe s.), Poit. *crapasson*, Berr. *crapi*, *crapuche*, Sav. *crapotin*; pr. *grapaudin*, *grapaudoun;*

lourdaud (l'allure du crapaud est pesante): Piém. *babiot* et Berg. *sat*, Mil. *sciatt* (Crém. *zatt*), d'où it. *sciatto*, [1] à côté de *rospo* (crapaud);

moricaud (le dos du crapaud est noirâtre): Bessin *nerchibot* (= noirci-crapaud; cf. ci-dessus *courci-bot*);

plat: it. *chiatto* (et caché: Duez), Lucques *ciatto*, Monferr. *ciatt* (c.-à-d. aplati comme un crapaud);

ridé (comme la peau du crapaud): Aunis *crapaudé;*

rude (comme la peau du crapaud): Poit. *bot*, chaussée (= terrain inégal), et Vaud *rabou* (du terrain), fr. *raboteux* (XVIe s., d'abord des mains, ensuite du sol); Berr. *ralu* (rugueux: de *rale*, crapaud), Yon. *ralu* (noueux, d'un arbre);

sale (crasseux comme le crapaud): Hainaut *crapeux* (= crapaud) et pr. *chirpous;*

sot (v. lourdaud): pr. *babi* et *sabato*, Piém. *babi* (babiass) et *ababiá* („istupidito, appunto come resta un *babbio* o rospo sorpreso nel suo appiattamento", Dal Pozzo), it. *babbio*, *babbione* (= gros crapaud) et *baggeo* (Gênes *baggiu*, crapaud), Mil. *sciatt* (fa el sciatt = fa el gnorri), d'où it. *sciatto*, „sciocco" (v. lourdaud).

**21.** Maladies:

chassie (les yeux du crapaud sont bouffis et rougeâtres): esp. *ojos* (port. *olhos*) *de sapo*, yeux chassieux;

croup (chez les animaux): pr. *granouiado*; cf. roum. *guşter* et *şopîrlariţă*, id., propr. lézard;

orgelet (v. chassie): roum. *broască* (la ochĭ);

pustule (le crapaud est couvert de pustules verruqueuses): anc. fr. *boterel* (petit crapaud), it. *bottacciolo*, à côté de *boda* (Duez), peste (= pustule, propr. de crapaud), et de *buttero*; [2]

scrofules (les crapauds ont de grosses verrues de chaque côté du cou): Poit. *greneuille* (inflammation des ganglions chez les cochons), et roum. *broaşte*, scrofules (= grenouilles);

tumeur (sous la langue): fr. *grenouillette* (ainsi nommée de l'espèce de coassement que fait entendre le malade dont la prononciation est altérée), esp. *sapillo* et *ranilla*, roum. *broască*; cf. anc. gr. *βάτραχος*, lat. *rana*, allem. *Frosch* (Fröschlein), russe *žaba* (aphtes = grenouille), etc.;

---

[1] Ménage, Diez et Flecchia dérivent l'it. *sciatto* d'un type *exaptus*, tandis que Pascal (*Studi di filol. rom.*, VII, 95) le fait remonter à **exsapidus*. La remarque de Salvioni (*Zeitschrift*, XXII, 477: „le lombard *sciatt*, crapaud, n'a rien à faire avec le toscan *sciatto*, car toscan *š* répond au lombard *ç*") tombe devant le bergamasque *sat* (= *çat*), "rospo, sciatto, malfatto, disadatto".

[2] Körting identifie *búttero* avec l'esp. *botòro*, abcès (ce dernier seul, comme le montrent la forme et l'accent, vient de l'arabe *botôr*).

ulcère (au pied du cheval): fr. *crapaud*, *crapaudine* (crevasse au paturon, XIVe s.), pr. *grapaud*, *grapaudino* (et maladie qui rend la peau du pourceau écailleuse); it. *mal del rospo*, catal. *calapat* et esp.-port. *galapago*; roum. *broască*; cf. allem. *Kröte* et *Frosch*, id.

22. Parties du corps:

goitre (le crapaud goitreux a la gorge enflée par un petit goitre): fr. *jabot* (XVIe s., dans Rabelais, de la gorge de l'homme), auj. poche membraneuse sous la gorge des oiseaux, Yon. *jabou* (gésier), propr.[1] têtard (*chabot*, 6);

patte (celles du crapaud sont courtes): pr. *tauto* (cf. dial. *toutou*, crapaud, 2 i); Poschia et Tyrol *ciatta* (et main), Lomb., Venise *zatta* (et pince de l'écrevisse), Piac. *zatton* (main = gros crapaud); cf. allem. *Padde*, *Patte*, patte (= crapaud), *Tatsche*, main (*Tatze*, patte), propr. crapaud, et *Tappe*, patte, avec Suisse *Tapen*, crapaud;

sabot (d'animal): fr. *sabot* et pr. *sabato*, Sav. *bota* (et onglon); esp. *ranillas* (paturon); cf. anc. gr. *βάτραχος*, partie supérieure du sabot d'un cheval.

23. Emploi hypocoristique:

a) En parlant des personnes:

enfant (marmot): fr. *crapaud* (et Namur, wallon, d'où *crapauterie*, *capotreille*, marmaille) et Poit. *bouteron* (têtard); pr. *babi* et *grapaud* (d'où *grapaudaio*, marmaille, propr. tas de crapauds); Abr. *ciabbotte*, *ciammotte* (enfant dodu) et Lomb. *crot* (culot); roum. *broască*, *broscoiŭ*; cf. allem. *Kröte*, id., et *Quabbe* („têtard"), gros poupon;

fille (jeune): Poit. *boque* (crapaude) et wall. *crapaute*, Valais, Alpes-Mar., Piém. *bouatta* (v. fils), Gênes *bügatta*, et H.-Italie *sciata*, *sciota* (v. fils);

fils (garçon): wall. *crapaud* (y a remplacé le lat. *filius*); H.-Alpes et Piém. *bot* (f. *buata*) et *babiot*; Haute-Italie *sciat* (scet, sciot), dim. *sciatel* (sciotel), *sciatú*, à côté du Turin *cet*, it. *citto* (zitto), et dérivant de *sciat*, *ciat* (cet), crapaud;[2] it. *buttero*,[3] petit berger (gamin = jeune crapaud).

b) En parlant des jeux enfantins:

à quatre pattes (jeu où l'on marche): anc. fr. *au crapault* (Rabel., I, 22) et pr. *grapaudoun*;

colin-maillard: Jura *guilleri* (= têtard);

saute-mouton (jeu du): anc. fr. *a la renette* (Rabel., I, 22) et Vaud *jeu de la grenouille*[4] (ou jeu de coupe-tête); pr. *granouio* (jeu dans lequel on se soulève à tour de rôle et dos à dos; v. Mistral).

---

[1] Diez voit dans *jabot* un diminutif du lat. *gibbus*, bosse, tandis que Horning (*Zeitschrift*, XVI, 531) fait remonter le mot au lat. *gabata*, jatte.

[2] On rapproche *citto* (zitto) de l'allem. *Zitze*, mamelle (v. Körting).

[3] Caix (*Studi*, 243) voit, dans *buttero*, le reflet d'un type **putulus* (de *putus*, garçon).

[4] Yver (dans Littré): „On commença divers petits jeux, comme escorcher l'anguille, brider l'asne, *prendre la grenouille* et autres".

24. Emploi péjoratif:

a) Des personnes:

avorton: Berr. *raluchon* (enfant chétif et malingre), propr. crapoussin;

canaille: anc. fr. *crapaudaille* (engeance de crapauds);

mangeur de grenouilles: pr. *grapaudié* et *manjo-grapaud*, *granouié* et *manjo-granouio* (sobriquet des gens des diverses localités, v. Mistral); cf. angl. *toad-eater*, flagorneur, et allem. *Froschesser* (sobriquet que les Allemands donnent aux Français);

prostituée: fr. argot *grenouille* (= *barboteuse*); cf. anc. gr. *Phryne* (= crapaude), nom d'hétaïres;

remouleur (ambulant): Milan *sciatton* (gros crapaud);

soldat (vieux et niais): it. *bodolo* (fantassin) et Pist. *chiattone*; roum. *răcan*, recrue (= rainette);

vigneron (sobriquet): Yon. *éborgneux de crapauds*.

b) Des animaux:

chien (hargneux): fr. *babiche*, Sav. *babi*, Piém. *baboč* et *boč* („crapaud"), it. *bololo*; fr. *cabot* et *roquet*, propr. têtard (v. Chien, 18); cf. allem. *Puddel* (du frison *Pudde*, crapaud);

vache (vieille): Jura *cobot* (= *cabot*), Fourgs *cobotte* et Hérault *sabau* (crapaud).

c) Des choses:

coup (tape): pr. *babi* (taloche) et *sabalo* (escrime à coups de pied), Piém. *baborgne* et it. *botto*, *botta* (d'où fr. *botte*, XVI^e^ s.); cf. allem. *Quappe*, gifle (= têtard);

misère (état de): Lyon *crapaudzia* (cf. *pauvre homme*, crapaud, 11).

d) Jurons: anc. fr. *vraïbot* (corrobore une affirmation = vrai crapaud!) et Hague *sabou de gueux!* pr. *que de grapaud...!* (imprécation usitée en Dauphiné), que je perde la vue si...; esp. *zapatela!* et *zape!* sapristi! Dieu nous en préserve!

25. Applications isolées:

boue (crotte): Piac. *sciatar* (de *sciat*, crapaud) et Côme *zatta*, immondices (= crapaude); cf. allem. *Lurch*, excréments (= crapaud);

bulle (d'eau ou de savon): Abr. *ciabbotte* (ciammotte); cf. ampoule, 11;

caillot (par allusion à la forme ramassée du têtard): fr. *caillebot*, *caillebotte* (XVI^e^ s.), et *cailleboter*, coaguler (XIV^e^ s.), d'origine dialectale (pr. *calhabot*, id.); cf. allem. *quabbeln* (quappeln), trembloter (du lait caillé), propr. trembler à la manière du têtard;

chagrin (cuir grenu comme la peau du crapaud): esp. *zapa* (crapaude);

crêpe fort déliée (la peau du crapaud est toute crêpée): fr. *crapaudaille* (1652) et *crêpodaille* (1694), ce dernier de la forme dialectale *crépaud*, crapaud (5), pr. *grapaudalho*, id.;

gâteau (espèce de crêpe): Berr. *grapaud* et *ralue* (de *rale*, crapaud), fr. *rabote* (où une pomme est enfermée dans la pâte);

Abr. *ciabbotte, ciammotte* („paste di granturco fritte"), et Côme *sciat* („frittelle di farina cotte con burro");

mare (séjour du crapaud, cf. 4): fr. *crapaudière*, et Berr. *grenouillat* (petite mare), fr. *grenouillère* (lieu humide et malsain), pr. *chabot, jabot* (= têtard); Milan *sciatera* (= trou de crapaud); cf. allem. *Quabbe* („têtard"), sol marécageux mouvant, et *Krötenpfütze*, angl. *paddock* (enclos pour les bêtes fauves, terme passé en français);

monnaie: Lim. *uei-de-grapaud* (pièce d'or, par allusion aux yeux du crapaud); cf. allem. *Kröten*, id.;

mucosité (sèche du nez): fr. pop. *crapaud;*

ornière: Sav. *creba-bo* („profondeur produite par les traîneaux dans la neige: un crapaud y crèverait", Constantin);

plat de pigeons: fr. *crapaudine* (dans la phrase: *mettre des pigeons à la crapaudine*, les faire rôtir ou cuire les cuisses écartées, à l'instar des crapauds qui marchent en écartant les cuisses).

**26.** Diverses espèces de chaussure (surtout grossière) portent le nom du crapaud ou du têtard, soit à cause de leur forme bouffie (cf. enflé comme une botte), soit à cause de leur destination (on marche avec dans la boue). Ce sont:

*bot, bote*, anc. fr. (XII^e^ s.), chaussure, surtout de moine, Berr., Poit. *bot* et *boc*, sabot, fr. mod. *botte*, it. *botta* (bas-lat. *botta, bottus*, ocrea), dim. *bottina;*

*cabot*, Reims, sabot, Pic. *cabou* (cabeu), Jura *cabouet* A., May. *cabouailles*, souliers lourds et pesants;

*chabot*, Norm. (Aoste A.), Pic. *chabou*, sabot;

*chavate*, anc. fr. (XII^e^ s.), auj. Pic.; it. *ciabatta*, savate (bas-lat. *chabata*), Côme *sciavàt;*

*sabato*, pr., savate, catal. *sabata* (bas-lat. *sabatum*), port. *sapata, sapato*, esp. *zapato*, fr. mod. *savate*, Parme *zavata;*

*sabot*, fr. (XIII^e^ s.), et dial. *sabote* (Vienne A.), à côté du H.-Alpes *saboc* (cf. ci-dessus *bot* et *boc*), Saône-et-L. *sabou* (Rhône *sabouet, sabeu*) A., Berr. *sibot*, pr. *cibot*; Parme *sabò, zabò* („bottini") et Abr. *zabbuocchie*, sabot (cf. ci-dessus *saboc*). Le béarnais *sabarcou*, savate, est une fusion de *sabou*, sabot, et de *barco*, gros soulier; le poitevin *sabarou, sabirou*, chausson en cuir (Blais. *sabourin*, savetier) est une amplification de *sabot* (cf. Meuse *sibourette*, rainette, à côté du morvandeau *sibot*, crapaud, 1).

De ces types divers, *bot* est commun à la France et à l'Italie, et *sabat*, à la France, à l'Italie et à l'Espagne. C'est par l'intermédiaire de l'italien, grâce au commerce génois ou vénitien, que les termes *botta (bottina), ciabatta* et *sabocchi* (Abruzzes), ont pénétré dans les idiomes de l'Europe orientale: russe *boty* (botynka), bottes, *čobotŭ*, id., et *sapogŭ* (ruth. *sapoh*), chaussure; turco-tatar *tchabata*, souliers d'écorce, d'où persan *tchabatan*, grosses bottes qu'on met par dessus les autres (cf. turc *fotina* = it. *bottina, caloš* = it. *caloscia, kalčin* = it. *calzone*).

Après avoir vainement cherché l'origine des mots de cette

famille en latin et en germanique (v. Körting), on s'est tourné vers l'Orient, en y voyant un emprunt fait tantôt à l'arabe et tantôt au persan ou au turc septentrional.

C'est ainsi que Diez, d'après Sousa, dérivait *savate* d'un arabe *sabat*, substantif d'un verbe *sabata*, chausser, mais cette signification du verbe n'est pas indiquée par Freytag; plus tard, Lammens[1] tire *sabot* directement de l'ar. *sabbât*, id., mais ce dernier est un emprunt fait à l'esp. *zapato*.[2]

Tout récemment, Schuchardt[3] considère *ciabatta* comme un emprunt très ancien fait par l'italien au turc septentrional par l'intermédiaire du persan.

M. Clément Huart, également compétent dans l'une et l'autre langues orientales, résume ainsi les recherches qu'il a bien voulu faire à cet égard: „Il y a tout d'abord lieu de remarquer que le mot *tchāpālān*, *tchābālān* (la seconde forme seule dans Richardson) a été tiré par Meninski du dictionnaire persan expliqué en turc *Ferhèng-i Cho'oûrî* (éd. de Constantinople, f° 339 v°). Si l'on se reporte à ce dernier dictionnaire, on y trouve seulement la forme *tchāpālān*, et encore l'auteur a soin d'ajouter que certains manuscrits lisent *tchāpānān*. La seule autorité citée est celle de Ni'met-Oullah: aucun exemple n'est allégué. Vullers ne le donne pas, et ceci est bien étrange, car le *Ferhèng-i Cho'oûrî* est une des sources où a puisé le savant lexicographe de Bonn. En revanche, il fournit trois formes différentes: *tchipdâr*, *tchipdâz* et *tchipdân*, d'après le *Borhân-i qâti'*. J'ajoute tout de suite, d'après ce dernier dictionnaire, dont j'ai la traduction turque sous les yeux, qu'il ne connaît que *tchipdâz* et *tchipdân*; le *tchipdâr* de Vullers provient peut-être d'une faute d'un manuscrit. Mais l'article consacré à ce mot contient un renseignement curieux, dont Vullers n'a pas fait état: c'est que ce mot, désignant une botte que l'on chausse par-dessus la botte ordinaire, est en usage surtout dans la Transoxiane: de là à lui chercher une origine turque, il n'y a qu'un pas.

„Je ne connais pas en turc osmanli de radical *tchapal*, envelopper, d'où, suivant Vámbéry (cité par Schuchardt), viendrait *tchapata*; je n'en trouve pas trace dans les *Tschagataische Sprachstudien* du savant hongrois, ni dans son dictionnaire étymologique; les livres que j'ai sous la main ne le donnent pas non plus en turc-oriental. Jusqu'à nouvel ordre, je considère que *tchāpāt*, *tchāpālān*,

---

[1] *Remarques sur les mots français dérivés de l'arabe* (Beyrouth, 1890, s. v.).

[2] Les renseignements qui suivent sont dus à l'obligeance du savant orientaliste, M. Clément Huart: „Il n'y a pas, en arabe, de verbe *sabata*, au sens de chausser. On trouve *sabbaṭ*, *sappaṭ* dans le *Vocabulista arabigo*, de Pedro de Alcala (ap. Dozy, *Suppl. aux dictionn. arabes*, I, 625), aussi *çabbat*, *çabat*, de l'esp. *zapato*. Ce mot figure dans le dictionnaire de Cuche (dial. de Syrie), *sabbaṭ*, comme un mot étranger (p. 247) et, comme expression vulgaire, *çabbat* (p. 322). Quant à *sibt*, *sibtiyya*, qu'on trouve dans les anciens dictionnaires arabes au sens de peau de bœuf, tannée ou non tannée, avec laquelle on fait des sandales, il ne me semble y avoir aucun rapport avec *sabbaṭ*".

[3] *Zeitschrift*, XXVIII, 195.

etc., ne font à aucun titre partie du lexique persan ou turc, que ces mots sont venus de l'étranger et qu'il serait par conséquent risqué, et même dangereux, de leur chercher une étymologie, soit iranienne, soit turco-tatare."

Il en résulte que le persan ignore à peu près le terme *tchāpātān* ou, ce qui revient au même, l'envisage comme une importation tardive du tatare; et tandis que *tchabata* est absolument isolé en turc septentrional, l'it. *ciabatta* est, par contre, associé à toute une famille de mots bien ancienne (XIIe siècle) et d'origine indigène. D'ailleurs, les langues romanes ignorent tout à fait des emprunts „très anciens" faits au turc septentrional, et l'arabe est le seul idiome oriental qui en ait fourni un certain nombre.

27. Disons, pour terminer, quelques mots sur les croyances relatives au crapaud. C'est un animal diabolique: „*Botereaulx* et couleuvres, visions de diable" (Ducange s. v. *botta*); son regard est fascinateur,[1] d'où son rôle dans la sorcellerie: „Lesquelles femmes porterent un gros *crapot* pour deffaire le sort; et, ce fait, la fille tantost apres fu aussi comme toute garie" (*Id.* s. v. *buffo*, XIVe s.). De là, également, sa nature prophétique: „L'encontre du *boterel* denonce les choses a venir" (J. de Salisbury, dans Godefroy).

Les fées et les sorcières prennent parfois, dans les traditions populaires, la forme d'une crapaude ou d'une grenouille: *fada*, fée, est, dans le patois mantouan, un des noms du crapaud (11). C'est pour une raison analogue que la rainette s'appelle, dans la Drôme, *jiana* A., ou Jeanne (probablement nom de sorcière), et en provençal, *granouio de sant Jan*, grenouille de saint Jean (cf. it. *rana San Martino*, id.), tandis que, dans le Poitou, le crapaud porte le nom de *janot*, c'est-à-dire Jeannot.[2] L'allem. *Drude* ou *Trutte* (XVe s.), sorcière, est, en réalité, un des noms patois du crapaud (*Trothe*) et son acception de „cauchemar" se rapporte à la superstition populaire suivant laquelle le crapaud martyrisé se venge en étouffant dans son lit son bourreau.[3] Si on blesse un crapaud sans le tuer, il reviendra la nuit monter sur la poitrine du meurtrier et l'étouffera, croit-on dans la Mayenne (Dottin), et ailleurs.[4]

---

[1] *Mélusine*, IV, 482.

[2] Grégoire de Toulouse raconte que, sur le conseil d'une sorcière (brûlée en 1460), un prêtre du diocèse de Soissons, décidé à se venger de ses ennemis, baptisa un crapaud, *auquel il donna le nom de Jean*, et lui fit manger une hostie (P. Sébillot, *Le Folklore*, vol. III, p. 283).

[3] Sébillot, *Haute-Bretagne*, II, 29, et Rolland, *Faune*, III, 50.

[4] Sébillot, *Folklore de France*, vol. III, p. 281 et suiv.

# Notes complémentaires.

P. 1. Lire; ...*tout* ardeur et *tout* obéissance...

P. 5: port. *huivar*. Ajouter: Lorr. *hover*, aboyer.

Côme *taboja*, aboyer... Ajouter: propr. battre du tambour (cf. argot *battre du tambour*, aboyer, et *roulement de tambour*, aboiement); le synonyme sarde *attoccare* veut probablement dire la même chose.

P. 6: Guern. *bagouler*, aboyer... Cf. plus bas anc. fr. *goissement*, jappement, propr. cri guttutal, ce que le picard rend par *warwaillis*, bruit de chiens.

P. 8. Ajouter: Berr. *ut!* ouste! hors d'ici, va-t-en (se dit à un chien et même à une personne qu'on traite avec grand mépris), et *toussi-toussi!* même sens que *oussi!*

P. 11. Jura *larbio*, chien... Ajouter: dans le *mourmé* (argot des maçons de la H.-Savoie), le chien s'appelle *nabin* (= *un habin*); *larbio*, c'est-à-dire *larbin*, serait donc pour *labin* (= *l'habin*).

Val Sonna... Ajouter: *bomba*, chien (cf. argot *tambour*); le fourbesque *bolfo* signifie „loup" (= *garolfo*); calao *belfo* (= lippu), *duque* (= fourb. *guidone*) et *gelfo*, chien (fourb. *grielfo*, chat, et germania *gelfe*, esclave, nègre, propr. chien).

P. 14. Ajouter (après *taboj*): Berr. *yacret*, petit chien qui aboie (et par extension enfant qui crie), propr. qui fait *yac-yac*;

*Ferbault*... Ajouter: et *forbault*, propr. gourmand, à l'instar de *briffaut*, chien de chasse (= gourmand).

P. 15. *Greffier*... Ajouter: *harpaut*, nom de chien (Ronsard), c'est-à-dire griffart (anc. fr. *harpe*, griffe).

*Gris*... Ajouter: anc. fr. *marquet*, sorte de chien tacheté (Cretin: „Puis tout s'en va et briquet et *marquet*").

P. 24: *dog's nose*... Ajouter: fr. pop. *nez de chien*, mélange de bière et d'eau-de-vie (Rigaud).

P. 26: poire de *chiot*... Ajouter: poire de *quiot* (1537), petit muscat (Rolland, *Flore*, V, 36).

P. 31: ponceau... Ajouter: Poit. *chenâtre* (petit chien), couleur effacée passée (Beauchet-Filleaux).

P. 32: entêté... Ajouter: Pic. *aquiené* (à l'ouvrage), qui travaille avec ardeur et sans relâche (Corblet).

P. 34. Supprimer *canesson*, qui est un péjoratif de *canard*.

P. 37. Ajouter: érable: Orne *bois de chien* (Roll., III, 145); — viorne: Vosges *trait de chin*, c'est-à-dire laisse, corde de chien, d'après ses branches traînantes (Ibid.).

P. 39: *cachiboda*... Ajouter: anc. fr. *noces de chien*, quantité d'os à manger (Oudin).

P. 40. Disons, à propos des composés latents, que les remarques présentées à leur égard dans le premier fascicule sont loin d'avoir la portée que nous leur supposions. Notre opinion a d'ailleurs varié sur ce point et nous pensons reprendre le sujet ailleurs.

P. 43: bavarder... Ajouter: Lorr. *houaille*, cancan (de *houer*, aboyer). Effrayer... Ajouter: Berry *affouailler*, effrayer (cf. *affouer*, grogner, 10), *affouer*, tirailler, étourdir, et *raffouer*, poursuivre, chasser, gronder, bourrer.

Grabat... Supprimer: *cosque*, qui est un terme d'argot (calao *cosque*, germania *cuexca* et fourbesque *cosco*, maison) se rapportant ailleurs.

P. 45: camus... Ajouter: cf. camuse comme un turquet (d'Aubigné, *Fæneste*, p. 292).

P. 46: *lebrou* (v. p. 71).

P. 48: Ajouter: comédien ambulant: fr. *cabotin*, dérivé de *cabot* (méchant petit chien, 18), terme moderne d'origine populaire (répondant à l'it. *scagnozzo*, p. 31).

domestique... Ajouter: fr. pop. *larbin*, domestique, propr. chien (v. ci-dessus, la remarque à la p. 11).

P. 50. Ajouter (après *chapeau*...): clochette (mise au cou d'un mouton): Champagne *clabaud*, c'est-à-dire qui fait du bruit comme un chien clabaud.

P. 62: bourgeon... Ajouter: Champ. *loubeau*, bourgeon stérile.

P. 66: vomir... Ajouter: Pic. *déloffer*, id.

P. 70. Ajouter: Poit. *aloubi*, vampire, propr. affamé: „Les traditions vendéennes le représentent sous l'aspect d'un homme maigre, décharné et insatiable, qui traîne la famine et la misère à sa suite" (G. Levrier).

P. 99: *poire à cochon* etc. vient en fait à la p. 104.

P. 103: mite... Les variantes *gianello* et *baco Gianni* montrent la justesse de l'étymologie donnée par Pieri.

P. 106: bâton noueux... Ajouter: L'esp. dial., montañes, *cachurra*, gourdin (Mugica, 25), propr. (à tête de) petite chienne, montre que les termes apparentés (*cacheira*, *cachaporra*) sont susceptibles d'une interprétation analogue.

---

## Additions à la Bibliographie.

(Patois français) L. Defrecheux, *Vocabulaire des noms wallons d'animaux (Liége, Luxembourg, Namur, Hainaut) avec leurs équivalents latins, français et flamands*, 2e éd., Liége, 1890.

Malmédy: Zéligzon (*Zeitschrift*, XVIII, 247—266).

(Patois franco-provençaux) Damprichard: M. Grammont (*Mémoires de la Société de Linguistique*, tome XI).

(Folklore) Eug. Monseur, *Le Folklore wallon*, Bruxelles, 1892, et P. Sébillot, *Le Folklore de France*, vol. I à III, Paris, 1904—1906.

(Histoire naturelle) Bénion, *Les races canines*, Paris, 1876; A. Gobin, *Traité pratique du chien* (histoire, races, emploi, hygiène et maladies), Paris, s. d.; A. Landrin, *Traité sur le chien* (zootechnie, hygiène, races, pathologie et thérapeutique), Paris, 1888. Cf. E. Cougny, *Canis* (article publié dans le *Dictionnaire des Antiquités*, de Darnberg et Saglio, vol. I, p. 877 à 890).

G. Heuzé, *Le Porc*, Paris, 1867, et Em. Thierry, *Le Porc*, Paris, 1872.

Voir, sur les batraciens, la note de la p. 115.

---

# Index des notions.

(Les chiffres indiquent les pages.)

## A. Relatives au Chien.


abîmer 34.
abri 29.
accoupler (s') 28.
accroupir (s') 28. 38. 43.
acharner 30. 44.
adolescent 34.
agacer 8. 44.
aide 23.
aigremoine 20.
ancre 21.
anguille 24.
apocyn 37.
appeler 43.
appétit 52.
araignée 40.
archer 34. 49.
arrêt (pièce d') 22.
as (des dés) 23.
aspirer 45.
associer 50.
attacher (s') 30.
attendre 50.
avare 19. 32. 46.
baliverne 34.
ballot 42.
barbare 19.
barbeau 24.
bardane 20. 25. 41.
barre 22. 41.
bâtard 49.
bateau (vieux) 38.
batelet 39.
bâton (des papetiers) 28.
bavarder 42.
bedeau 39. 48.
bêler 6. 28.
bête-noire 49.
bêtise 33.
blaireau 36.
blottir (se) 28. 43.
boa 39.
bœuf 6.
boiter 39.
bon marché 23.
bouder 30.
bourre 28.
bourrelet 24.
bousculer 44.
bousiller 34.
bouton (plat) 39.
brailler 6.
bredouiller 42.
briguer 44.
brochet 40.
brosse 24.
brouette 22.
broyer 31.
bruiner 21.
cache-cache 28.
cacher 28. 49.
cachette 28. 38.
cadet 48.
cagneux 31. 45.
cahute 29. 38. 43.
caillou 27. 38.
cajoler 54.
calcaire 27.
camomille 25.
camus 31. 45. 140.
canaille 30.
cancan 140.
canon 27. 41.
carcan 21.
caresser 30. 34. 48.
cartes (jeu de) 35.
casquette 35.
caucalide 25.
centaine 28.
cerf 6. 15.
chaîne 21.
chaise 22.
chancre 22. 33.
chanteur (mauvais) 23.
chapeau 50.
charançon 25. 40.
chardon 21.
chasse (sauvage) 55.
chasser 8. 30. 44. 49. 140.
chat 6. 15. 51.
chaton 26.
chatouiller 44.
chatter 28.
chaufferette 27.
chauve-souris 36.
chef (des journaliers) 34.
chenapan 39.
chenet 27. 41.
chenil 29. 38. 43.
chenille 20. 25. 36. 40.
chérie (personne) 20.
chevelure 35. 46.
cheville 27.
chèvre 6.
chicane 49.
chien de fusil 21. 27. 41.
chiendent 37.
chienner 28.
choyer 30.
ciseau 38.
clameur 43.
claquet 27.
clochette 140.
cobay 41.
cochon 6. 15.
cohue 30. 43.
coiffe 35.
coin 38.
coin (de fer) 27.
colchique 25. 37.
colère 32. 47.
colporter 31.
comédien (ambulant) 140.
concubine 49.
console 20. 28. 41.
consomption 33.
convoiter 44. 45.
coqueluche 22.
coqueret 37.
coriace 31.
coupe-tête (jeu) 39.
courbature 22. 33.
courtaud 45.

courtillière 25.
courtisan 57.
couteau (mauvais) 39.
craintif 33.
crapaud 15.
crier 6. 43.
crochet 21.
croque-mitaine 49.
croupeton (à) 43.
cruel 33. 46.
cuvier 26.
cynanche 37.
cynoglosse 37.
danse 32.
davier 21. 27.
débauché 19. 32.
débrouiller 30.
décamper 31.
décharné 32.
découpure 35.
dégoût 22.
déguenillé 39.
déjeuner 50.
dénigrer 45.
dent 53.
déprécier 31.
dés (jeu des) 23.
désirer 45.
détente 42.
dévidoir 28.
diable 49. 55.
dispute 43.
docile 47.
domestique 48. 140.
dorloter 34.
dormir 52.
drageonner 26.
dur 47.
eau-de-vie 24.
ébouler (s') 35.
écume 35.
écheveau 28.
efflanqué 46.
effrayer 43. 49.
églantine 26. 37.
embouchure (de mors) 41.
embrouiller 30.
emporté 32. 47.
enfant 33. 34. 48.
ennuyer 35. 45.
enrager 30.
entêté 32. 47.
entonnoir 38.
entremetteur 48.
envier 32.
épouvantail 49.
épuiser 29. 31.
érable 139.
éreinter 29. 43.
escargot 25.
escroquer 31.
étonnant 22.
étourdi 47.
éveillé 32.
exciter 8. 44.
extrémité (dernière) 44.
faim 49.
fantôme 49.
farceur 48.
fatiguer 43.
favori 34.
fer (plat) 22.
festin 39.
fièvre 47.
fille 33. 34. 48.
flagorner 30. 32. 54.
flairer 44.
flâner 31.
flatter 30. 45. 53.
flegme 22, 32.
fleurs de vin 22.
flocons 28.
fosse 50.
foule 30.
fourche 21.
fourneau (sur 4 pieds) 27.
fraude 49.
frisé 46.
frisson 47.
froid 31.
fronde 42.
fructifier 26.
gaillard 47.
gale 48.
gamin 34.
garçon 34. 48.
garde-frein 48.
garrot (canard) 25.
gaspiller 34.
gausserie 23. 34.
gelée (de vigne) 38.
gémir 42. 43.
gendarme 34. 49.
glouton 32. 46.
gond 41.
gousse 26.
grabat 29. 43. 140.
grappe 26.
grappin 21. 27.
gratter 29. 44.
grignoter 29.
grimper 43.
gris (clair) 31.
grogner 6.
gronder 3. 4. 5. 6. 29. 31. 43.
grommeler 43.
gros 46.
gros bonnet 23. 48.
grossier 47.
gueuler 6. 23.
guignon 23.
haler 7. 8. 9.
harceler 44.
hargneux 32. 47.
hérétique 34.
hibou 15.
honteux 33.
houspiller 44.
humilier (s') 45.
indolent 32. 47.
injure 30. 45.
inquiétude 22.
insulter 30. 45.
interjection 24. 35.
intermédiaire 23.
irriter 30. 43.
ivre 47.
jable 28.
jeux (enfantins) 39.
juif 34.
jurons 24.
lâche 19. 32.
laid 51.
lambin 47.
lamie (poisson) 24.
lancer 8. 44.
lapin 25. 28. 41.
lardon 35.
larve (d'abeille) 25. 40.
larve (de hanneton) 20.
lascivité 32. 47.
lézard 40.
limaçon 25. 41.
livide (de froid) 31.
logis (malpropre) 2[illegible] 38.
lombric 25.
longe 21.
louche 32.
loup 15.
lubrique 32. 47.
lucarne 42.
luron 47.
luxurieux 32. 47.
machine (de guerre 21. 41.
magot 50.
maigre 32. 39. 46.
malotru 47.
maltraiter 30. 44.
manger 52.
mangouste 36.
marchander 31. 43.
marcotte 37.
marmaille 34.
marmotte 36.
marteau 38. 40.
masque 50.
mauvais 19. 47.
méchant 19. 33. 39 47.
médire 45.
mégère 23.
mélampyre 37.
mendiant 31. 48.

menotte 21.
mentir 45.
métier (pénible) 49.
meule 42.
miauler 6.
milandre 20. 24.
minauderie 30.
misérable 42.
moellon 38.
moisissure 22. 33.
monnaie (petite) 35.
montants 38.
moqueur 45.
morceau (de pain) 30.
mordre 29.
morelle 37.
morille 37.
morse 24.
mort (la) 34. 48.
morve 33. 38.
moue 22.
muflier 37.
mûre (sauvage) 37.
mutin 32.
nain 46.
nature (de la femme) 23. 35.
nature (de l'homme) 35.
néflier 21. 37.
nègre 34. 48.
niche 38.
nœud (coulant) 39.
odeur (mauvaise) 35.
opiniâtrer (s') 32. 47. 139.
ours 15.
outrage 45.
outre 50.
paillard 32. 47.
palpiter 43.
panade 30.
paresseux 22. 33. 47. 52.
parler (d'une manière inintelligible) 42.
passion 20.
pâte 24.
pâté 35.
pâtisserie 30.
pattes (à quatre) 29.
payeur (mauvais) 48.
perce-oreille 36.
perfide 33.
persifler 31.
petit 46.
peur 50.
phoque 36.
piailler 6.
pièce d'artillerie 21.
piège 44.
pignon 26.
pince 21. 42.
pissenlit 37.
pistolet 26. 41.
pivot 28.
plaisanter 34. 45.
plane 28.
plantain 37.
pleurnicher 29.
plongeur 50.
pluie (fine) 21.
poire 26.
polisson 39. 48.
pomme 26. 41.
ponceau 31. 139.
poulie 28.
poutre 28.
prélart 29.
prêtre 31.
prostituée 23. 34. 48.
proyer 25. 36.
prunelle 26.
quantité (grande) 30.
quartz 38.
quereller (se) 31.
quêter 44.
rabot 28.
rabrouer 30.
raide 47.
railler 31. 39. 45.
raisin 26. 37. 41.
râle 36.
ramassé 45.
ramolli 34.
ramper 29.
rancune 33.
raton 36.
rayé (de blanc) 46.
réchaud 27.
reculer 31.
réjouir (se) 43.
réjouissance (agricole) 38.
renfrogné 33. 47.
renoncule 26. 41.
repas (agricole) 21.
requin 20. 24. 40.
résidu (de graisse) 35.
résistance 20.
ressort 27.
retentir 43.
revêche 32.
rhume 33.
rillons 35.
robinet 38.
ronronner 6.
roquette 40.
rosse 23. 29. 34. 49.
rosser 30.
rouet 22.
roussette 24.
rude 47.
rusé 33. 47.
rustre 39. 47.
sac (d'infanterie) 50.
safran (bâtard) 26.
sale 19. 32. 47.
sarment 27.
satellite 34.
sauver (se) 31.
sbire 34. 49.
semonce 29. 43.
serrure 27.
siège (mobile) 42.
son (de la farine) 29. 44.
sot 33. 47.
sournois 33.
stupéfait 22.
support 41.
taller 27.
tancer 43.
tapir (se) 28. 43.
taquiner 30.
tas 36.
teigne 40.
telline 25. 41.
termite 40.
testicule 35.
têtu 19.
thon 25.
timide 33.
tirelire 27.
tonner 43.
touffe de cheveux 28.
tournebroche 42.
tracasser 44.
trapu 32. 39.
traquer 44.
travailler (péniblement) 31.
travailler (nonchalamment) 34.
trémousser (se) 43.
trésor 50.
trou 42.
truffe 37.
ulcère 33.
vacarme 29. 43.
vache (vieille) 34. 49.
vagabonder 31. 47.
vagues 36.
valet (de pique) 23.
valet (de ville) 39.
vantard 45.
va-nu-pieds 39.
vaurien 34.
vautour 15.
ver 25. 40.
verrue 22.
verve 20.
viande (mauvaise) 35. 49.
vil 47.

vilenie 47.
viorne 139.
vioulte 37.
vite 44.
vivre (misérablement) 31.
voler 31.
vomir 22. 33.


## B. Relatives au Loup.


aconit 61.
affaire (mauvaise) 67.
affamé 64.
ajonc 62.
anarrhique 60.
araignée 60.
assoupir (s') 64.
attraper 65.
avare 66.
baguenaudier 62.
bar 60.
barre 63.
bévue 67.
boire (avidement) 64.
boîte (de pivot) 63.
bosse (maladie) 66.
bouge 67.
bourgeon 62. 140.
brochet 60.
brosse 64.
brouillard 67.
brunissoir 63.
caché 66.
calmar 60.
canal 64.
chancre 66.
charbon (maladie) 66.
chardon 61.
chariot 63.
charrue 63.
chenille 60.
cheville 63.
clou 63.
coin de fer 63.
colchique 61.
convoiter 65.
courlis 61.
courtillière 60.
crépuscule 68.
crête-de-coq 61.
crochet 63.
déchirer 64.
découpure 63.
défaut (dans une pièce de bois) 68.
dette 67.
dévorer 64.
dissimulé 66.
dormir 64.
douanier 67.
duper 65.
écorce 62.
écorchure 66.
égoïste 66.
ellébore 61.
emporter (s') 65.
enfant 67.
ensorceler 65.
entaille 63.
épervier 61.
épouvantail 67.
escargot 60.
fables 68.
fainéant 66.
fantôme 70.
fasciner 65. 69.
fauve 65.
feuilles (brûlées) 68.
figue 62.
flâner 65.
fossé 64.
fourche 63.
franc-réal 62.
gâcher (un travail) 67.
gant 64.
gastro-entérite 66.
gourmand 65.
gousse 62.
grappin 63.
grimace 65.
griser (se) 64.
guêpier 61.
homard 60.
houblon 61.
houspiller 64.
huer 65.
hypocrite 66.
imbécile 66.
infecter 64.
intermédiaire 67.
ivresse 64.
jeux (enfantins) 67.
jurons 67.
lérot 61.
levier 63.
lissoir 64.
louche 64.
loup-garou 70. 71.
lucarne 63.
lugubre 66.
lumignon 68.
lupin 61.
lycanthropie 70. 71.
lycope 61.
lycoperdon 61.
lynx 61.
machine à dents 63.
marcher (doucement) 64.
marin (vieux) 67.
masque 67.
masse de fonte 64.
maussade 66.
méchant 66.
mégère 66.
mélampyre 61.
meule de foin 62.
molène 62.
moquer (se) 65.
morceau 67.
mors 63.
moue 65.
mucosité 68.
muflier 62.
nature de la femme 67.
niaiser 65.
nœud (d'un bois) 62.
orobanche 62.
outrager 65.
panetière 64.
paresse 66.
parisette 62.
passage étroit 64.
phoque 60.
pierre précieuse 62.
pince 63.
porc 67.
pou 60.
prostituée 67.
punaise 60.
quartz 62.
quintefeuille 62.
racine (de cépée) 69.
railler 65.
raisin 62.
refroidissement 66.
regarder (fixement) 64.
rejeton 62.
réjouissance (agricole) 62.
renfrogné 66.
renoncule 62.
réprimander 65.
robe 64.
rôder 65.
rosse 67.
rouler (la queue) 65
rusé 66.
scie 63.
sombre 66. 69.
sorcier 69. 71.
sot 66.
sournois 66.
soutane 64.
terrain élevé 62.
têter (avidement) 64
tique 60.
travailler (péniblement) 65.

trèfle 62.
triste 66.
truie (maigre) 67.
tumeur 66.
tuyau 64.
ulcère 66.
valet (d'établi) 63.
vampire 70. 140.
vaurien 67.
veiller 69.
verveux 64.
vesser 65.
voleur 66.
vomir 66.
vorace 65.

## C. Relatives au Renard.

aconit 73.
ajonc 73.
alopécie 75.
alopécure 73.
altération (du vin) 75.
astragale 73.
avare 74.
bâtard 75.
cavité 76.
chambre (enfumée) 76.
chariot 73.
cheville 74.
commissionnaire (d'un four) 75.
cône (coquille) 73.
corde 74.
courbature 75.
courtillière 73.
coussin (d'ancre) 74.
croc 74.
crochet de fusil 74.
cuite 74.
dévoiement 75.
enjoleur 74.
entremetteuse 75.
époussettes 74.
épouvantail (pour les oiseaux) 74.
fil à plomb 74.
fourneau 76.
fronde 74.
gamin 75.
guenille 76.
gueux 75.
indolent 74.
ivre 74.
jeu 76.
lâche 74.
lambin 75.
lourd 75.
manivelle 74.
marmaille 75.
martre 72.
masse de fer 74.
mélampyre 73.
mendiant 75.
menstrues 75.
merlan 73.
migraine 74.
molène 73.
moquer (se) 76.
morelle 73.
niais 75.
nielle 75.
palonnier 74.
paresseux 75.
parisette 73.
perçoir 74.
pesant 75.
planchette 74.
poinçon 74.
polisson 75.
poltron 75.
prêle 73.
raisin 73.
reculer 75.
réjouissance (rustique) 73.
requin 73.
rouleau 74.
rusé 74.
sauver (se) 74.
sommeil 74. 75.
tenaille 74.
touffe de racines 74.
tourillon 74.
trou 76.
vagabond 75.
verveux 74.
voleur 75.
vomir 75.

## D. Relatives au Porc.

abcès 110.
aboyer 84.
abruti 101.
accoupler (s') 100. 107.
agiter (s') 107.
agneau 111.
alopécure 98.
amuser (s') 109.
âne 83. 90.
anguille 112.
anneau (de charrue) 105.
appeau (oiseau) 104.
apprentie 111.
aubépine 104.
automne 112.
balai 106.
bancal 109.
barbouiller 102.
barre 100.
bateau (de pêche) 99.
bâton 106. 140.
bavarder 107.
bêler 84.
bête-noire 113.
bévue 102.
blaireau 90.
blanchaille 96.
bœuf 90.
boire (avidement) 107.
boiteux 109.
bolet 98.
bosse 101.
botte (de chanvre) 100.
bougonner 109.
boule 102. 111.
bourbier 101.
bourrelet 105.
bouvillon 111.
braire 83.
brebis (vieille) 112.
brûler (se) 102.
brutal 101.
cacochymie 101.
cagneux 109.
caillou 105.
calomnier 109.
camelotte 102.
camus 109.
canaille 112.
canard 90. 104.
cancan 107.
canon 99.
carbonate de chaux 105.
carcan 106.
cassade 102.
célibataire 102.
cercle de fer 105.
cerise 99.
champignon 99.
chanoines 102.
chantier (du pressoir) 105.
charançon 97.
charpente 106.
chasser 109.
chat 84. 90.

chatouiller 107.
châtrer 100.
chef ouvrier 111.
chèvre 84. 90. 91; (vieille) 112.
chien 84. 91.
cirse 98.
cloporte 97. 103.
clou 106.
coasser 84.
cobay 98. 104.
coccinelle 97.
cochenille 103.
colchique 98.
collier 106.
commérage 108.
compagnon 101.
concubine 102.
confondre 109.
contusion 110.
coquet 114.
coquille (de Vénus) 97.
coquin 102.
coup 102. 113.
courageux 101.
coureuse 114.
courtillière 97. 103.
couteau 106.
crampon 106.
crapaud 91.
crapule 112.
crochet 99. 106.
crosse 102. 111.
cuscute 104.
cyclamen 98.
cylindre (métallique) 106.
dard (d'une flèche) 106.
dauphin 96.
dé 111.
débauché 110.
dent 102. 113.
détériorer 112.
détremper 112.
dévorer 100. 107.
diable 114.
dispute 109.
domestique 112.
draine 104.
ébouler (s') 107.
ébrécher 107.
écacher 107.
écrou (de vis) 99.
écrouelles 101. 110.
églantine 99. 104.
égorger 107.
égratigner 107.
élégance 113.
ellébore 98.
encrier 105.
endroit profond (d'une rivière) 100.
engraisser 100.
épieu 100.
épouvantail 112.
éruption (cutanée) 101.
escargot 97.
étable 101.
étoffe (grossière) 112.
étoile du matin 99.
faire (maladroitement) 112.
falsifier 109.
faste 113.
fauvette 97.
fente 105.
fer (à battre le pavé) 100.
festiner 109.
fiancé 111.
figue 104.
filasse (rebut de) 107.
fille (jeune) 111.
financiers 102.
fossé 105.
fouiller 108.
fourche 106.
froncé 110.
furoncle 101.
gamin 111.
garçon 111.
gâter 112.
gémir 108.
gonflement (des cendres) 100. 107.
gorger (se) 107.
gourdin 106.
gourmand 101. 109.
gras 101. 109.
grenouille 84.
grincer 108.
griser (se) 100.
grogner 81. 100. 107.
grommeler 100. 108.
gronder 84. 90. 108.
gros bonnet 102.
grossier 101.
grouiller 108.
gueuse (de charbon) 105.
haillon 113.
hamster 104.
hanneton 97. 103.
hérétique 113.
hérisson 98.
homme 102. 111.
humantin 96. 103.
humilier (s') 109.
hystrix 98. 104.
ivrogne 100. 110.
juif (sobriquet) 113.
jurons 102. 113.
jusquiame 98.
labourer 105. 108.
ladre 101.
lambiner 109.
lanterner 109.
larve de hanneton 97. 103.
levier 100. 106.
licou 106.
logis (malpropre) 101.
louche 110.
louve 91.
luron 110.
machine de guerre 105.
madrier 100. 105. 106.
manquer de parole 109.
maquereau 97.
marcher (en zig-zag) 100.
marcotter 99.
marsouin 97. 103.
masse d'argile 100.
maudit 113.
maussade 110.
mendiant 112.
merle d'eau 98.
mesure (de capacité) 100.
mettre bas 100. 107.
miauler 84. 90.
mignard 110.
mite 103. 140.
morse 103.
mouche (porcine) 104.
moue 109.
moulin d'huile 105.
museau 101. 108.
nèfle 104.
niaise 110.
obscène 101.
olivier 99. 104.
oryctérope 104.
outrager 101. 109.
palet 111.
palpiter 108.
parasite 110.
parer (se) 114.
paresseux 110. 114.
pâté d'encre 103. 11
paysan 102.
pente d'un toit 106
petit 110.
peucédane 98.
pie-grièche 104.
pigeon 84.
pince 106.
pinson 98.
pissenlit 98. 104.
pistolet 106.

pléïades 99.
pleurnicher 100. 108.
ploc 106.
plongeon 108.
pluvieux (oiseau) 98. 113.
poilu 101.
poire 99.
polisson 111.
pomme de terre 92. 104.
pommier (sauvage) 104.
pompe 113.
porcherie 109.
pourpier 98.
poutre 100.
pressoir 99. 105.
prosterner (se) 109.
prostituée 102. 112. 114.
provigner 99.
prune 99.
prunelle 105.
putois 98.
quereller 109.
quille 111.
rabot 106.
raboté 110.
raccroc 102.
racler (du violon) 113.
râle d'eau 98. 104.
rapetasser 102.
rat 91.
regarder (du coin de l'œil) 100.
renouée 98. 104.
requin 97.
réservoir 99. 105.
rime (mauvaise) 113.
ronfler 100.
ronronner 84.
rosse 112.
roucouler 84.
rouget 103.
rouleau d'étoupes 106.
ruban 113.
rustre 102. 112.
salade 99.
sale 101. 110.
salir 100. 110.
sauterelle 97.
sbire 102.
scolopendre 97. 104.
scories 100. 107.
scorpène 97. 103.
serpenter 108.
servante 111. 112.
sésie 97.
sillon 99.
sobriquet 113.
sonner (faux) 113.
sorcière 114.
sot 110.
souillon 110.
syphilis 110. 114.
tacher d'encre 103.
taper 113.
tarière 99. 106.
tas (de foin) 99. 105.
taureau 90.
tergiverser 109.
terrain (omis par la charrue) 99. 105.
tonneau 105.
tour (mauvais) 102.
trahir 109.
trapu 101. 110.
travailler (mal) 102.
travailler (péniblement) 101.
traverse (au moulin) 105.
tribade 112.
trigle 103.
tromper 109.
truander 112.
ulcère 110.
vache 90; (vieille) 112.
vagabonder 108. 114.
valet (de ferme) 112.
vautrer (se) 100. 108.
ver à soie 97; (malade) 104.
ver luisant 104.
verveine 98.
viande 113.
virago 102.
voler 109.
vomir 101. 111.
zée 97. 103.


## E. Relatives au Crapaud.


accroupir (s') 130.
affaisser (s') 130.
affut 128.
alouette 122.
ampoule 123. 131. 135.
anarrhyque 125.
avorton 135.
bande (de fer) 129.
bateau (plat) 128.
baudroie 125.
biberon 129.
billot (de fonte) 129.
boire (souvent) 130.
bouder 130. 131.
boue 118. 119. 135.
bouffi 131.
bouille (de pêche) 131.
bourse 129.
boursoufler 131.
bouteille 128.
bouture 128.
bulle (d'eau) 135.
busard 126.
caché 133.
cadenas 128.
caillot 135.
canaille 135.
canon 129.
cauchemar 138.
chabot 125.
chagrin (peau) 135.
champignon (gros) 127.
charançon 126.
chassie 133.
chaussure 136.
chauve-souris 126.
chenet 129.
chien (hargneux) 135.
cigale 122.
ciseaux 129.
cochon 121. 122.
colin-maillard 134.
coquelicot 126.
coquille 126.
corbeau 122.
corneille 122.
couleuvre 123. 126.
coup 135.
coupe-tête (jeu) 134.
courge 127.
courtaud 132.
cousin (insecte) 126.
crabe 122.
crasseux 120.
crécelle 130.
crêpe 135.
cresson 127.
crible 129.
croasser 118. 122.
crotte 135.
croup 133.
culbute 130.
culot 134.
diable 128.
drageon 128.
écraser 130.
émouchet 126.
enfant 134.
enfler 130.
engoulevent 122. 126.
engourdi 132.
fagot 128.
faisceau 129.
fauteuil 129.

fée 123. 138.
fève 127.
figue 127.
fille (jeune) 134.
fils 134.
fleurir (lentement) 128.
gâche (de serrure) 128.
gai 132.
galle 112.
gambader 132.
gamin 134.
garçon 134.
gâteau 135.
goitre 134.
goujon 126.
gratter 131.
grommeler 131.
gros et gras 131.
grouiller 131.
hibou 122.
hoquet 132.
immondices 135.
iris (fleur) 127.
joubarbe 127.
jurons 135.
labourer 128.
laid 133.
lambiner 131.
lézard 115. 121.
lotte 126.
lourdaud 133.
lycope 127.
magot 129.
main 134.
marcher (difficilement) 131.
mare 118. 119. 136.
marmot 134.
melon 127.
menthe 127.
misère 135.
mitaine 129.
moineau 122.
moissonneur 128.
monnaie 136.
moricaud 133.
moue 131.
mucosité 136.
muguet 127.
nabot 132.
nœud 129. 133.
noyau 128.
onglon 134.
orchis 127.
orgelet 133.
ornière 136.
oseille 127.
patauger 132.
patte 119. 120. 134.
pattes (à quatre) 131. 134.
paturon 134.
pièce creuse 129.
pied d'oiseau 127.
pierre 128.
plane 129.
plat 133.
plat (de pigeons) 136.
poire 127.
pomme 127.
pompe à eau 129.
porcelle 127.
pot (à tabac) 129.
potiron 127.
poulie 129.
pressoir 129.
prostituée 135.
pustule 133.
rabot 129.
raboteux 120.
râler 132.
ramper 131.
remouleur 135.
remuer 131.
renoncule 127.
riccie 127.
ridé 133.
rude 120. 133.
rugueux 119. 130.
sabot 134.
salamandre 122.
sale 133.
saute-mouton 134.
sauter 132.
scorpène 126.
scrofules 133.
serpent 123.
sidérite 127.
soldat 135.
sorcier 134.
sot 133.
soupape 129.
strombe 126.
tape 135.
tas (de foin) 128.
tête 120.
tortue 121.
toupie 130.
traîner 131.
trappe 129.
travailler (lenteme[nt]) 131.
trigle 126.
tumeur (sous la la[n]gue) 133.
ulcère 134.
vache (vieille) 13[illegible]
végéter 128.
venir mal (des pla[n]tes) 128.
vessie 131.
vigneron 135.
vive 126.
vulpin 127.

---

# Index des mots.

(Les chiffres indiquent les pages.)

## A. Langues romanes.

### 1. Français (et patois).


abawer 4. 12.
abayer 4. 12.
abois (aux) 44.
aboyer 4. 12. 42. 44. 45.
acagnarder (s') 28.
acagner 28. 30.
acagniller (s') 33.
acaner 29. 30.
achampleure 38.
achener 28. 30.
acheniller 30.
achenir (s') 32.
achicoter 28.
achiner (s') 33.
acluter 28.
acniter 29.
acrapauder 130. 131.
affouailler 140.
affouer 7. 140.
agacer 7.
agousser 7. 44. 47.
agracer 81. 118.
aguicher 7.
aicaiouner 109.
aicrapaudi (s') 130.
aïedu! 81.
alan 17.
alarmiste 11.
allovi 64.
alober 64. 65.
aloper 65.
aloubi 140.
aloubir 64.
alouotte 61.
aloupi 67.
alouvir 64.
amoisser 8.
amouer 8.
ampoule 123.
anglais 93.
anima 77.
anisser 8.
aporciné 100.
aquener 30.
aqueni 32.
aquenir 29. 33.
aquiené 139.
arer 44.
arlequin 15.
arnisser 8.
assiller 8.
avé 77.
aver à soies 77.
azor 15. 41. 50.
ba 116.
babiche 16. 135.
bacailler 4. 43.
bacawé 120.
bacon 91. 93.
bad 118.
bagouler 6. 139.
bahuler 4.
bahurler 4.
bahuter 4. 44. 45. 49.
baie 45.
baier 4.
bald 14.
bâne 123.
baquier 84.
barbe de renard 73.
barbelotte 118.
barbet 14.
barbiche 14.
baron 92.
barsouiller 42.
basset 15. 41. 45.
bat 116. 118.
bàu 3.
bau-bau (faire) 49.
baubi 14.
Baucent 79.
baud 14. 15. 47. 55.
baude 14. 47. 49.
Baude 58.
baudet (chasse à) 55. 57.
bauger 4.
bauler 4.
baw 9.
bawate 14. 40.
bawer 4.
bawi 50.
bay 3.
baye-baye 49.
beauvotte 40.
bedat 89.
begui 80. 84.
behuler 4.
berou 71.
berre 79.
bête noire 92.
bêtot 92.
beu 116.
bi 116.
bicawé 116. 120.
biche 15.
bichon 15. 42. 48.
bichonner 44.
bigle 17.
bilot 80.
birette 71.
bisclaveret 70. 71.
bisse 17.
blanc 15.
bo 116.
boa 116.
boc 136.
bocawé 120.
bod 118. 128.
boder 130.
boey 3.
bois de chien 139.
boit 116.
boite 126.
boque 134.
borenfler 130.
borgne 123.
bot 118. 121. 127. 131. 132. 133. 136.
bot de pierre 127.
bot volant 126.

bote 118. 136.
boterel 118. 133. 138.
boterot 118. 132.
botte 118. 129. 131. 135. 136.
botteler 131.
bottet 132.
bouant 93.
bouatte 126.
boucaut 90.
boudâ 131.
boudenfle 131.
bouder 128. 130.
boudiffe 131.
boudsoufler 130.
bouffe 14.
bouffer 4.
boug 117. 121.
bourrer 8. 13. 44.
boursoufler 130.
bousse-bot 132.
boutenfle 131.
bouterel 118.
bouterolle 127.
bouteron 118. 134.
boutifle 131.
boutoir 108.
bracet 17.
brache 17. 45.
brachet 17.
brachicourt 45.
brachon 41.
bracon 17. 41.
braconner 17.
brague 17.
brahon 16.
brailler 6.
braque 17. 45. 47.
braquener 41.
braquet 17. 41. 47.
braqueter 42.
brassicourt 45.
brechet 17.
Brechine 58.
brichet 46.
briffaut 139.
briguet 17.
Briguet (chasse) 55. 57.
briquet 17. 47.
Briquet (chasse) 55. 57.
Brochart 17.
brochet 17.
brohon 16.
brotte 17.
brucolaque 71.
burgo 15.
cab 11. 16.
cabeu 136.
caborgne 125.
cabot 16. 120. 125. 128. 130. 135. 136. 140.
caboter (se) 128. 130.
cabotin 125. 140.
cabou 136.
cabouailles 136.
cabouet 136.
cache 87.
cadeler 30.
cadet 92.
cador 11.
cael 3. 35.
caele 3. 35.
caeler 28. 31.
caelet 3. 25.
cagnard 27. 29. 31. 32. 33. 52.
cagnarder 29. 33.
cagnardier 29.
cagnardise 33.
cagnats 33.
cagne 2. 19. 21. 22. 23. 24. 25. 28. 29. 34. 52; (faire la) 22.
cagnepatte 39.
cagner 28. 29. 30. 31.
cagnesque 42.
cagnesse 32.
cagnette 52.
cagneux 31. 32.
cagni 32. 34.
cagnoche 32.
cagnolle 34.
cagnon 25. 30. 34.
cagnot 33. 34.
cagnote 29.
cagnotte 27.
cagnouser 30.
cahuler 6.
caiche 35.
caiel 3. 26.
caïeu 26.
caignart 29. 34.
caigne 2. 24. 31.
caignet 31. 33.
caignot 30.
caignotte 25.
caignous 31.
caille 121. 123.
caillebot 123. 135.
cailleboter 128. 135.
calaud 54.
calée 30.
caler 28. 30.
calière 34.
câlin 25. 35. 54.
caloge 38.
campleure 38.
campleuse 38.
camuche 38.
canaille 30.
canard 14.
cane 53.
cané 32.
canepeleuse 36.
caner 29. 31. 32.
canesson 26. 34. 139.
canette 52.
caniche 14. 38. 42. 46. 49.
canichon 38.
canichot 38.
canichotte 38.
caniflard 38.
caniger (se) 38.
caniglie 29.
canin 33.
canner 83.
canot 3.
canotte 25.
caon 3.
capotreille 134.
carlin 15. 48.
carline 48.
carmuche 38.
carmuchotte 38.
carnichotte 38.
carnifla 38.
carrec 121.
casnard 32.
cavergne 125.
cerlovin 61.
chabosseau 126.
chabot 16. 120. 125 128. 130. 134. 136
chabotte 129.
chabou 136.
chacaud 124. 125.
chadoler 30.
chaé 3.
chael 3.
chaele 3. 35.
chaeler 28.
chaeles 35.
chaelon 3. 25.
chagnard 32. 33.
chagnat 32.
chagnole 27.
chagnot 24. 34.
chaignard 34.
chaillon 3. 35.
chaler 28.
châlon 25.
champeleure 38.
champeleuse 36. 38
champlure 38.
chaon 3. 35.
charnaigre 14.
chasse-chiens 39.
chatoly 124.
chavatte 136.
chavelot 125.
ché 2.
ché rouge 55.
cheau 3.

chel 3. 26.
chele 3. 35.
cheler 26.
cheligne 25.
chelon 26.
chenailler 30. 31.
chenard 27.
chenarde 26.
chenasserie 26. 32.
chenassier 32.
chenâtre 31. 32. 139.
chenelle 26.
chener 29. 30.
chenet 3. 27. 58.
chenetel 30.
cheneton 27.
chenille 24. 25. 26. 29. 58.
chenin 26. 29. 33.
chenine 25.
chenoche 27.
chénole 27.
chenucher 29.
chenute 26.
cherigne 25.
chevêtre 125.
chi 2.
chianner 82. 108.
chiart 26.
chiau 3. 26.
chiaule 2. 26.
chiauler 26. 28. 29.
chiauner 29.
chiche 46. 51.
chicheface 51.
chicot 10. 43. 54.
chicoter 29. 43.
chicropé 39.
chié 2. 26.
chien 2. 19. 20. 21. 22. 23. 24. 32. 52. 58. 68; (de) 22; (dormir en) 52; (faire le) 29. 48; (sacré) 24.
chienaille 30. 44.
chien assis 42.
chienastre 32.
chien blanc 23. 38.
chien couchant 14. 45; (faire le) 53.
chien courant 34. 48.
chien crabier 36.
chien d'arrêt 14.
chien de... 19.
chien de bois 36.
chien de Brie 15.
chien de cas 19.
chien de mer 20. 36.
chiendent 37.
chien de perdrix 14.
chien de S. Hubert 15.
chien de terre 20.
chien du roi 55.
chien écouteux 55.
chien enragé (ne priser plus qu'un) 23.
chien et loup (entre) 68.
chien frelu 23.
chienin 32. 51.
chien lutin 55.
chien marin 36.
chien rat 36.
chien rouge 24.
chien vert 23. 37.
chien volant 36.
chienne 2. 19. 20. 21. 22. 23. 35. 51; (se coiffer à la) 35.
chienne de face 19. 51.
chiennée 26.
chienner 28. 32.
chiennerie 32. 33.
chiennet 2. 27. 35.
chienneter 28. 33.
chienneton 25.
chienqueue 37.
chifouaré 39.
chignarde 35.
chignelle 26.
chigner 108. 122.
chignon 30. 36.
chignonne 122.
chignot 36.
chin 2. 20. 22.
chin bianc 55.
chinchon 34.
chinchonner 34.
chine 2.
chine-bote 39.
chineler 28.
chinelle 26.
chiner 30. 31.
chinon 3. 36.
chinot 26.
chiot 3. 26. 36.
chiot de porc 98.
chiou 3.
chioue 3. 34.
chiouler 28. 29.
chipoe 54.
chognard 110.
chonner 108.
chons 35.
chou 7. 48.
chouchou 7. 9. 48.
chouchouter 48.
chougner 108.
chouigner 82. 110.
chouiner 82. 83. 108.
chouler 7. 26. 29.
chouter 48.
chuté 3. 34.
cien 2.
cienchon 2. 34.
clabaud 14. 50. 140.
clapier 14.
clapir 4. 14.
clatir 3.
cleb 11. 52.
cléber 52.
cléboter 52.
cloc 117.
cloche 117.
clouc 117. 126.
clouqueté 117.
coache 86.
cobot 135.
cobote 135.
coche 86. 87. 95. 105. 109.
cocheler 112.
cochenille 103.
cochenot 103.
cocheter 107.
cochon 87. 96. 103. 104. 105. 107. 110. 113.
cochon de blé 104.
cochon de cave 103.
cochon d'Inde 104.
cochon de mer 103. 104.
cochon de S. Antoine 103.
cochon de terre 104.
cochonner 107. 109. 110. 112.
cochonnet 87. 104. 105. 106. 111.
cochonnerie 113.
cochonnière (ronche) 104.
cochoyer 107.
cocoche 86.
coéchon 87.
coiche 86.
coichon 87.
coichot 87.
coigner 82.
coinner 82. 108.
coisson 87.
coissot 87. 110.
copin 93.
corasse 122.
corneau 17.
Cortin 58.
coseler 107.
cosseler 107.
cosset 87. 103.
cosson 87.

coteau 85.
cotron 85.
couailler 83. 88.
coualer 83. 88. 108.
couare 122.
couasser 83.
coucasse 117.
couchet 87.
couchille 103.
couchon 87. 106.
coucoubèu 55.
coucouche 86.
couéchot 87.
couigner 82.
couiler 83.
couiner 82. 83. 84. 108.
couinquer 83. 108.
couisseter 83.
coulouque 117.
courcibot 132.
court et bot 132.
coussi 87.
cousson 104. 111.
coutou 85. 109.
couturier 91.
couzet 85.
coychon 87.
cozet 85.
crâ 122.
crabe à coe 60.
crabosse 122.
crachatte 120. 122.
crache 122.
crachier 118.
craille 122.
craisset 122.
crapasson 133.
crapaud 119. 125. 126. 128. 129. 132. 133. 134. 136; (manger le) 128; (piquer le) 128.
crapaud ailé 126.
crapaudaille 135.
crapaud de mer 121. 125.
crapaud de vigne 126.
crapaude 119.
crapaudé 133.
crapauder 131.
crapaudière 136.
crapaudin 119. 129.
crapaudine 125. 127. 128. 129. 134. 136.
crapaud pêcheur 125.
crapauds (soulever les) 128; (éborgneux de) 135.
crapaud volant 126.
crapault 119. 128. 134.
crapaute 119. 134.
crapauterie 134.
crapelet 119. 122.
crapelu 122.
crapeux 119. 133.
crapi 119. 132.
crapogne 123.
crapot 119. 130. 138.
crapoter 131.
crapoud 119.
crapoudel 119. 128. 129.
crapoussin 133.
crapuche 119. 133.
craque 117.
crayotte 122.
crépaud 119. 135.
crépaudaille 135.
crève-chien 37.
crier 6.
crò 122.
croacher 118.
croasser 118. 122.
crochatte 120. 122.
crocotte 17.
croiset 118.
croisset 118.
cropaud 119.
cuche 86.
cul de chien 37.
cusser 83.
daille 91.
dale 91. 110.
dalu 110.
danois 15.
décaniller 31.
déchaussière 60.
décheniller 31.
dégailler 113.
dégoût de chien 22.
délober 65.
déloffer 140.
déloffrer 66.
délouffer 66.
dent de chien 37. 38.
dent de cochon 105.
dent de loup 63.
déqueniller 31.
diable 114.
dé 117.
dogue 17. 41. 42; (faire son) 48.
doguer 50.
doguin 17. 46. 47.
ébahir 49.
écagnards 33.
écanillé 32.
écaniller 30.
écrapouti 130.
égrogner 107.
éloviner 64. 65.
élouveter 62.
encanillé 33.
engouillonner 107.
enticher 8.
enticier 8.
épagneul 15. 47.
épagnoler (s') 43.
épagnote 47.
épagnoter (s') 43.
escrapouti 130.
étrangle-chien 37.
étrangle-loup 62.
étrangle-porc 97.
farrin 94.
ferbault 14. 46. 139.
fève de loup 61.
forbault 139.
fouilleau 91.
fouillère 107.
foule-crapaud 126.
fourrignot 108.
français 93.
fressin 93.
froid de loup 68.
gagnoche 111.
gaignart 46.
gaigne 46.
gaignon 12. 15. 46. 47. 91.
gaillaude 106.
gaille 88. 91. 106. 111. 112.
gailloche 111.
gaillot 88.
gal 103.
gale 88. 103.
galine 88. 111.
gamelle 93.
gandin 111. 114.
ganelle 111.
ganette 111.
ganillon 111.
gannir 6. 12. 82.
garache 70.
garçaille 33.
gareloup 71.
garloup-voir 71.
garol 70.
garou 70.
garouage 70.
garraud 87. 109.
garroille 87.
garrot 87. 104. 106.
garwalf 70.
gâté (chien) 8.
gaupe 92.
gaure 88. 111. 114.
gazelle 91.
gazon 71.
gentilhomme 92.
Gerfaut 58.
giouler 29.
glapir 4. 12.
glatir 3. 12. 42. 43.

glawène 14.
glawer 4. 12. 14.
glouquetège 117.
gneu 80. 107.
gniacher 4.
gniafer 4.
go 10.
gobette 93.
goce 41. 46. 58.
gocet 10. 41. 58.
goche 87.
goçon 10. 58.
gocoyer 89.
godard 109.
gode 90. 109.
godet 122.
godi 85. 90. 109.
godillon 85.
godin 90.
godot 85. 122.
gogne 89. 105. 110. 112.
gognette 90.
gognon 110.
goherel 88. 106.
goignon 89. 91.
goillot 88. 113.
goissement 6. 139.
golpil 72.
gone 111.
gonier 107.
gor 88.
goraille 88.
gordin 17.
gore 88. 107.
goreau 110.
gorer 107. 109.
goret 88. 105. 106. 110. 111. 113.
goreter 105. 106. 107.
gorette 103.
gori 80.
gorière (agache) 104.
gorillon 114.
gorilloner 107.
gorin 88.
goriner 107.
goron 88.
goronner 107.
gorpil 72; (escorcher le) 75.
gorre 88. 110. 111. 112. 113.
gorreau 88. 106.
gorrel 88. 106.
gorrer 109. 114.
gorret 88.
gorrette 113.
gorrier 110. 114.
gorron 88. 105.
gos 10.
gossat 41.
gosse 10. 48.
gosselin 48.
gosset 41. 42.
gouaille 88.
gouailler 83. 108.
goualer 108.
gouche 86.
gouge 111. 112.
gougeat 112.
gouglin 117.
gougne 111. 112.
gougoun 10.
gouigner 83.
gouillou 88. 107.
gouin 110.
gouinard 110.
gouincer 83.
gouine 99. 104. 110. 114.
gouiner 107.
goujat 112.
goupil 72.
goupille 72.
goupiller 74.
goure 88. 108. 109.
goureau 104. 110.
gourer 199.
gouret 88.
goureter 107. 112.
gouri 88. 104.
gourier (se) 108.
gourneau 103.
gouron 88.
gourre 88. 112.
gourrer 107. 109.
gourret 111.
gourron 111.
gourronner 107.
goussaut 45.
gousse 10. 47. 49.
gousser 52.
gousset 41.
gouyat 111.
gouz 10. 58.
goz 10. 46.
graisset 120. 121.
grapaud 119. 128. 135.
grapauder 131.
grapouiner 131.
grassane 127.
grasset 120.
gredin 17. 42. 46. 47.
gredinette 47.
greffier 15.
grenaut 103.
grenouillard 126.
grenouille 115. 126. 129. 130. 133. 135; (jeu de la) 134; (prendre la) 134.
grenouille de mer 125.
grenouiller 130. 131. 132.
grenouillère 136.
grenouillet 127.
grenouillette 127. 133.
grenouillons 131.
gresset 120.
griffon 14.
gris 15.
grofiller 82.
grogner 81. 108.
grognonner 108.
grohan 93.
groigne 109.
groignet 106. 108.
groignoier 108.
groin 108. 109.
groin de chien 38. 40.
groler 84.
groncener 81.
gronder 81. 108.
grondin 93. 103.
gronnir 81.
groucier 81.
grouiller 82. 108.
grouiner 81.
grounard 103.
grouncener 81.
grubler 82.
guaignon 12.
guannir 6. 12. 16. 82.
guedot 81.
gueille 88.
guener 83. 108.
guerlingue 123.
guerloup 71.
gueule de loup 62. 63. 64.
gueuler 6.
gueurdin 17. 42.
guigner 6. 83.
guiler 83.
guilleret 132.
guilleri 119. 122. 133. 134.
guillerotte 119.
habillé de soie 92.
habin 11.
hahaly 9. 13.
haler 9. 44.
hallali 8. 13.
haller 9. 56.
hamer 4. 8.
happer 5. 11.
happin 11.
harasser 44.
harer 9. 44. 56.
harloup 9.
haro! 9.
harpaut 139.
Harpin 58.

Harpine (Mère) 56. 57.
harrer 9.
harrier 44.
hawer 5.
helle 56.
halle-chien 56.
hellequin 55. 57.
hennequin 57.
heraulder 9.
herbaude 49.
herbaut 14.
herbe à cochons 104.
herbe à porcs 98.
herle 56.
herlequin 56. 57.
hicier 8.
hinguié 79.
hire 91.
hinser 8.
hisser 8.
hivernon 79.
hogne 108.
hogné 89.
hogner 83. 84. 89. 108.
hoing 82.
hoingner 6. 83. 108.
honhon 89.
honner 83. 108.
hoper 5.
horvary 9.
hôte 93.
houaille 140.
houamer 4.
houer 140.
hougner 83. 108.
hougnet 89.
houigner 83. 108.
houincher 83.
houiner 83. 108.
houler 9.
houlère 92.
houper 5. 11.
houret 16. 85. 110.
hourlaud 14.
hourrer 9.
hourvary 9.
hover 139.
hubin 11. 48.
huchet 117.
huler 3.
huppin 11. 48.
hurler 3.
jabot 125. 134.
jabotte 129.
jabou 120. 134.
jabrailler 4.
jaingler 42.
jambe de chien 38.
jan 103.
jangler 45.
jangleur 45. 48.
janot 138.
jap 42.
japailler 43.
japer 5. 42.
japeraille 43.
japiner 5.
japis 43.
jappe 42.
japper 5. 43.
jappeux 48.
jappiller 42.
jarraud 87. 109.
jaspiner 5. 43.
jaspineur 11.
jaungeler 48.
Jean 138.
jongleur 49.
kel 3. 28.
kele 3. 35.
laie 94.
laiton 79.
lancer 8.
lanceron 79.
langue de chien 37.
lapin 41.
lappir 5. 14. 41.
larbin 139. 140.
larbio 11. 139.
lard 91.
lebrou 46. 140.
lèche 17.
lécher 54.
lehe 94.
leu 59. 63. 66. 68.
leuard 66.
leuate 66.
leu de mer 60.
leu de terre 60. 61.
leu leu (à la queue) 67.
leuper 66.
leurou 117.
leuton 59.
leuve 59.
leuver 65.
leuverin 60.
leu wasté 70.
levrette 55.
lévrier 15. 40. 47.
levron 48.
lewarou 71.
libot 123.
lice 17. 49.
liche 17.
lidoire 94.
Liepart 58.
limier 15. 49.
lippe 14.
lisse 17.
litaie 107.
lobasser 64.
lobe 65.
lober 64. 65.
lobesse 61.
lofer 64.
loffe 66.
lolo 79.
lope 65.
lopin 64. 68.
lopiner 64.
lopineur 65.
lorandier 112.
loriande 91. 112.
lorieu 117.
louache 60.
louarat 71.
loubache 60.
loubas 67.
loubaté 66.
loubateau 67.
loube 59. 62.
loubeau 140.
louberée 66.
louberie 66.
loubier 63.
loubine 60.
loubite 67.
louc 59.
louche 17.
loue 59.
louérou 71.
louet 59. 60. 66.
louf 59.
loufe 59. 65.
loufer 64.
louffre 65.
loulou 16. 48. 60. 68.
louloute 53.
loup 59. 60. 63. 64. 66. 67. 68; (crier au) 69; (regarder en) 64; (voir le) 69.
loupard 66.
loupasson 60.
loup-berou 71.
loup-cervier 61.
loup de mer 60.
loupe 62. 65. 66.
louper 64. 65.
loupeur 66.
loup-garou 71.
loupiat 65.
loupiner 64.
loup marin 60.
loup mordant 61.
louppe 61. 62. 65.
loup rouge 60.
loups 62.
loup-verou 71.
louquette 59.
louquiau 60.
loure 59. 64. 69. 9
lourer 69.
louriau 61.
lout 59.
loutaud 117.

louter 67.
loutiaud 60.
loutier 69.
louve 59. 63. 64. 65.
louverat 71.
louveret 63.
louvesse 59. 63. 67.
louvet 65. 66.
louveteau 60. 63.
louvetier 67. 69.
louvette 60.
louvier 63.
louvière 64. 67.
louvoyer 65.
louvre 59. 68. 69.
louvrer 69.
lovecerviere 61.
Lovel 16.
lovène 66.
lover 65.
lovesse 59.
lovet 60. 66.
lovier 63. 65. 66.
lovière 67.
lovin 66.
lovinace (coe) 65.
lovine 66.
lovis 64.
lovisse 65.
lovre 69.
lovresse 59.
lovrotte 61. 62.
lu 117.
lubin 60. 66. 70. 139.
lubine 60. 67.
lubiner 65.
lulu 117. 122.
lupeux 70.
lupin 61. 66. 67.
lupinelle 62.
lureté 117.
lurou 117.
lut 117. 121.
lutaud 117.
luterne 69.
luth 121.
luvier 63.
mahouse 90. 112.
majat 123.
majet 123.
malengrogne 110.
mâle 79.
mallon 90.
malot 90.
mamot 16.
mandrin 74.
mandroule 75.
maousse 90.
maquelotte 120. 125.
maquette 120.
maquin 90.
marais 119.
marcassin 89.
marhouse 90. 112.
marloup 71.
marquais 90.
marquesin 90.
marquet 139.
marrane 112. 113.
marsouet 93.
mastin 16. 46. 48.
mastine 49.
mastiner 44.
mâtin 16. 47. 50.
mâtiner 31. 45.
mau-lubec 67.
mayaï 78.
mayet 78.
meneux de loups 69.
meniau 92.
menthe de ba 127.
mérande 91.
mergale 88.
Mère Michel 93.
métier de chien 19. 49.
miré 91.
mires 91.
mirole 92.
Mitaud 15.
monsieur 92.
mopse 17.
moret 15.
mort aux chiens 26.
mou 116.
Moufflard 16.
moumou 16. 116.
muet 123.
mufle de chien 37.
mûre de tchin 37.
nabin 139.
nabot 123. 132.
nadau 123.
nadou 123.
nainbot 123. 132.
nambot 132.
napai 41.
nerchibot 133.
neurisson 79.
nez de chien 139.
niaie 107.
niambot 132.
noble 92.
noces de chien 139.
nourrin 79.
œil de chien 20. 37.
œil de loup 62.
oin 93.
oinoin 89.
oualer 108.
ouarloup 71.
ouigner 84.
ouin 93.
ouincher 108.
ouiner 6. 83. 84. 128.
oussi! 8. 139.
pain de crapâ 127.
pain de pourceau 98.
paquiou 16.
paquot 16. 119.
pas de loup (à) 64.
pataud 15.
pate lovine 62.
patenôtre de loup 70.
patouline 15.
patte de crapaud 126. 127.
patte de loup 64.
patte de raine 127.
pauvre homme 123.
peau de chine 37.
pelou 14.
pelquié 122.
penant 79.
pere à cochon 99.
petou 11.
p'hòou 98.
piailler 6.
piche de chien 37.
pied de cochon 105.
pied de loup 61.
piller 9. 44.
pince-tchin 37.
pique-tchin 37.
pocre de loup 62.
pognu 119.
poire louve 62.
poire de chiot 96. 139.
pois à crapaud 127.
polonais 93.
popioule 124.
porc 78. 79. 96. 97. 99. 100. 101. 102. 113.
porc de mer 96. 97.
porcel 78. 79; (ne pas valoir un) 23.
porcelaine 97. 98.
porceler 100.
porcelet 78. 97; (brun) 98.
porcelettes 99.
porcelle 98.
porc épi 98.
porchaille 98.
porche 78.
porcherie 101.
porchière 78. 100. 101.
porchin 98.
porchon 78.
porcil 101.
porcille 97.
porcinat 101.

porcine 98.
porciner 100.
porpeis 97.
porque 78. 100.
porquerie 101.
pot 119.
pote-loube 52.
poter 119.
potiron 127.
poucheler 102.
pou'hé 78.
pourcé de cave 97.
pourceau 78. 100. 103; (mory) 102; (petit) 97.
pourceau de mer 97.
pourceau de S. Antoine 97.
pourceau ferré 98.
pourcelaine 101.
pourchelet 79.
pourchon de mur 97.
pourôme 123.
poutaud 16. 119. 122.
pouter 119.
poutiou 16.
pouto 122.
privé 92.
prune de quine 26.
prune à cochon 105.
psachin 121.
putaus 124.
pyrame 15.
quanner 83.
quegnas 33.
quegneter 30.
quegnot 30. 33.
quegnotte 26.
queler 28. 31.
quelot 33.
queloter 33.
quenaille 33.
quenas 33.
quenasse 33.
quenaude 53.
quené 32.
queneau 33.
quenelle 96.
quener 82. 108.
quenetel 30.
quenette 33.
quenillotte 28.
quenne 53.
quenner 28.
quennet 3.
quenot 3. 27.
quenoter 28.
quenotte 53.
quetou 85.
quette grise 60.
queue 120.
queue au loup 61; (à la) 67.
queue de cochon 106.
queue de loup 62.
queue de poêle 120.
queue de pourceau 98.
queue de renard 37. 73. 74. 76.
queuillerotte 120.
queusser 83.
quialer 5.
quiao 3. 80. 85.
quiaquia 85.
quiaule 3. 34.
quien 2.
quien à poils 37.
quienne 2. 35.
quienquien 80. 92. 104.
quigneu 33.
quignon 3. 30. 36.
quincher 83.
quiner 82.
quinpeleure 86.
quiot 80; (poire de) 139.
quioter (se) 28.
quiqui 85. 113.
quiquiou 85. 110.
quista 94.
rabawer 43.
rabot 123. 128. 129. 131. 132. 133.
rabote 123. 135.
raboter 131.
raboteux 133.
rabou 133.
race 33.
racouet 120. 127.
raffouer 140.
rage au loup 61.
ragot 90. 106. 108. 110.
ragoter 106. 107. 108.
ragotin 110.
raguin 90.
raigne 115.
raille-chin 39.
raine 115.
rainette 121. 126. 127. 134.
raisin de renard 73.
raitot 91.
râle 118. 130. 132. 133. 135.
râlet 118. 130.
ralu 132. 133. 135.
raluchon 135.
ramage 121.
ramette 121.
ramiouler 6.
ranelle 126.
raquer 117.
raquette 117.
rat 91.
rawer 6.
recanner 83.
rechaignier 83.
rechanner 83.
Rechignié 58.
réer 6.
régat 117.
reguegnouner 108.
reiller 6.
reine 115.
reinette 127.
reinoille 115.
rejaner 83.
remiller 83.
renard 72. 73. 74. 76; (crier au) 76; (écorcher le) 75. 76; (prendre le) 73; (tirer au) 75.
renard marin 73.
renarde 75.
renarder 74. 75.
renardière 76.
renards (avoir des) 75; (faire des) 75; (faire les) 74.
renaré 75.
Renart 72.
renée 89.
renette 134.
renouille 115.
requenner 83.
revary 9.
reviouler 6.
Ribaut (chasse à) 55. 56.
ribot 128. 129.
ricaner 83.
Rigaut (chasse à) 55. 56. 57.
riloufé 66.
rioler 84.
riouler 84.
roant 93.
rogner 109.
rognonner 108.
roguin 90.
roinzoin 89.
roinzoner 82.
rollet 93.
rongoglier 82.
Ronnel 6.
ronner 84.
roquet 16. 41. 47. 56. 117. 123.
roquette 117.
roqui 117.
rose de chien 26.
rose de loup 61.
rosette 123.

rossignol à glands 93.
rouener 82.
rougnier 84.
rouincer 82.
rouné 89.
rourou 85.
routeler 82. 84.
router 82. 84.
ruche 11.
ruignier 82.
ruïner 82.
runer 82. 83.
russon 92.
ruter 82. 83.
sabarou 136.
sabirou 136.
sabot 115. 125. 130. 134. 136.
sabote 136.
sabourin 136.
salade de porc 99.
sanglier 79. 97. 101.
saure 90.
saut de loup 60. 64.
savate 115. 136.
sengler 79.
seüs 16.
sibot 115. 136.
sibourelle 115. 136.
sigisbée 57.
simou 125.
singlé 79.
souère 90.
sourd 124.
soure 90.
sourie 90.
sué 120.
sugner 108.
surele à crapaud 127.
syndic 92.
tac 117. 122.
tache 122.
taïaut 7.
tambour 11. 139.
taque 122.
tatà 118.
tatè 9.
tatin 48.
tatiner 48.
tché à tsines 71.
tchin 2. 21.
tè 117. 122.
temps de chien 19.
tesson-chien 36.
têtard 120.
tête d'âne 120.
tête de chien 27. 39.
tête de loup 64. 67.
tette-vache 122.
teuleu 123.
tiaci 85.
tiatia 113.
tiautiau 85.
tien 2.
tienpoual 37.
Tirant 58.
tirelupin 66.
titi 80. 92.
titize 92. 104.
tonquin 94.
toquar 118.
toto 7. 9. 47.
tou 7. 117.
toujou 118.
tourteau 122.
toussi! 139.
toutou 7. 9. 48. 85. 118; (faire) 49.
tra 86.
traie 86.
trait de chien 139.
tratte 122.
trawie 86.
trée 104.
treu 110.
treucuôde 103.
treue 86. 103. 104. 105. 108. 111.
treuelle (agasse) 104.
treuille 86.
treuiller 107.
treuler 108.
trevire-crapaud 128.
troï 107.
troie 106.
troïeler 109. 110.
trou 81.
trouille 86. 105. 112.
trouillon 106.
troule 86. 108. 112.
troulier 108.
troye 104.
true 86.
truée 103.
truette 103.
truiasse 112.
truie 86. 87. 95. 103. 105. 106. 109. 111.
truie de mer 103.
truillet 113.
truite 86.
truye 105.
truynesse 86.
tue-chien 36. 37. 38.
tue-loup 61.
turelupin 66.
turquet 15. 140.
uller 3.
ut! 139.
vaou-vaou 10.
vari 9.
varou 70. 71.
varouage 71.
varouillé 71.
vautre 16.
vawer 4.
veltre 16.
ver 78. 102.
verdier 121.
verou 70. 79.
verpil 72.
verrart 79. 102.
verrat 79.
verrat de mer 97.
vesse 16.
vesse de loup 61. 62.
vêtu de soie 92.
viautre 16.
vie de chien 19.
vie de cochon 113.
vigo 86.
vin de porc 100.
viquer 6.
vlin 123.
voirloup 71.
volanbot 126.
volpil 72.
voualer 108.
vougnier 83. 108.
vouiner 83. 108.
vouinquer 83.
vouvou 10.
vraibot 135.
vuingnier 83.
vulpin 73.
waignon 12. 16.
waper 4. 9.
warol 70.
warouler 71.
warwailles 139.
wasser 5.
waure 88.
wicheter 6.
wigni 6. 83.
woingnier 6.
yacret 139.
zozo 10. 46. 47.

## 2. Provençal (et franco-provençal).

abaja 4.
ablaja 4.
abourra 8. 43. 44.
abouta 8.
acagna 30. 32.
acana 30.
acani 31. 32.
acanissa 30.
achina 30. 33.
achini 32.
achinoutá 28.
achourra 109.
achourri (s') 109.
acinsa 7.
acissa 7.
acoussi 7.
acssi 7.
acusca 7.
acussa 7.
aglati 43.
agoussa 7.
agroulhouna 107.
agrogni (s') 107.
agrougni (s') 107.
aguissa 7.
ahissa 8.
ahuto! 7.
alan 7. 46.
aloupi 65.
alupa 64. 65.
amouda 8.
amouta 8.
anissa 8.
anssi 8.
aquissa 7.
arrac 47.
arreganha 82.
arrouna 6.
ase boubou 116.
assima 8.
assissa 8.
atissa 8. 43. 44. 47.
atruia (s') 107.
auribait 92.
auset crapaut 126.
aüto! 7.
babarena 121.
babau 4. 49. 50.
babé 116.
babi 116. 133. 134. 135.
babocho 50.
babòu 4.
bacoun 41.
bacouna 105.
bagga 84.
baque 84.
baràuta 124.
barbo de reinard 73.
barbou 118.
barracan 14.
barracana 46.
barrat 79.
bàu 3. 49.
bauba 4.
beboupe 9.
bebyte 9.
beget 84.
begin 84.
begoula 6.
bègue 84. 90.
berlá 6.
bermiado 123.
berou 71.
berrasseja 79.
berre 79.
berrou 71. 79.
bestio negro 92.
bétyon 92.
biaja 4.
biauja 4.
bièula 6.
bifa 93.
bindoula 5.
biotsa 5.
biscoudet 17.
biset 121.
bita nèira 92.
bitoun 84. 110.
bo 116.
bobo 91. 116.
boc 117.
bocain 117.
boque 84. 111.
bot 118. 123. 125. 134.
bota 134.
boterot 132.
boto 118. 125. 126.
botolion 132.
boton 132.
bou 121.
boua 116.
bouatta 134.
boubou 116.
bòu-bòu 3.
boudenfla 130.
boudifla 130.
boudiflo 131.
boudougna 130.
boudounfla 130.
boup 72.
boupilho 62. 74.
bourguignoun 93.
bourra 4. 8. 13. 44.
bourro-bourro 43.
bousiga 108.
bousigadou 91. 108.
bouta 4. 8.
boutarel 127.
boutifla 130.
boutiflo 130.
boutigna 130.
boutina 130.
bracana 46.
braidar 6.
braoya 6.
braquet 6.
braulya 6.
bricana 46.
ca 2.
cabos 120. 125.
cabosso 120.
cabossolo 120.
cabot 120. 125. 128.
caboto 126.
caboues 126.
cabourlat 120.
cacho 35.
cacho-grapaud 129.
cadel 2. 11. 26. 33. 34. 35.
cadelá 26. 28. 30. 33. 35.
cadelasso 34.
cadeliero 34.
cadelle 28.
cadello 2. 25.
cadenello 25.
cadillo 2.
cagná 28. 31.
cagnado 30.
cagnard 27. 32. 34.
cagnienguero 30.
cagnin 32. 33.
cagnis 33.
cagno 2. 21. 22. 34. 52. 91.
cagno berbero 36.
cagnol 24. 25. 35.
cagnolo 24. 108.
cagnon 25. 33.
cagnot 27. 32. 33. 35.
cagnoto 28. 35.
cagnoulá 108.
cagnous 31. 32.
cagnoutá 28. 34.
cagnoutado 34.
caiastre 88.
caillard 121.
caille 88. 105. 121. 123.
caillobot 122. 135.
caio 88. 105.
caion 105. 110.
caion de mar 104.
caioun 88. 103. 105.
caiouná 107.
caiouno 104. 121.
calhoun 88.
calya 88.
calyen 88.

camardo (la) 34.
cambo-chin 37.
camossol 120.
can 2.
canadello 25.
canari d'ebouaton 93.
canatié 32.
cancarignol 117.
caneja 31.
canha 19. 21.
canicho 46.
canige 35.
canigoun 29.
canilho 25. 26. 33.
canin 31. 32. 33.
canino 29.
canis 33.
canissot 32.
canot 90.
càparas 120.
cap de bòu 120.
capo 120.
carcanet 117.
carinca 83.
carnifla 38.
carragna 83.
carrec 121.
carrinca 83.
carsi 93. 120.
cassi 93.
casso-chin 38. 39.
cassuouro 120.
catson 87.
catsonet 87.
caya 88.
caye 88. 105.
cayena 88. 107.
cayon 88. 105. 110.
cayounère 121.
cerco-rabassos 92.
chabot 120. 125. 128. 136.
chadel 2.
chagnard 34.
chamougne 120.
chanfé 27.
changoula 5.
chanin 34.
chaninou 26.
chapa 5.
charnegá 44.
charnegaire 47.
charnegue 14. 46. 47.
charpa 118.
charra 87.
chaucho-bot 129.
chaucho-grapaud 126.
chaudelet 26.
chaupa 5.
checa 10.
chenailler 32.
chenailleux 32.
chenaillon 28.
chenaliura 28.
chenard 93.
chenerilho 25.
chenilho 25.
chenitre 32.
chi 2.
chica 10. 46.
chiche 10.
chichet 10.
chicheta 46.
chichicla 44.
chichou 10. 48.
chin 19. 20. 22. 23.
chiná 21. 28. 31.
chinado 32.
chinaredo 30.
chinarié 30. 32.
chinas 25. 29.
chinassarié 32.
chinassiá 29. 30. 31.
chinatié 32.
chin-blanc 38.
chin-de-Cambal 71.
chineto 24.
chinié 34.
chiniero 29.
chin-mouton 14.
chino 2. 21.
chin-taiss 36.
chi-perdris 36.
chirp 118.
chocho 80.
cholo 118.
chor 118.
chou 80. 85.
chouchet 85.
chouchou 80. 85. 112.
choun 85. 104. 106. 107.
chouna 107.
chouneto 106.
chouni 107.
chouno 108.
chouro 16.
chourra 109.
chourro 87. 95. 109. 110. 112.
cibot 136.
cigalo 122.
cin 2.
cissa 7.
clapita 4.
clapon 92.
clarsi 93.
clicherou 117.
clouc 117.
co 2.
co-de-loup 62.
co-de-porc 98. 100.
co-de-reinard 73. 74.
co-dòu-loup 67.
cocho 81. 86. 87. 113.
cogno 2.
cos 10.
cotson 87. 107.
cotz 10.
coucasse 117.
couchinos (fa) 107.
couchon 111.
couèla 6. 83. 84.
couèlya 6. 83.
couenassa 82. 108.
cougne 112.
cougni 112.
couigna 82.
courin 87.
courrin 87.
courto-aurilho 60.
couss 81. 85.
cousseja 44.
coussou 10. 44.
coutchi 81.
coutchioun 87.
coutso 87.
coutsoun 87.
craco-babi 126.
crapal (pitiou) 121.
crapaudzia 135.
crapotin 133.
creba-bo 136.
creba-sol 123.
crebo-chins 36. 37.
crida 6.
crinca 83.
cropal boulant 126.
crot 124.
cuco 117.
cuiereto 120.
cuiero 120.
cuina 82.
cunin 25.
curlet 16. 42.
curo 16. 42.
cusca 7.
cussa 7.
cutz 47.
dégogner 107.
degoudilha 107.
dent-de-loup 63.
dzapa 5.
dzingla 84.
dzornira da tsin 19.
egrapauti 130.
eguiraude 122.
encagna 30.
encanissa 30.
engorra 110.
engoulhaudo 119. 122.
engragno 115.
engraisso-porc 98.
engrougna 110.
enloubata 65.
enquissa 7.

entissa 8. 44.
enussi 8.
erbo de grapaud 127.
erbo di granouio 127.
ernugo 14.
escambarlat 120.
escourchoun 123.
escrapouchina 130.
espeio-chin 39.
espousco-chin 37.
esquicho-bot 126.
estranglo-chin 37. 39.
evarnon 79.
farou 16.
flour de babi 126.
fourra 8.
fousin-fouseire 91.
fraisso 79. 93.
gagno 89. 111.
gagnolo 103. 108.
gagnoula 82. 108.
gagnoun 12. 15.
gagnouna 107. 112.
gaio 88. 105.
galavard 93.
galeso 88.
galho 88. 122.
galhodo 121.
gana 89. 103.
ganda 89. 107. 109. 110. 113.
gandaia 108. 110.
gandeyi 109.
gandille 113.
gandimello 107.
gandine 113.
gandoun 111. 113.
ganet 89.
ganguela 5.
ganhart 46.
ganhon 89.
gara 87. 122.
garaudou 122.
gargoulhon 118.
garragnau 113.
garrel 109.
garri 87. 91.
garrouié 108.
garrouna 108.
gatibourro 4.
gauro 88.
gavilho 93.
gavo 93.
gazelo 91.
gingla 84.
giscla 84.
glapa 4.
glati 43.
glato 44.
gna-gna-gnau 5.
gnarro 90. 108. 110. 111. 112. 113.
gnaula 5.
gnic-gnac 4. 85. 92.
gnif-gnaf 48. 92.
gnoun 9.
gnouna 90.
gnourra 84.
gogne 112.
gogno 89. 107.
gognoun 89.
goino 107. 110. 112. 114.
gojo 81. 85.
gona 89. 111.
gone 111.
gor 110.
gora 104. 105.
goret 106.
gori 88.
gorjo de loup 63.
goro 88.
gorre 112. 113.
gorri 88.
gorrin 88. 109.
gorrina 112.
gorrinalha 112.
gorro 88. 112. 113.
gorrognau 113.
gos 10.
gossa 10. 41. 49.
gosset 10.
gosson 10.
gouac 118.
gouagnòu 89. 111.
gouari 87.
gouarre 109.
gouchen (fa) 107.
gouda 85. 107. 111.
goueire 87.
gouena 89.
gougnard 105.
gougnaud 112.
gougnou 85. 105.
gouicha 83.
gouignoun 89.
gouina 72. 83. 89. 107. 113.
gouissa 83. 108.
goujat 111. 112.
goujo 85. 111. 112.
goujouna 107.
goulheret 119.
gouna 88.
goungouna 84.
gounh 89.
gouognou 106.
goupilha 62.
gourat 88.
gouret 106. 113.
gourgouillon 118.
gourilhou 88.
gourinaio 112.
gournaou 103.
gouro 88.
gourra 108.
gourret 88. 111.
gourreta 107.
gourreto 88. 112.
gourri 80. 108.
gourrieula 107. 108.
gourrin 88. 110. 112.
gourrina 108. 112.
gourrinot 111.
gourrioula 82.
gourrou 80.
gourrounche 110.
gourrouneto 111.
gous 10.
goussá 52.
goussalho 44.
goussard 47.
goussas 47.
goussatié 47.
gousset 10. 41. 44.
gousso 10. 47. 49. 52.
goussou 10. 48.
gouyat 111.
gouyo 111. 112.
gouzi 81. 85.
goya 111.
goz 10.
graboulhaou 119.
gragnoto 115.
graio 122.
graissan 120. 121.
grangroun 84.
granolha 115.
granolhi 130.
granouia 131. 132.
granouiado 133.
granouié 135.
granouiero 128.
granouio 115. 129. 130. 132. 134.
granouio de sant Jan 138.
graoulho 115.
grapal 119.
grapaou 119. 121.
grapard 119.
grapaud 119. 128. 129. 130. 132. 134. 135.
grapaudalho 134. 135.
grapaudas 128. 129.
grapaudeja 131.
grapaudié 135.
grapaudin 127. 132. 133.
grapaudino 127. 12[illegible] 134.
grapaudoun 133.
grapaud voulant 126.
grapouneja 131.

grassano 127.
graugna 81. 107.
graugnàu 103.
graulho 115. 121. 131.
grazacou 118.
grazan 118.
greisa 118.
grèuche 124.
grimaud 16.
gri-gri-gri 107.
groela 121.
groign 108.
gronhir 81.
gronir 81.
gropal 119.
gropolleja 131.
gropp 119. 132.
grougn 104. 108. 109.
grougna 81. 107. 108.
grougnaire 90.
grougnau 103.
groulh 108.
groulhou 88.
groumet 93.
groun 108.
grounda 84.
groundi 81. 84.
groundina 81. 108.
grugnau 103.
grulh 108.
grulha 108. 131.
guedi 85.
gueinard 74. 75.
gueine 72.
gueino 71.
gueinolo 74.
gueiraudo 122.
guela 6.
gueri 80. 87. 107.
gueret (faire) 107.
guerin-gaio 107.
gueya 88.
guillorda 88.
guiner 72.
guirande 112.
guirre 87.
guissa 6. 83.
guitou 110.
guori 88.
guoz 10.
hama 4.
harri 124.
hourra 5. 8. 9.
idoula 5.
illá 3.
incagna 32.
ivernon 79.
iz atro 92.
jabot 136.
janes 89.
janglar 45.
jangolar 5. 42. 43.
jangolli 42.
jangoula 5. 6.
janguelhar 45.
jap 42.
japa 5.
japarel 42.
japilha 42.
jaupa 5.
jaupilha 42.
jingoula 5.
jone 89.
labrit 15.
lachen 79.
laira 3. 41. 45.
lampouina 5. 41.
lapouina 5. 41.
lar 91.
larre 91.
laua 59.
lauva 59.
lebacho 60.
leberou 71.
lebret 46.
lengo de can 37.
liapa 89.
loba 66. 67.
loba cerviera 61.
lobal 65.
loberna 69.
lobinat 60.
lochinta 107.
lofi 65. 66.
lofi de loup 61.
lop 59. 60; (entre ca e) 68.
lopa 62.
lopin 67.
loubá 65.
loubachin 62.
loubachouno 62.
loubassou 60.
loubat 62.
loubato 62.
loubatou 63.
loubau 62.
louberou 71.
loubet 16. 60. 63. 65. 66.
loubeto 63. 64. 66.
loubo 59. 60. 63. 64. 66. 67; (faire la) 65.
loueja 65.
louf 59.
loufio 59.
loufo 65.
lougo 59.
louo 59. 65.
loup 59. 60. 62. 63. 65. 66. 67; (a vist lou) 69; (entre chin e) 68; (trau de) 62; (tua el) 62.
loupas 67.
loupin 67.
loupino 61.
loupio 65. 66.
loup paumé 70.
loup pauto 62.
lout 59.
lout-carou 71.
louvo 59.
lovra 69.
lovre 69.
luberno 61.
lup 59.
lupa 64.
lupi 62. 65. 66.
mahle 79.
mal graugnat 110.
mandre 72. 73. 74. 75. 76.
mandri 75.
mandriasso 75.
mandrilho 74. 75. 76.
mandrin 74.
mandrot 75.
mandroun 75.
mandrouno 75.
manit 92.
manjo-grapaud 135.
manjo-granouio 135.
marello 92.
mascle 79.
massacan 38.
mastin 16. 47. 48.
mau de porc 101.
mau-loubet 66. 67.
mauro 90. 103. 105. 106. 107. 111.
megneque 92.
mère troyo 93.
miarro 90.
miauna 6.
mioula 6.
molo 79.
molyon 119.
mourado 107.
mourre-de-chin 37.
mourre-de-porc 97. 98. 99.
mousiga 108.
mousigadou 108.
nadau 123.
nani 85.
nego-chin 39.
nin-nin 85.
noé 79.
noué 79.
nourridoun 79.
ouanda 89.
oudoulia 5.
ouina 8.
ourla 3.
padello 122.

pato-de-chin 37. 39.
pato-de-loup 62.
pè-descaus 60.
ped-de-caioun 109.
ped-de-porc 100. 102.
peis-porc 96.
pelaira 92.
pel-de-grapaud 127.
pelic 122.
pella 92.
pè-pelu 92.
pero-de-coutsou 99.
perre 10. 47.
perrou 10. 46.
pissat 119.
pisso-can 37.
poilo 92.
porc 74. 78. 97. 101. 103.
porc de mar 96.
porcelar 100.
porchalho 98.
porchet 97.
porcho-cuo 99.
porc integre 79.
porc marin 97. 98.
porc negre 113.
porcognòu 75. 97.
porlo 74. 110.
porqueta (se) 102.
posse-vachi 122.
poucel 78. 98. 99.
poucelá 100.
poucelasso 101.
poucelet 98.
poucelo 78.
poucheler 102.
pouchina 100.
pouchon 99. 122.
pouciéu 101.
pourcateja 102.
pourcelo 102. 106.
pourcelòu 78. 98.
pourcha 100.
pourchignasso 98.
pourchilha 102.
pourcigoulo 101.
pourcin 98.
pourcino 98.
pouro 97.
pourou 98.
pourqueirolo 101.
pourqueja 101. 102. 103.
pourquet 78. 97.
pourquet de croto 97.
pourquet dòu bon Dieu 97.
pourqui 100.
poutarel 127.
poutina 130.
primo 79.
prinmaró 79.
quechon 87.
quena 82. 108.
queyon 88.
quiala 5.
quierpo 118.
quièula 5. 6. 83.
quièuna 6. 83.
quila 5. 6. 83.
quina 6. 82. 84. 118.
quinaut 118.
rac 117.
rafoula 82.
ragagneja 84.
ragat 92.
raina 115.
rainar 82. 109. 121.
rala 82.
ralya 84.
randoulo 126.
randouly 116.
rangoula 6. 84.
rangoulha 117.
rangoulo 131.
ranna 82. 121.
rano 115. 130.
ranqueto 117. 130.
rascle 118.
rasclet 118. 130.
rasin babi 127.
rastegue 14.
raton 91.
ravouire 82.
raugna 82. 107. 108.
rauna 82.
rayna 109.
raynart 75.
recadela 33.
regaula 6. 84.
reinard 72. 73. 74. 75; (faire lou) 75.
reinardiero 76.
reinardo 74.
reinardoun 76.
reineto 121. 129. 130.
rela 82.
relya 82. 84.
rena 82. 83. 84. 108. 109. 121.
renaire 89.
reno 106.
retè 85.
ringo 89. 112.
rodji 82.
rofoleja 82.
rone 115.
ronna 6. 82.
rougna 82. 107. 108.
rougno 109.
rouï 82.
rouna 6. 82.
rounca 82.
rouncla 82.
roundina 82.
roundinayre 89.
rounga 82.
rounsa 82.
rouvi 82.
rusco 95. 120.
rula 82.
ruzer 82.
sabarcou 136.
sabat 126.
sabatas 115.
sabato 129. 133. 134. 135. 136.
sabau 115. 135.
saboc 136.
sabot 134. 136.
sabou 136.
sahus 16.
sapias 72.
sauto-chin 39.
screpièu 123.
senelye 26.
senglar 79.
singlié 79.
souina 108.
souiro 60. 72. 90.
sousso 44.
soussolegue 44.
soussou 80.
suçolegue 44.
sulha 78.
sulhon 98.
tatar 85.
targagno 40.
tauto 134.
tchantchon 80. 85.
tchatchet 80. 85.
tchatchon 80. 85.
techou 90.
tessard 122.
tesse 91. 122.
tessoun 90.
tessounado 107.
testaroudo 120.
testassa 120.
testounas 120.
testo d'ase 127.
testo de loup 64.
tètè 80.
tian 93.
ti-ti 80.
touchin 90.
toussin 90.
toute 118.
touysso 86.
trejo 86.
trejo de croto 103.
tricoudin 74.
troi 86.
troio 86.
troujo 86.
troutrou 81. 86.

troya 86.
troye 105.
trueio 86. 103. 105. 107. 111. 112.
truejo 86. 105. 106. 107.
truia 107.
truiga 86.
truio 86.
trujado 107.
trulo 86.
tsanilhos 26.
tsin 2. 22. 27. 35.
tsin de foué 27.
tyarec 121.
tyou 85.
udoula 5.
uei-de-chin 37.
uei-de-grapaud 136.
uei-de-loup 61.
ula 3.
urla 3.
utsi 8.
vapary 49.
vercouat 88.
verdanello 121.
verdoulaigo 121.
verrá 100.
verrasseja 100. 102.
verrat 78. 97.
verre 78. 97. 101. 102.
verrot 97.
verrou 71.
vingo 86.
vioula 6.
volp 72.
volpilh 72.
vora 88.
voup 72.
vourp 72. 73.
vourpa 73. 75.
vouzi 81. 85.
wapa 4. 5.
yapa 5.
zapa (far) 8.
zouba 8.
zozo 48.

## 3. Italien (et patois).

ababiá 133.
ababiesse 130.
abbagaturisi 49.
abbaino 42.
abbaire 49.
abbajare 4. 12.
abbajata 43.
abbautirisi 49.
abbottare 130.
abbottolare 130.
abbuffari 130.
abbuttari 130.
acacchiare 28. 34.
accagneggiare 30.
accanare 30.
accanato 32.
accanire 30.
acciaccare 107. 109.
acciacciarsi 106.
acciaccinarsi 106.
acciacco 109.
accuccia 47.
accucciarsi 43.
accucciolarsi 43.
accuzzarse 43. 47.
adizzare 8.
aggolpacchiare 74.
aissare 8.
aizzare 8. 44.
alano 17.
allupare 64. 65.
allupature 68.
amazzacani 39.
ancanigliar 30.
androgghiula 94.
appeddare 6. 45.
apporcare 99.
arlecchino 15.
arrognare 107.
attoccare 5. 45. 139.
aunzare 8.
avvolpacchiare 74.
avvolpinare 74.
azivola di babi 127.
azzubbai 8.
azzupari 8.
babao 49.
babau 49.
babbi 116.
babbio 133.
babbione 133.
babi 116. 131. 133.
babiá 130.
babiass 133.
babiesse 130.
babiot 132. 133. 134.
baboč 16. 135.
baboia 49.
baborgne 135.
bacaja 42. 42.
baco-baco 4. 7; (far) 49.
baffiari 4.
bagagel 124.
baggeo 133.
baggiu 124. 133.
baghin 44.
bai 34. 43.
bailamme 43.
baiuta 50.
baja 45.
bajare 4. 12.
bajata 45.
baolé 4.
barbino 14. 46.
barbone 14.
bati 10.
bau 40.
bauccare 50.
baucco 50.
baulari 4.
baulé 4.
bauré 4.
bausette 50.
bautta 50.
beliai 6.
berre 78. 102.
besinfio 130.
biga 84. 93.
bigazo 93.
biliemme 43.
bisinfio 131.
bobo 49.
boč 16. 123. 135.
bociá 6.
boda 133.
bodda 118.
boddacchino 118.
boddoni (a) 131.
bodé 130.
bodenfi 130.
bodero 131.
bodié 131.
bodo 131.
bodola 129. 131.
bodolo 128. 135.
bodoro 132.
bofalo 14.
boffa 115.
boggia 126.
boleto porcino 98.
bolfo 11. 139.
bomba 139.
bopá 4.
borá 8. 13.
borbora 94.
boré 8. 13.
borenfi 130.
borgognone 93.
borí 4. 8. 42. 43. 44.
bosa 118. 126.
bot 118. 132. 134.
bota 126.
boto 16.
botola 129.
botolo 16. 47. 126. 135.
botoro 132.
botracone 131.
botta 118. 126. 129. 131. 135. 136.

bottaciuolo 133.
bottarana 123.
botta scudelaja 121.
bottatrice 126.
bottelone 118.
bottina 126. 136.
botto 16. 118. 135.
bottola 126.
bottoli 129.
bottracchio 132.
bottrisa 126.
brac 45.
braccare 44.
braccheggiare 44.
bracchi (aver sciolto i) 47.
bracco 17. 47. 49.
bracot 45.
bronio 60.
buatta 134.
bubbo 38.
bubú (fa) 49.
budenfione 131.
budol 118.
buffa 130.
bufone 130.
bügatta 134.
buré 4. 8. 44.
butaraza 118.
butenfione 131.
buttero 133. 134.
butti-butti (far) 4. 49.
cacchiá 26.
cacchio 3. 27. 33. 35.
cacchione 25. 33.
cacchiume 25.
cacciá 26.
cacciapu 25.
caccio 3. 25. 35.
cacciocavallo 35.
caccione 3. 25.
cacciotello 3.
cacciucciu 3.
cacciune 3.
cacciurru 3.
cadello 28.
cagna 2. 21. 22. 23. 24. 57; (oa da) 52.
cagnaccia 28. 34. 35.
cagnaccio 25. 33.
cagnaja 29.
cagnara 29. 33. 34.
cagnasson 24.
cagnazza 35.
cagnazzo 31. 51.
cagneggiare 29.
cagnesco (in) 32.
cagnett (fè i) 33.
cagnetta 25.
cagnetto 2. 24.
cagnimma 30.
cagnin 32.
cagnina 32.
cagnino 2.
cagnola 27. 28. 35.
cagnoletto 2.
cagnolino 2. 54.
cagnolo 24. 27 f. 31.
cagnon 20. 25. 33.
cagnotto 32. 34.
cagnozz 35.
cagnuccio 2.
cagnuleddu 27. 28. 31.
cagnuzzo 34.
caì 7.
caìn 7.
cainà 6.
calcabotto 126.
caluscertola 40.
camparett 123.
can 20. 22.
cana 2. 55.
canaglia 30.
canaiolo 26.
canaja 34.
can american 15.
canaperra 39.
canarin a giand 93.
canata 29.
can da pernixe 14.
cane 2. 19. 22. 23. 24. 53; (affè d'un) 24; (carezze di) 44; (dar il) 31; (negro) 24.
canea 29.
caneare 30.
canera 29.
canesca 24. 32.
cani (andato a') 19; (aver i) 22; (darsi ai) 19; (musica da) 23; (stagione da) 19. 68; (vita da) 19.
canicchia 25. 29.
caniglia 29.
canigliola 30.
canile 29.
canimeo 30.
caninanza 30.
caniperru 39.
canitá 32.
canizza 29.
canosa 24.
cantarana 130.
capo di cane 37.
caragnattulu 40.
carcababi 126.
carcabaggi 126.
carignattulu 40.
carrin 87.
carufe 108.
caruga (insecte) 40.
caruga (plante) 40.
casaus 16.
castracani 39.
catella 2. 28.
catellano 32.
catellare 28.
catelli 28.
catellina 26.
catello 2. 28.
catellone 3.
catellon catellone 29.
catilla 25.
cazzo 35.
cazzola 120.
cecisbeo 57.
ceciù 9. 57.
ceet 132. 134.
cet 134.
cheça 94.
chiatta 128.
chiatto 124. 131. 133.
chiatton chiattoni 131.
chiattone 135.
chiri-chiri 87. 107.
ciabatta 136. 137.
ciabbotte 132. 134. 135. 136.
ciacca 105.
ciaccare 105. 107.
ciaccherare 107.
ciacchero 132.
ciacchillarsi 108.
ciaccino 107.
ciacco 80. 84. 94. 95. 110. 114.
ciaccola 132.
ciaciarotte 49.
ciaciù 9. 49.
ciadel 29.
ciambott 124. 130. 132.
ciammotto 124. 132. 134. 135. 136.
ciat 124. 133. 134.
ciatta 134.
ciatto 132. 133.
cicco 80. 85. 90. 95. 110.
ciché 107.
cicisbeo 57.
cimbottolare 130.
cignale 79. 97.
cignato 79.
cin 2.
cina 2. 23. 31.
cincolo 85.
cinghiale 79.
cinna 23.
ciocche 84. 94.
cion 85. 111.
cioncarino 85.

cionco 85.
cioncolo 85. 94.
cioncone 106.
ciracchio 113.
ciriatto 114.
ciro 87. 94. 95. 110. 113.
cirusco 110.
cissé 7.
citto 134.
ciuciu 7. 9. 45. 80. 85.
ciuino 85. 94. 104.
cocciniglia 103.
cocion 111.
cori-cori 80. 107.
corso 15.
corzo 15.
cosco 140.
cranavuottola 123.
crin 87.
crinè 87. 112.
crineire 113.
crinet 87.
crinna 87. 113.
crot 123. 124. 134.
crot-malos 123.
crott 124. 132.
crüina 87.
cucchiuccù 9.
cuccia 43.
cuccio 10. 44. 47.
cucciole 41.
cucciolo 41. 46. 47.
cuccubeone 55.
cucce cucce 47.
cucija 44.
curin 87.
cuzzarse 43.
cuzzelon (a) 43.
cuzzo 10.
cuzzolarse 43.
dente canino 37.
descanigilar 30.
erba can 37.
erba de lov 61.
erba della volpe 73.
erba di babi 127.
erba lupa 62.
fada 123. 138.
fava di lupo 61.
firfa 94.
frisinga 93.
gacciune 3. 29.
gagnolare 6. 12. 82.
gandir 108.
gannire 3.
garof 11.
garolfo 11. 139.
gatta 20.
gattina 20.
gavanello 93.
ghen 8.
ghiangula 5.
ghiattire 3.
ghin 8. 110. 113.
ghinouja 113.
ghiro 91.
ghisorba 60.
giagaru 17.
gianino 103. 140.
giapé 5.
giappá 5. 42.
gielfo 139.
ginaldo 11.
girino 120.
giuiro 110.
giurana 120.
gna 80.
gnac 85. 109.
gnar 110.
gnarel 111.
gnec 110.
gneri 81.
gnero 108.
gnusse 32.
goggiö 85.
gogin 85.
gogn 89. 105.
gogna 106. 110.
gognin 89. 111.
gogno 105.
gognolino 111.
gola di lupo 63.
golpe 72. 75.
gona 89.
gora 109. 113.
goran 88.
gori 111.
goria 112.
gozen 85. 111.
gozinen 85. 103.
granavuotta 123.
grassello 120.
grein 87.
griffare 109.
griffo 108.
griffolare 109.
grin 87. 104.
griott 79.
grogno 108. 109.
gruffare 109.
gruffignare 109.
gruffolare 82. 107. 109.
grugnante 93.
grugnett 104.
grugnire 81.
grugno 108. 109. 110.
guagnolare 6. 12. 82.
guagnone 111.
guajolare 6.
guaire 6.
guasto (can) 8.
guattire 5.
guccio 10.
guidone 11.
guina 83.
guten 85.
guzzo 10. 41. 46.
incagnare 30.
ingannacane 37.
ingrognare 110.
inluvis 64.
issé 8.
izza 8. 47.
jaccaru 17.
jurli 3.
latrare 3.
leccare 54.
leubi leubi 64.
levertin 61.
lice 49.
lingua canina 37.
lodde 72.
lof 59. 66.
lofa 65. 67.
loffia 61. 65.
logia 89.
loja 89.
lope 59.
lope cane 71.
lopomenare 71.
lopporo 63.
lova 59. 62. 67. 68.
lovaton 62.
lovertis 61.
lovo 59.
lovo ravaxe 70.
luá 5.
luasso 60.
luberna 61.
lüdlé 5.
lupa 59. 64. 65. 67.
lupaja 61.
lupazzo 60.
lupeggiare 66.
lupe panaru 71.
lupetta 61.
lupia 66.
lupiari 64.
lupicante 64
lupinaggine 62.
lupinella 62.
lupino 61. 65; (cane) 16.
lupo 59. 65; (aver veduto il) 69; (storia del) 68.
lupo cerviere 61.
lupo d'api 61.
lupo di mare 67.
lupo gatto 71.
lupo mannarro 71.
luppolo 61.
lupu minaru 71.
luv 59. 63.
luva 63.
luvas 64.
luvetto 66.

luvo 59.
luv ravass 61. 70.
majá 100.
majale 78.
majalini (fare i) 78.
majatica 96.
majaticu 99. 101.
mal del rospo 134.
malos 120. 123.
mandracchia 75.
mandriale 74.
mangiabotti 126.
mangiarospi 126.
maravuett 119.
mardi 93.
margiani 72.
mariani 72.
mastino 16. 40. 46. 47.
mastinotto 47.
mazzone 73.
mofolino 17.
mogogna 5. 43.
morso di rana 127.
muč 120.
muferlo 17.
muffolo 17.
mugola 6.
mugolare 6.
mugogna 5.
murrunzare 83.
nasicane 39.
ncacciune 29.
ncagna 30.
ncagnire 29. 30. 32.
ncagnuso 32.
negre 92.
ngacciune 29.
ngacchia 28.
ngagnarsi 30.
nganicchiarsi 28.
nigru 92.
nimal 77.
ninen 85.
nino 80. 81.
Ntoni 93. 103.
pabbi 116.
pabi 116.
pacciana 119.
pan porcino 98.
patonchia 119.
perro 10. 41.
pesce cane 20.
pesce porco 96.
pesce volpe 73.
piè di porco 100.
pignole 94.
pisciacane 37.
porca 78. 99; (stagione) 96. 112.
porcabru 79.
porcacchia 99.
porcaio 101.
porcellana 97. 98.
porcelletta 96. 97.
porcelletto 97; (di S. Antonio) 97.
porcellini (fare i) 101.
porcellino 78; (d'India) 98.
porchée 98.
porcheis 101.
porchereccio 100.
porcheria 96. 101. 102.
porchetto 78.
porciglione 98.
porcinelle 99.
porcino 99.
porco 78. 96. 99. 101; (far l'occhio del) 100; (spirito de) 114.
porco cane 24. 102.
porcola 102.
porco maiale 102.
porco marino 97.
porco spino 98.
porla 78.
porsel 101.
porselá 101.
purcella mascule 98.
purcelle 99.
purchitte (fa le) 101.
purcidduzzu 97.
purcina 101.
purcitt 78.
rabbotte 123. 132.
rácana 117. 121.
racanella 117.
rácano 121.
ragagella 117.
ragagno 121.
rágana 117. 121. 126.
raganella 117.
ragano 121.
ragliare 84.
ramarro 121.
rana 115. 121.
ranabó 123. 132.
ranabotte 123. 132.
ranabottolo 123. 132.
rana San Martino 138.
ranavuottolo 123.
rangogna 6. 43.
ranocchia 115. 130.
ranon (a) 131.
rantacchio 132.
rantoč 116.
rantolare 132.
rantolo 116. 132.
ranuzza codata 120.
raogné 82.
rapatú 120.
raunzare 82.
razza 91.
rimuriari 83.
rincagnarsi 33.
rincagnato 31.
ringhiare 6.
rogna 109.
rogné 82.
roï 89.
rôja 89. 112.
rosca 120.
rosco 120.
rospa 120. 130.
rospo 120. 133.
ruffolare 82.
rugliare 82.
rugnire 84.
runguliari 6. 82. 84.
sabó 136.
saïna 85. 91.
saïno 85.
satt 124. 133.
saus 16.
save 124.
sbagotti 49.
sbigottire 49.
sbragi 6.
sbuji 49.
scagnardo 51.
scagnare 29.
scagnazzo 51.
scagnozzo 31. 140.
scalzacani 39.
scanababi 126.
scane 53.
scarufá 109.
scatellá 28.
scatunotte 25.
scet 134.
schiattíre 3.
schiss 5.
sciata 134.
sciatar 135.
sciatel 134.
sciatera 136.
sciatt 124. 128. 131 132. 133.
sciatta 128. 134. 135 136.
sciatto 133.
sciatton 124. 127. 135.
sciatù 134.
sciavatt 136.
sciot 134.
sciota 134.
scorzone 123.
scrofa 78. 101. 102.
scrofana 97.
scrofano 78. 97.
scrofia 102.
scrofola 99.
scrofolare 100.
scrofonejare 100.

scufilija 100.
segugio 16.
sehus 16.
sgora 109.
si 85.
sina 85.
sona 85.
spagnoletto 15.
sporcare 100.
squittire 5.
stracanarsi 29.
strafa 94.
strozzalupo 62.
sue 78.
sun 85.
sus 16.
taboj 14. 42.
taboja 5. 10. 14. 139.
tabuj 14. 57.
tanin 14.
tarissé 8.
tasso cane 36.
tatò 9. 48.
tatto 118.
tempaiuolo 79.
temporal 79.
tette 9.
tòi 86.
tosse canina 22.
totin 40.
totò 9. 40.
tracagn 31.
tracagnotto 31.
troja 105. 112.
trojare 107.
trojet 105.
troju 86.
trucci-là 81.
uggiolare 5.
ulp 72.
urlare 3.
urpi 72.
urrulá 3.
ustolare 5.
uva lupina 61.
uzzar 8.
veltro 16.
verdacca 121.
verr 99.
verre 78. 102.
verretta 100.
verricello 100.
verrinie 102.
verro 78.
verrocchio 79. 99.
verruto 100.
vessa 16.
volpe 72. 75.
volpe de mar 73.
volpone 75.
volpora 73.
volposa 75.
vrotacu 124.
vuotto 118.
zabó 136.
zabuocchie 136.
zambaldo 124.
zambeld 124.
zambott 128. 129. 132.
zan 93. 103.
zana 93.
zanen 93. 103.
zatt 124. 133.
zatta 127. 128. 134. 135.
zatton 134.
zaulai 5.
zavatta 136.
zerriai 6. 84.
zicchelle 85. 111.
zicchie 80. 81. 110.
zin 80. 86.
zina 86. 91.
zirria 47.
zocchele 91.
zolla-mi! 81.
zou 86. 111.
zozo (fagher) 80.
zubbai 8.
zunchiai 6.
zuzu 10.

## 4. Roumain (et macédo-roumain).

aulire 4. 11.
boală câinească 32.
boldeiŭ 15.
bozumflu 131.
braică 17.
brec 17.
broască 121. 129. 133. 134.
broaște 133.
broátec 121. 124.
broatică 121.
broscoiŭ 134.
broștească (floare) 127.
brotac 121. 124.
brulinc 94.
buratic 124.
burlan 94.
burlinc 94.
căiná 42.
câine 2. 33.
cáinic 42.
câinie 33.
cătúșĭ 21.
cățea 2. 32.
cățeĭ 27. 31.
cățel 2. 25. 26.
cățelesc 27. 28.
cățelu-pământuluĭ 36.
chelălăì 5.
chițăì 83. 91.
coadă (a da din) 54.
copoiŭ 17.
cotarlă 15.
coteiŭ 15.
covițăì 83.
cuț 7. 10.
dulăŭ 17. 47.
duluță 17. 44.
găligan 94. 110.
ghistesc 94.
gligan 94. 110.
goadzin 85.
godac 85.
godin 85.
grăsun 91.
grohăì 82.
gudurare 54.
guițá 83.
gușter 133.
haită 17. 45. 49.
haitiș 45.
hărăì 5.
hauire 4.
haulire 4.
huideo! 81.
huire 5. 11.
lingușire 54.
lup 59.
lupan 65.
lupiță 61.
mascur 79.
mistreț 92. 94. 104.
mormoloc 124.
ogar 17. 44.
pita porculuĭ 98.
poarcă 78. 102.
porc 78. 101.
porc agur 79.
porcăì (a) 101.
porcan 78. 99.
porcărie 101.
porcaș 78. 96.
por(c)-de-câine 24. 102.
porc ghimpos 98.
porcì (a se) 100.
porcină 98.
porcoiŭ 99.
borcușor 78. 96. 98.
prepelicar 14.
pricoliciŭ 71.
purcăraș 98.
purcăruș 98.
purcelì 100.
purceluș 78.
purcelușă 97.

răcan 117. 135.
răcănel 117.
răcățel 117.
rîmător 91.
scânci 29.
scorțotină 95.
scroafă 78. 102.
scrofiță 97.
sprelindzere 54.
spurcà 100.
steaua porculuĭ 99.
șarlă 15.
șopîrlă 115.
șopîrlariță 133.
uire 5.
vier 78. 100.
vîrcolac 71.
vuire 5.
vulpe 72. 73.
zăvod 17.

## 5. Réto-roman.

alimari 77.
bajä 4.
cagna 23.
cagnimen 29.
can 2.
canera 29.
chaun 2.
chiular 5.
chogna 2.
crot 124.
čukel 85.
grognar 81.
lof 59.
löfa 59.
luf 59.
lüfa 91.
luppa 66.
novella 79. 93.
pierc 78.
püerc 78.
rambottel 126. 132.
salvanori 92.
scrua 78.
tšaun 2.
tšon 2.
tšuï! 80.
tšuk 80.
tšukel 85.
tudel 85.
ver 78.
verl 78.
žave 124.

## 6. Catalan.

bacó 91.
baconada 110.
baconet 91. 104.
barracó 99.
barrat 97.
botar 132.
busarola 40.
buz (fer lo) 45.
cachap 25.
cachurrera 25.
cachurro 26.
cadell 2. 25. 26. 27. 28.
cadellada 30.
cadellar 28. 35.
calapaout 122.
calapat 121. 122. 134.
cap gros 110.
clapir 4.
escanyallops 61.
escorzo 123.
galapat 121.
galapatillo 126.
ganyolar 6.
garrinar 107.
glatir 45.
goday 85. 109.
godayar 107.
gos 10.
gossa 42.
guilya 73. 75.
guilyarselas 75.
guinarda 72.
guineu 72.
guinyolar 6. 12. 72. 82. 83.
llantem de perro 37.
llepar 54.
llob 59.
lloba carda 61.
llobada 62.
llobaret 60.
llobera 60.
llobi 61.
llubi 61.
llufa 65. 67.
llufarse 65.
mandra 74. 75.
mandret 74.
mandri 74.
pansas de guinèu 73.
peter (gos) 11.
porc 78. 97.
porcell 96.
porcellar 100.
porquejar 102.
porquera 99.
quisso 9.
rabosí 72.
ranart 72.
ranell 132.
rondinar 82.
singlar 79.
taixon porqui 90.
troya 86.
truya 110.
trujeta 103.

## 7. Espagnol (et patois).

achacar 109.
achinar 32.
acochinar 109.
aperrear 43. 44.
aporcar 99.
arruar 82.
arrullar 84.
aullar 4. 11.
azomar 8. 13. 44.
azuzar 8. 13. 44.
barracan 101. 102.
barracana 102.
barraco 79. 99. 102. 103.
barragan 101. 102.
barragana 102.
barraganetes 100.
barri 79.
berraco 79.
berza perruna 37.
bogavante 60.
braco 45.
buz 7. 13. 43; (hacer el) 45. 54.
buzaco 41.
buzano 50.
buzo 50.
buzque 9.
buzquillo 9.
caballeta 60.
cacha 27.
cachaza 32.
cachiboda 39. 139.
cachigordillo 91.
cachigordito 39.
cachillada 30.

cachillar 28.
cachiporra 106. 140.
cacho 3. 24. 25. 26. 30. 34. 35.
cachon 54.
cachonda 3. 32. 35.
cachondez 32.
cachondo 3.
cachopo 3. 36.
cachorrada 30.
cachorreña 30.
cachorro 3. 27. 34.
cachucha 3. 32. 35.
cachucho 3.
cachuelo 24.
cachurra 140.
cadejo 2. 28.
cadillo 2. 25. 26. 28.
calapat 122.
calapatillo 126.
can 2. 21. 22.
canijo 32.
canil 29. 53.
cerda 92. 106.
cerdear 109. 113.
cerdo 92. 113.
chico 109. 110.
chillar 83.
china 105. 111. 112.
chiquero 109. 110.
chucha 47.
chucho 7. 41. 47.
cocha 87. 105.
cochambre 110.
cochastro 87.
cochina 87. 103.
cochinada 106. 110.
cochinilla 103. 104.
cochino 87. 110.
cochiquera 109.
cochitril 109.
cocho 87.
cochorro 103.
coguerzo 119.
cola de zorra 73.
corezuelo 91.
cosque 10. 43. 140.
cosquilla 44.
cosquillo 10.
cozque 10.
cuexca 140.
cuz 7. 9.
enguizgar 7.
escorzon 119. 123.
escuerzo 119. 123.
espantallobos 62.
gacha 29. 35. 91.
gacho 3.
gachon 54.
galap 121.
galapago 121. 129. 134.
galga 41. 42. 48.
galgar 43.
galgo 16. 46.
gandaya 110. 114.
gandul 114.
gañir 6.
garri 104.
gatillo 21.
gazapo 25.
gelfe 139.
gocha 87.
gocho 87.
gordolobo 62.
gorrigorricho 103.
gorrin 88.
gorrinera 109.
gorron 104.
gorrona 114.
gosque 10.
gosquecillo 10.
gosquillo 10. 13.
goz 13.
gozguilla 44.
gozque 10. 13.
gruñente 93.
gruñir 81.
guañir 6. 12. 82.
guarrin 88.
guarro 67.
gullara 73.
habas de perro 37.
hocico 108.
hozar 109.
jabali 94.
jabalon 106.
jabato 94.
jaën 124.
jalear 7.
jarro 92.
ladrar 3.
latir 3. 43.
lechon 79.
lengua de perro 37.
loba 62. 64. 67.
lobado 66.
lobagante 60.
lobanillo 66.
lobarro 60.
lobaton 66.
lobera 64.
lobezno 61.
lobina 60.
lobo 59. 60. 64. 66. 67.
lobo cerval 61.
lobo marino 60. 67.
lobo rabaz 61.
lobregar 69.
lobrego 69.
lubarro 60.
lubican 64.
lubo 59.
lubrican (entre) 68. 69.
lubrigante 60.
majaranna 95.
mandria 75.
mandril 74.
marota 72.
marrana 90. 106. 112.
marranalla 112.
marrano 90. 95. 96. 106. 113.
marrar 90.
mastino 16. 49.
matacan 38.
matalobos 61.
mataperros 39.
morrar 90.
mus 7.
navegante 60.
pachon 17.
pan porcino 98.
perra 47. 50; (soltar la) 34.
perrada 44. 49. 50.
perramente 47.
perrenque 47.
perrera 43. 48. 49.
perreria 44. 45. 47.
perrero 48. 49.
perrillo 41. 42.
perrito 39.
perro 10. 11. 49.
perro chino 15.
perro marino 40.
perro viejo 23.
perruna 44.
pocilga 101.
podenco 17.
porca 99.
porcal 99.
porcino 78.
porqueriza 101.
porquero 101.
porqueron 102.
puerca 78. 96. 97. 99. 100. 101. 102.
puerco 78. 79. 96. 100. 101.
puerco espin 98.
puerco marino 97.
rana 115.
ranacuajo 120.
rana marina 125.
ranilla 133. 134.
raposo 72. 75.
rebudiar 83.
refunfuñar 83.
regañar 84.
renacuajo 120. 132.
reñir 82. 109.
rezongar 83.
riña 109.
riñir 109.
sabueso 16.
salto de lobo 64.

salton 60.
sapato 115.
sapillo 133.
sapo 115. 131. 133.
tatò 48.
tocinet 91.
tocino 91.
troya 86.
tuso 9.
tuz 7. 9.
uno de la vista baja 92.
uva de raposa 73.
vejiga de perro 37.
verraco 79.
verraco de mar 97.
verraquear 100.
verriondo 96.
zacear 8.
zapa 135.
zaparrado 130.
zapata 115.
zapateta 132. 135.
zapato 115. 136. 137.
zape 135.
zapo 115. 130. 132.
zarza perruna 37.
zorra 74. 75.
zorrera 74. 76.
zorro 72. 74. 75.
zorrocloco 74. 75.
zorronglon 75.
zurro 72.
zuzar 8.
zuzo 8.

## 8. Portugais (et patois).

acachejner 107.
acageitar 40.
acanhar 32.
açular 7.
agastar 8. 44.
alporcar 99.
alporcas 101.
apurrar 8. 11.
arrufarse 43.
assomar 44.
babao 49. 50.
bacarinhar 108.
bacaro 84.
bacorejar 108.
bacorinho 84.
bacoro 84.
bacro 84.
barrão 79.
barrasco 79.
barregão 102.
belfo 139.
berron 79.
bèu-bèu 3.
bicha cadella 36.
borron 75.
brabun 73.
braidar 6.
bravio 73.
buz 7. 9. 40.
buzano 40.
cachamorra 106.
cachaporra 106. 140.
cache! 81.
cachear 27.
cacheira 106. 112. 140.
cacheiro 87. 104. 106.
cacho 3. 26.
cachonda 35.
cachondeira 35.
cachondo 3.
cachopinho 35.
cachopo 3. 26. 28. 34.
cachorra 25.
cachorrada 28.
cachorro 3. 28. 34.
cachucho 3.
cachupin 34.
cachupito 35.
cadela 2.
cadelinha 25.
cadelo 2.
cadelucha 25.
cadexo 2.
cadilho 2.
cães (da chaminé) 27.
cainhar 7. 42.
cainho 42.
calapa 122.
camartello 40.
canejo 31.
caniçal 29.
caniçalha 30.
canifraz 39.
canil 27.
canineiros 34.
caniqueiros 34.
canzarrão 27.
canzil 27.
conzoada 30.
canzoal 32.
cão 2. 19. 21. 22; (tinhoso) 55.
cazapo 25.
cerdo 92.
chico 110.
chin 85. 107.
chucho 10.
chuz 7. 8.
chuzar 8.
coçar 44.
coceja 44.
coche 81.
corredor 71.
cosca 44.
cosquinha 44.
cucita 9.
duque 139.
empurrar 8.
escanifrado 39.
escanzelado 32.
farropo 94.
farroupo 94.
foçar 109.
focinho 108.
gache 81.
gacho 3.
gachopin 34.
galapago 121. 125. 134.
galapat 122.
galdrapa 94.
galga 49. 50.
galgaz 46.
galgo 16. 46.
galgueira 52.
galipau 122.
gandaya 110.
ganir 3.
garra 87.
garrenta 87.
gasto 8.
gelfo 139.
gozo 10. 44.
grulha 93.
grunhir 81.
guinchar 83.
huivar 5. 11.
ladrar 3.
larego 91.
loba 64.
lobagante 60.
lobarraz 60.
loberno 61.
lobinho 66.
lobishomem 70.
lobo 59. 67.
lobo marinho 6.
lobos (foi aos) 69.
lobregar 69.
lobrino 69.
lombrigante 60.
luba 60. 66. 67.
luberno 61.
lubicon 61.
lubo 59.
lubrigar 69.
lumbrigar 69.
lupa (cantar a) 66.
lupara 61.
luvas 64.

mandria 75.
mandril 74.
marota 75.
maroto 73. 75.
marran 90.
marrancho 90.
marrão 90. 96. 113.
marrau 90.
matachin 107.
maticar 5.
pão porcino 98.
peixe sapo 125.
perdigueiro 14.
perraria 45. 47.
perreiro 48.
perrengue 47. 48.
perrice 49.
perriquilho 46.
perro 10. 11. 47.
perros (dar a) 34.
perrum 41.
perruma 44.
podengo 17.
porca 78. 96. 114.
porca marinha 97.
porco 78. 96. 101. 114.
porco espinho 98.
porco marino 96.
porco montez 94.
porqueira 101.
porqueria 101.
porquetes 100.
porquinha (de S. Antão) 97.
porquinho 88. 100.
quiro 87.
rãa 115.
rafeiro 17.
raposa 72. 74.
raposeira 74.
raposo 72. 75.
reco 80. 85. 93.
reichelo 93.
sabujo 16.
sapata 136.
sapato 115. 136.
sapo 115. 133.
sapo concho 121.
sincope 94.
surrenta 90.
tardo 71.
totò 7.
tutù 49.
uivar 5.
urrir 5.
vácoro 84.
varrão 79. 100.
varrasco 79.
varrasco de mar 97.
verruma 99.
zorra 73.
zorro 72. 75.

## B. Latin (et bas-latin).

adulari 54.
allatrare 45.
babbius 114.
bajulare 4.
baubari 4. 12.
baulare 4.
botta 118. 136.
bottus 118. 136.
botulus 126.
bruscus 120.
bufo 115.
canicula 23. 25.
canina littera 5.
caninum prandium 50.
canis 2. 18. 21. 23. 33. 49.
catella 2. 21.
catellanus 32.
catellus 2.
catulus 3. 21.
chabata 136.
clattire 3.
crapaldus 119.
crapollus 119.
dens caninus 53.
ejulare 11.
ferreolus 94.
frena lupata 63.
gallicus (canis) 16.
gannire 3. 12.
glattire 3. 12.
gossetus 41.
gossus 10.
grundire 81.
grunnire 81.
gyrinus 120.
hirrire 5.
lardum 91.
latrare 3. 12. 45.
lupa 60. 87.
lupana 87.
luponus 65.
lupulus 61.
lupus 60. 61. 63.
lupus cervarius 61.
lupus ferreus 63.
lupus moninus 71.
lycisca 16.
maialis 78.
mansuetinus 16.
masculus 79.
petrones 11.
petrunculus (canis) 11.
porca 78. 99.
porcellio 97.
porcellus 78.
porcilaca 97.
porculus 99.
porculus marinus 97.
porcus 78. 96.
quirritare 83.
rana 115. 121. 133.
ranunculus 127.
sabatum 136.
scrofa 78. 91. 96. 101.
scrofulæ 110.
segusius 16. 17.
sepa 115.
seugius 16.
singulare 79.
spurcare 100.
sus 78.
troga 86.
troica 86.
troja 86. 95.
ululare 3. 11. 12.
verres 78. 96.
vertragus 16. 17.
vulpes 72.

## C. Grec (ancien et moderne).

ἀλώπηξ 75.
βαβίζειν 4.
βατράχιον 127.
βάτραχος 124. 133. 134.
βαΰζειν 4. 12.
βουκόλακας 71.
βρόταχος 124.
γουρούνι 88.
γρομφὶς 91.
γρῦ 81. 84.
γρυλλίζειν 82.
γρύλλος 82. 97.
γρύζειν 81.
ἐγουσίαι κύνες 6.16.
κακαρᾶς 117.
κάπραινα 102.
κάπρος 97.
κλάγγη 84.
κοΐ 80. 82.

κοΐζειν 83.
κυνα (μὰ τὸν) 24.
κυνάς 26.
κύνειος 20.
κυνέω 54.
κυνόδους 53.
κυνόδων 37.
κυνοκοπέω 31.
κύνουρα 36.
κύνωπις 50.
κυνώτης 20.
κύων 20. 23. 25. 35.
λυκάνθρωπος 70. 71.
λυκὸν εἴδειν 69.
μπακάκας 117.
μπράσκα 120.
μόνιος 79.
μορμολύκιον 124.
ὀλολύζειν 11.
προσκυνεῖν 53.
σκύλαξ 21.
σκυλεύω 9.
σκύλιον 25.
σκύλος 5. 9.
ὑλακτεύω 43. 45.
ὗς 79.
χοιράδες 101.
χοῖρος 87.
ὠρύεσθαι 5.


## D. Langues germaniques.


Baben 116. 123.
bac 91.
bäffen 4.
bark (to) 43.
beagle 17.
beffen 4.
bell (to) 6.
bellen 6.
Beller 14.
Betze 16. 17.
big 84.
bigge 84.
bitch 17.
Bock 117.
Botschel 84.
Bracke 17.
Breiting 124.
Broating 124.
Brüling 94.
buffen 4.
Buseli 26.
Butt 128.
Chatz 28.
chrota 14.
Chrott 123. 128. 129.
chrotten 132.
croak (to) 122.
dada 9.
dodel 9.
dodo 9.
dog 17. 27; (a sly) 47.
dog-appetite 51.
dog-cheap 23.
dog-fish 20. 25.
dogged 20. 33.
doggerel rhymes 113.
dog-grass 37.
dogs (it rains cats and) 21; (to go to the) 19; (to send to the) 34.
dog's nose 24. 139.
Drude 138.
Feuerhund 27.
fox (to) 75.
fox-evil 75.
fox-grape 73.
fox-tail 73.
foxy 75.
Frischling 93.
Frosch 128. 129. 133. 134.
Froschapfel 127.
Froscheppich 127.
Froschesser 135.
Fröschlein 133.
Froschmaul 126.
Froschweihe 126.
Fuchs 73. 74. 75. 76.
Fuchsbart 73.
fuchsen 74. 76.
Fuchshecht 73.
Fuchsloch 76.
Fuchsräude 75.
Fuchsschwanz 73. 74.
fuchsschwänzeln 74.
Fuchsspiel 76.
Fuchstraube 73.
Furche 99.
Gatschele 86.
gauzen 5.
geussen 5.
Giebelhund 28.
girren 84.
gorren 83.
groda 120.
Groppen 126.
grunnen 81.
grunzen 81.
guri 80. 83.
gurren 83. 84. 90.
güssen 5.
Gutsche 43.
Hatsch 117.
Hauhau 9.
hedgehog 98. 114.
hog 106.
hog-fish 96.
hoggerel 111.
hoghead 100.
Hotsch 117.
Hund 18. 21. 22. 23. 24. 27. 42.
Hundearbeit 18.
Hundebirne 26.
hundedumm 33.
Hundekrankheit 33.
Hundeleben 18.
Hundewetter 18.
hündeln 54.
Hundeln 35.
hunden 27. 29. 31.
Hündli 24. 28. 35.
Hundsauge 51.
Hundsbiss 37.
Hundsblume 37.
Hundsdille 26.
Hundsgesicht 37.
Hundshaar 28.
Hundshai 25.
Hundskopf 24. 36.
hundsmüde 31.
Hundspflaume 26.
Hundsquecke 37.
Hundsrauke 44.
hundssoff 24.
hundswolfel 23.
Hundswürger 37.
Hundszahn 25.
Hundszahnspath 27.
Hutsch 117.
jangeln 5.
Kaulfrosch 126.
Kaulpadde 126.
Käuler 91.
kauzen 5.
kirren 83. 84.
Klettenwolf 63.
Kodde 85.
Kosel 85.
Kotze 95.
Kröte 124. 134. 136.
Krötenfisch 125.
Krötenpfütze 136.
Krötenpilz 127.
Krötenstuhl 127.
krötenvergnügt 13
Kucke 117.
kürren 83.
Küsch 86.
lampe 41.
Lehne 94.
liehe 94.

Lork 117.
Lurch 117. 135.
Lusche 17.
Matz 92.
Mauerschweinchen 97.
Meerschwein 92. 98.
meriswîn 97.
Mistbellerli 36.
Mocke 90.
mocken 90.
Moffel 17.
Moldwolf 73.
moldworp 73.
Moppel 17.
Mops 17.
Mucke 90.
Mutterschwein 93.
Nückes 80.
pad 119. 126.
padda 119. 121.
Padde 119. 121. 132. 134.
paddeln 132.
paddock 119. 136.
padlock 123.
Patte 134.
Petz 16.
pig 84.
pig-iron 100.
Pocke 117.
Pogge 117. 123.
porpoise 97.
Powwe 116.
Protz 128. 131.
Protze 128.
protzen 131.
Pudde 119. 135.
Puddel 135.
Quabbe 126. 134. 136.
quabbeln 135.
quabbig 131.
Quack 126.
quaddepopje 124.
Quadpogge 127.
Quadütze 123.
quakeln 131.
quaken 118. 122. 131.
Quappe 126. 135.
quappelig 131.
quappeln 135.
queulen 5.
quiken 83.
quiksen 83.
quitschen 83.
Range 89. 99. 104.
ranken 89.
rocheln 82.
Sau 100. 101. 103. 111.
Sauapfel 104.
Sauarbeit 96.
Sauball 111.
Saubirne 99.
Saublume 98.
Saubrod 98.
saudumm 110.
Saufenchel 98.
Saufisch 97.
Saugift 98.
Sauhieb 102.
Sauhund 96.
Saukraut 98.
Sauleben 113.
Säuli 93.
Saumensch 112.
Saurüden 15.
Sausalat 99.
Sauspiess 100.
Sauwetter 96.
Scherwenzel 54.
scherwenzeln 54.
Schildpatt 121.
Schwein 87. 101. 102. 103. 106.
Schweinfisch 97.
Schweinhund 15. 102.
Schweinigel 98.
Schweinlaus 104.
Schweinsalat 99.
Schweinsbrod 98.
Schweinskopf 110.
Schweinspocke 111.
Schweinsrüde 15.
Schweinsrüssel 99.
Seehund 36.
sea-wolf 61.
sow 100.
sow-bug 97.
sow-thistle 98.
Stachelschwein 98.
Suckel 85.
tade 118.
tadpole 126.
Tape 134.
Tappe 134.
Tasch 118. 122.
Taschchrote 123.
Taschenbaben 123.
Tatsch 118.
Tatsche 128. 134.
Tatze 134.
toad 118.
toadeater 135.
toadstone 128.
toadstool 127.
tod 118.
Totsch 118.
Trautele 122.
trota 122.
Trothe 138.
Trutte 138.
tudse 118.
Tuutz 118.
Utsche 117.
Ütze 123.
verbuttet 132.
verkrottet 132.
Watz 89.
Wauwau 49.
wedeln 54.
weissen 5.
wheedle 54.
Werwolf 70.
wigge 86.
Wolf 60. 63. 64. 65.
wolfen 63.
Wolfluchs 61.
wolfnet 64.
Wolfsauge 62.
wolf's bane 61.
Wolfsbarsch 60.
Wolfsbohne 61.
Wolfsgarn 64.
Wolfsgebiss 63.
Wolfsgrube 64.
Wolfsrauch 61.
Wolfsrechen 60.
Wolfsspinne 60.
Wolfssturmhut 61.
Wolfszagel 62.
Wolfszahn 63.

## E. Langues celtiques.

coilleach 91.
cruina 87.
cuilena 5. 91.
denbleiz 71.
grein 87.
magach 120.
maiguin 121.
muc 90.
torc 86.

## F. Langues slaves.

bauk 4. 50.
baukati 4. 50.
bauknuti 50.
boty 13.
brek 17.
chruna 87.
čobotŭ 136.
čuš! 81.
čuška 81.
gubavitsa 119.
hrochati 82.
kočey 86.
kovičati 83.
krastava 119.
kuča 13.
kuče 10.
kučĭka 13.
kutsa 10. 35.
kvičati 83.
lyaguša 120.
pĭsovati 30.
psina 47.
ropucha 119.
sapogŭ 136.
skyčati 5.
vaščiniti 30.
vlŭkodlakŭ 71.
žaba 121. 124. 133.

## G. Albanais.

breškă 121.
bretăk 121.
kuč 10.
kuta 10.
liouvghát 71.
mistrets 92.
šapi 115.
vurvolak 71.

## H. Langues anariennes.

béka (magyar) 117.
düllö (magyar) 17.
kotsa (magyar) 86.
kuszi (magyar) 10.
kutya (magyar) 10.
harri (basque) 124.
pocho (basque) 17.
potingo (basque) 17.
puka (basque) 117.
zakurra (basque) 17

Druck von Ehrhardt Karras, Halle a. S.

**Giraut de Bornelh,** Sämtliche Lieder des Trobadors. Mit Uebersetzung, Kommentar und Glossar kritisch herausgegeben von Adolf Kolsen. Bd. I, Heft 1. 1907. 8. ℳ 3,—

**Riéu, Charloun,** Provenzalische Lieder. Deutsch von Hans Weiske. 1907. kl. 8. ℳ 2,—

**Weber, Carl,** Italienisch in Beispielen. Kurze Darstellung der Aussprache und Grammatik mit Beispielen aus der „Auswahl italienischer Lesestücke" und mit Bezeichnung der Aussprache. 1907. 8. ℳ 3,60

**Zeuss, Johann Kaspar.** Die Bamberger Centenarfeier zum Gedächtnis an Johann Kaspar Zeuss. Mit einem Bildnis. 1907. gr. 8. ℳ 1,—

**Beihefte zur Zeitschrift für Romanische Philologie,** herausgegeben von Gustav Gröber. Heft 1—10. 1905—1907. gr. 8.

1. Sainéan, Lazare, La création métaphorique en français et en roman. Images tirées du monde des animaux domestiques. Le chat, avec un appendice sur la fouine, le singe et les strigiens. 1905. Abonnementspreis ℳ 4,—, Einzelpreis ℳ 5,—
2. Skok, Peter, Die mit den Suffixen -ācum, -ānum, -ascum und -uscum gebildeten südfranzösischen Ortsnamen. 1906. Abonnementspreis ℳ 8,—, Einzelpreis ℳ 10,—
3. Fredenhagen, Hermann, Ueber den Gebrauch des Artikels in der französischen Prosa des XIII. Jahrhunderts, mit Berücksichtigung des neufranzösischen Sprachgebrauchs. Ein Beitrag zur historischen Syntax des Französischen. 1906. Abonnementspreis ℳ 5,—, Einzelpreis ℳ 6,50
4. Charles de Roche, Les noms de lieu de la vallée Moutier-Grandval (Jura bernois). Étude toponomastique. 1906. Abonnementspreis ℳ 1,60, Einzelpreis ℳ 2,—
5. Goidánich, Pietro Gabriele, L' origine e le forme della dittongazione romanza. — Le qualità d' accento in sillaba mediana nelle lingue indeuropee. Abonnementspreis ℳ 5,60, Einzelpreis ℳ 7,—
6. Schuchardt, Hugo, Baskisch und Romanisch (zu de Azkues baskischem Wörterbuch, I. Band). Abonnementspreis ℳ 2,—, Einzelpreis ℳ 2,40
7. Hetzer, Kurt, Die Reichenauer Glossen. Textkritische und sprachliche Untersuchungen zur Kenntnis des vorliterarischen Französisch. Abonnementspreis ℳ 5,—, Einzelpreis ℳ 6,50
8. Meyer, Rudolf Adelbert, Französische Lieder aus der Florentiner Handschrift Strozzi-Magliabecchiana CL. VII. 1040. Versuch einer kritischen Ausgabe. Abonnementspreis ℳ 3,20, Einzelpreis ℳ 4,—
9. Settegast, F., Floovant und Julian. Nebst einem Anhang über die Oktaviansage. 1906. Abonnementspreis ℳ 2,—, Einzelpreis ℳ 2,40
10. Sainéan, Lazare, La création métaphorique en français et en roman. Images tirées du monde des animaux domestiques. Le chien et le porc avec des appendices sur le loup, le renard et les batraciens. Abonnementspreis ℳ 4,40, Einzelpreis ℳ 5,50

Druck von Ehrhardt Karras, Halle a. S.

www.ingramcontent.com/pod-product-compliance
Lightning Source LLC
LaVergne TN
LVHW010605110826
845149LV00003B/781

* 9 7 8 2 0 1 3 7 5 5 0 7 8 *